공자님도
예슬에게
길을 묻다

공자와 예수에게 길을 묻다

이명권 지음

열린서원

2007년 필자가 교환교수 자격으로 중국 길림사범대학에 부임한 다음 해까지 1년간 강의와 집필의 기간을 가진 결과 『공자와 예수에게 길을 묻다』라는 책을 코나투스 출판사에서 발행한 바가 있다. 이때 이 책을 한겨레신문사에서 크게 소개를 해 주었다. 당시 이명박 정부가 국민에게 큰 신뢰를 잃고 지지율이 바닥으로 곤두박질 할 때였다. 한겨레신문에서는 본서의 내용 중에 일부를 뽑아, 타이틀로 "임금이 백성에게 신뢰를 잃으면 나라가 망한다"는 공자의 말을 빌려 당시 현실정치를 비판한 적이 있다.

경향신문을 비롯하여 여러 신문사에서도 본서를 적극 소개하였고, 시중의 호응도 좋았으나 출판사의 사정으로 본서를 절판하게 되었고, 그 후 어느덧 10여년이 흘렀다. 이러한 상황에서 책을 찾는 이가 많아지게 되자, 저자가 판권을 가지고 있는 상황이라 열린서원에서 다시 출간을 보게 되었다.

본서는 공자사상의 진면목이 담겨 있는 『논어』와 예수정신의 핵심이 기록된 『복음서』와의 대화를 시도한 책이다. 고전은 시대가 변해도 여전히 빛나는 가치를 지닌다. 오히려 산업화와 세속화가 거듭될수록 문명의 발전과는 다르게 인간정신은 더욱 황폐해지기 쉽다. 자본주의의 성장과 그늘 속에서 산업소비사회가 낳은 지구촌 환경위기와 기후변화는 돌이킬 수 없는 파국의 길로 치닫고 있다. 이른바 자연주의적 생태영성의 회복이 시급한 상태다.

예로부터 동양정신의 근본에는 천지인의 조화와 인의예지신의 오상(五常)이 바탕을 이루고 있다. 이러한 정신은 예수 정신에게서도 멀지않다. 필자는 이들 두 사상가의 핵심쟁점을 크게 4가지로 구분하여 비교설명하고 있다. 예컨대, 자(君子)와 성도(聖徒), 도(道)와 로고스, 덕(德)과 아레테, 공자와 예수의 하늘(天), 땅(地), 인(人)의 비교다. 이제 본서가 열린서원에서 다시 새롭게 선보이게 되었다.

이 책이 독자 여러분의 많은 사랑을 받을 수 있기를 겸허한 마음으로 기원한다.

2021년 12월 10일
북한산 정릉 우인재(愚人齋)에서

| 프롤로그 |

화려하게 부활하는
공자와 예수

　역사歷史를 거울에 비유한다면, 고전古典은 우리들의 심장에 비유될 수 있을 것이다. 역사가 인간의 일그러진 자화상을 바로잡아 주는 거울의 역할을 한다면, 고전은 삶에 지친 인간에게 새로운 정신적 활력을 불어 넣어주는 심장의 박동과도 같은 것이다. 영고성쇠榮枯盛衰를 거듭하며 파란만장했던 인류의 역사는 그 어둠이 깊을수록 빛나는 영혼을 통해 인류에게 한줄기 찬란한 고전의 빛을 던져주었다. 그 빛은 분명 어둠 속에서 헤매는 자들에게는 햇불이며 여명의 빛이었다. 로마에 나라를 빼앗긴 이스라엘의 예수나 약육강식弱肉强食하며 군웅할거群雄割據하던 춘추전국春秋戰國시대의 공자도 어두운 시대를 비추었던 빛과 같은 존재들이었다. 공자와 동시대를 살았던 노자老子 또한 마찬가지이며, 인도의 고대 마가다 왕국과 그 주변 국가와의 싸움이 그칠 줄 몰랐던 당시의 샤카족의 왕자 석가도 어두운 혼란의 시대를 사는 인류에게 커다란 등불이 되어 주었다.

많은 시간이 흘러 공자와 예수는 이미 역사의 무대에서 사라진 지 오래지만, 시대가 어렵고 불안할수록 그들의 위대한 정신은 오히려 되살아나고 있다. 다양한 문화와 역사를 지니고 하나의 지구촌에서 21세기를 살아가는 우리는 동양과 서양의 정신을 어느 정도 대변해주는 공자와 예수의 만남이라는 전혀 새로운 방식의 조우遭遇를 경험하게 된다. 그리고 이런 만남은 이념과 체제를 서로 비방하던 배타성의 시대를 넘어 공존과 상생을 도모하는 다원적 문화주의를 표방하는 시대에 우리가 살고 있기에 가능한 것이다. 공자가 태평천하太平天下에 뜻을 두었다면, 예수는 '하나님 나라' 건설에 뜻을 두었고, 그들은 이 땅에 '그 나라'의 도래를 위해 힘썼다. 그렇다면 과연 '그 나라'는 어떤 나라일까? 아마 이념은 서로 다를 수 있어도 '평화로운 세계'임에는 틀림없을 것이다. 적어도 이 부분에 대해서는 노자와 석가도 동의할 것이다. 그들은 한결같이 무력에 의해 강제된 평화가 아니라, 내면적인 생각의 혁명적 전환, 즉 발상의 전환을 통해 건설되는 평화의 세계를 구현하고자 했으며, 발상의 전환 방식은 '수신修身'이나 '회개悔改'와 같은 대오각성大悟覺醒하는 내면적인 생각의 전환이었다.

태평천하나 하나님의 나라는 어쩌면 현세에서는 실현 불가능한 환상에 불과할 수도 있다. 그러나 분명한 것은 공자도 그 꿈을 실현하기 위해 애썼고 예수도 그것을 하나님의 뜻으로 알고 스스로를 희생하며 살았다. 그리고 그렇게 살았던 그들의 삶의 과정이 결코 헛된 것이 아니었기 때문에, 우리는 2천여 년이 지난 오늘날에도 그들의 생애를 더듬어 교훈을 되새겨 보는 것이다. 그들은 일관되게 인간 내면의 숭고한 덕성德性을 존중하고, 하늘로부터 부여받은 소중한 품성을 바탕으로 사랑과 평화의 길을 걸어가야 할 것을 강조했다. 동시에 그들은 스스로 깨달은 바를 과감하게 사회적 실천으로 옮기려 했으며, 정의에 배치되는 길에 대해서는 주저함이 없이 저항하며 인仁과 아가페의 실천을 위해 혼신의 힘을 다했다. 또한 순간순간 위기에 부딪힐 때마다 '하늘'에 그 뜻을 물었으며 그들은 '하늘'을 두려워하고 경외했다. 사해동포四海同胞의 개념과 인류의 구원이라는 원대한 포부를 지니고 '하늘의 뜻', 곧 천명天命이 이 땅에서도 이루어지기를 염원하며 살았던 것이다.

　공자도 예수도 사라진 지금, 『논어』와 『복음서』는 살아서 우리에게 말한다. 시대는 달라졌어도 현인賢人과 성자聖子는 적절히 말을 걸어온다. "왜 사느냐고", 또는 "왜 죽느냐고." 물론 이에 대한 답은 각자가 처한 환경에 따라 달라질 수밖에 없을 것이다. 모든 사람들이 이 근원적인 질문에 대해 절대적이거나 보편적으로 동일한 해답을 섣불리 말할 수는 없겠지만, 적어도 이들과 함께하는 고전적 대화 속에서 우리는 이 땅을 살아가는 몇 가지 혜안慧眼을 얻을 수 있을 것이다. 왜냐하면 삶도 죽음도 모두 소중하지만 보다 중요한 것은 삶을 살아가는 과정일 것이기 때문이다. 오늘 없는 내일이 없듯이 오늘의 삶이 없는 내일의 죽음은 없다. 그런 점에서 삶과 죽음은 필연적으로 맞닿아 있으며, 삶과 죽음이 맞닿아 있기에 생사고락生死苦樂은 분명 역사의 심판과도 결부되어 있을 것이다. 물론 공자와 예수를 몰라도 자신의 인생을 얼마든지 훌륭히 살아낼 수 있다. 그런데 굳이 『논어』와 『복음서』의 책장을 넘기면서 공자와 예수의 만남을 시도하려는 것은 그들의 지혜를 음미하여 우리 삶의 실천적 방편으로 삼는 경험도 유익하리라 보기 때문이며, 동양과 서양의 고전적 소통은 인류가 안고 있는 공통된 고민을 부분적으로나마 해결할 수도 있다는 기대감 때문이다. 『논어』와 『복음서』는 각각 철학과 종교의 역할을 하고 있지만, 이들이 상호 교차적으로 작용할 때는 인간의 근원적 물음에 대답하는 종교, 철학적 의미를 동시에 내포하고 있다. 공자가 현실의 삶에서 영원성을 추구한 인물이라면, 예수는 영원성의 차원에서 현실을 살아냈던 인물이다. 출발은 달랐어도 현실에서 만나는 것은 같다. 왜냐하면 그들이 모두 '하늘'을 의식하면서 부정적 현실을 뒤엎고 정의와 평화가 지배하는 나라의 건설을 위해 몸부림쳤던 것은 일맥상통하기 때문이다.

필자가 지금까지 예수를 축으로 시도했던 동양과 서양정신의 만남은 이제 공자와의 만남으로 이어졌다. 그동안 『예수, 노자를 만나다』, 『예수, 석가를 만나다』, 『무함마드와 예수, 그리고 이슬람』에 이어 4번째 기획으로 『공자와 예수에게 길을 묻다』를 출간하게 되었다. 글을 쓰는 지금은 중국 길림사범대학의 전문가 숙소인 '전가공우專家公寓'다. 한편으로는 개발의 땅 길림의 사평四平 시내를 조망하면서도 창문 한쪽 너머로는 광활한 옥수수 밭이 펼쳐져 있다. 2만여 명의 학생들이 오고가는 캠퍼스의 도서관 앞에는 공자의 동상銅像이 우뚝 서 있다. 조화사회의 건설을 기치로 내세운 후진타오의 정치적 이념에 걸맞게 공자의 위상은 다시금 세계 속에 높아져 가고 있다.

『논어』와 『복음서』는 서로 시대적 배경은 다르지만 사랑과 관용의 실천이라는 인간의 기본 덕목을 말하고 있다는 점에서 상통하고 있기 때문에, 공자와 예수의 진술 속에 드러난 핵심적인 메시지들을 선별적으로 추출하여 의미 있는 만남을 시도할 것이다. 그러기 위해서는 각각의 진술이 상통하는 부분까지 깊이 있게, 그러나 여유를 가지고 서서히 천착해 들어가려 한다. 물론 이러한 만남의 시도에는 필자의 주관이 깊숙이 개재하고 있음을 부정할 수 없다. 그러나 오히려 양자의 근원적 가르침을 왜곡하지 않는 범위 내에서 철저히 주관적이고자 한다. 그 주관성이야말로 필자의 사색적 결실이며, 동양과 서양정신의 만남을 시도하는 새로운 가교架橋로서의 몸짓이기 때문이다. 우리는 이제 피할 수 없는 두 강물의 합류지점에 서 있다. 이른바 두 지평의 융합이 우리 앞에 펼쳐지고 있는 셈이다. 선입견과 교리를 내려놓고 두 강물이 유유히 흘러 하나의 거대한 평화의 바다로 이르는 것을 이 짧은 가교 위에서 잠시 바라보는 즐거움을 함께 나누게 되기를 희망한다.

차례

공자와 예수에게 길을 묻다

1

『논어』와 『복음서』의 위치

　『논어』가 공자기원전 551~479와 제자들 사이의 대화를 중심으로 기록된 책이라면, 『복음서』는 예수기원전 4~기원후 29와 제자들 사이의 언행을 중심으로 기록된 책이다. 그리고 이 둘은 공자와 예수가 직접 기록한 것이 아니라, 후대의 제자들이 편집하여 수록했다는 공통된 특징이 있다. 다른 어떤 자료보다도 이 두 언행록을 통해 우리는 이들의 생애와 사상을 가장 잘 이해할 수 있다. 이들 두 언행록 사이에는 약 550년의 시대적 간격이 존재한다. 그러나 인간이 이 세상에서 어떻게 살아가야 하는가의 모범을 보여주고 있다는 점에서, 고전古典적 가치뿐만 아니라 경전經典의 위치를 더하고 있다. 아울러 인간으로서 지켜야 할 윤리적 덕목뿐만 아니라, 하늘을 공경하며 부끄러울 것이 없는 삶을 살아야 하는 종교적, 실천적 지침서가 되고 있기도 하다.

『논어』라는 말 자체가 여러 가지로 해석되지만 공자의 말을 논찬論纂하고 시대적 물음에 답변하고 있다는 점에서 의견의 일치를 보이고 있으며, 『복음서』가 '유앙겔리온'이라는 희랍어에서 번역된 '기쁜 소식'의 '복음福音'을 뜻한다는 것은 이미 주지의 사실이다. 이들 두 언행록은 모두 시대적, 역사적 물음에 답하고 있다는 점에서 '복음'의 가치를 지니는 것이며, 2천 년이 지난 오늘날에도 여전히 유효하며 그 본래적 의미의 정신적 가치가 더욱 높아져 가고 있음을 볼 때, 시대에 적합한 이들 고전의 재해석은 커다란 가치가 있는 일일 것이다. 더욱이 동서 문물의 교류가 급속히 확대되고 있는 이 시점에서 이들의 대화적 해석은 더욱 절실한 것이 아닐 수 없다.

『논어』와 『복음서』가 보여주는 또 하나의 공통점은 진리를 찾아가는 변증적 방식에 있다. 제자가 질문하고 스승이 이에 답을 하는 방식은 마치 소크라테스가 '진리알레이아'를 추구하면서 아테네 거리의 청년들과 문답하였던 방식과 유사하다. 대화적 방식을 통해 '자기 자신을 알아' 가는 방식과, 인仁을 묻는 방식이 모두 변증적이라는 점에서 일맥상통한다. 모든 대답이 강제적이며 일방적으로 주어지는 주입식이 아니라, 대화를 통해 진리를 찾아 가는 변증적 방식이야말로 교육의 이상적 모델이라 할 수 있다. 공자와 예수는 진리에 도달하도록 돕는 소크라테스 식의 산파産婆 역할을 톡톡히 하였으며, 진리에 대한 진지한 문답과 그 실천을 위해 일생을 바쳤다. 그것은 바로 "진리가 자신을 자유하게 하리라"는 확신을 지니고 있었기 때문일 것이다.

『논어』는 유자有子와 증자曾子, 자하子夏 등 수많은 공자의 제자들이 편찬했다고 여겨지며, 『복음서』 또한 마태와 요한 등의 제자와 그 학파가 편찬한 것이다. 이처럼 『논어』와 『복음서』는 공자와 예수가 직접 기록한 것이 아니라, 그들의 사후에 제자들이 기록했다. 『논어』 20편의 내용을 분석하면 전편의 10편까지가 시기적으로 앞선 것이며, 다음 10편은 후대에 편입된 것으로 보인다. 다시 말하면, 전편은 유자와 증자 등 공자와 시대적으로 가까운 문인들이 기록한 것으로 예禮에 대한 제도 등을 분명히 하고 있는 반면에, 후편의 10편은 문체나 내용이 상이한 점에 미루어 볼 때 후세 사람들이 편입시킨 것으로 판단된다. 특히 후편의 마지막 5편은 공자에 대한 호칭을 중니仲尼 또는 공구孔丘라 하거나, 공자의 말을 인용할 때에 '자왈子曰'이라 하지 않고 '공자왈孔子曰'이라고 하는 표현 등은 시대적인 차이, 또는 편집자의 차이를 보여주는 사례라는 문헌적 분석도 있다. 이런 점은 『복음서』도 마찬가지인데, 같은 마태복음이나 요한복음에서의 처음 부분과 달리 마지막 장들이 다른 편집자에 의해 수정 보완이 있었다는 것이 문헌비평적으로 밝혀지고 있다. 그럼에도 불구하고 이 두 언행록은 모두 공자와 예수의 사상을 밝히는 데 있어서 경전적 가치로서 아무런 손색이 없다는 것에는 의심의 여지가 없다.

　『논어』와 『복음서』가 오랜 역사를 거치면서도 소실消失되지 않고 지금까지 우리에게 전해내려 온 것은 가히 기적에 가깝다고 할 수 있다. 『고논어』가 공자의 옛집을 헐다가 벽 속에서 발굴된 고문古文이었듯이, 『복음서』도 각종 파피루스와 양피지 등에 기록되어 사막의 항아리 속에 보관되어 있던 것을 고고학자의 우연한 발굴에 의해 재형성된 것이고 보면 가히 기적적인 전수라고 하지 않을 수 없는 소중한 유산이다. 『복음서』에는 가장 오래된 '마가복음'을 시작으로 '마태복음', '누가복음'의 세 가지 공관복음서共觀福音書가 있듯이, 『논어』에도 그 판본이 가장 오래된 한대漢代의 자료에 따르면 '고논어古論語', '제논어齊論語', '노논어魯論語'가 있다. 제논어問王과 知道 두 편이 더 있다와 노논어는 각각 제나라와 노나라 사람들에 의해 전해온 논어를 말한다. 고논어는 두 개의 자장子張편을 포함해 전체 21편을 이루고 있으며, 제논어와 노논어 사이에는 문자가 서로 다르게 전해지고 있는 것이 400여 자나 될 정도로 편차가 심하기는 하나, 노논어를 바탕으로 전해지는 『논어』는 공자의 사상을 표현하는 데 큰 이견과 장애가 없이 받아들여지고 있다. 이는 마치 『복음서』 내에서 동일한 예수의 사건을 관찰자에 따라 조금씩 다르게 진술한 것과 같은 것이다.

　『논어』의 20편은 모두 각 편 첫머리의 첫 구절 첫 단어를 따라 〈학이學而〉 또는 〈위정爲政〉 등으로 그 명칭을 삼았다. 마치 구약성서가 히브리어 첫 글자를 따서 '창세기' 출애굽기' 등으로 명명한 것과 같다. 이와 달리 『복음서』는 저자의 명칭을 따라 각 복음서가 구분되며, 그 내용은 장마다 따로 명칭을 정하고 있지는 않다. 『논어』에 대한 현존하는 가장 오래된 주석서는 위魏나라 하안何晏이 쓴 『논어집주論語集解』로서 그 이전의 거의 모든 주석을 집대성하고 있다. 그러나 그 후에는 송대宋代 주희朱子의 『논어집주論語集註』가 더욱 널리 유행하게 되었고, 주희가 『대학장구大學章句』, 『중용장구中庸章句』, 『맹자집주孟子集註』를 함께 씀으로써 『사서집주四書集註』가 간행되어 권위를 지니면서 지금까지 널리 통용되고 있다. 주희

16

가『사서집주』를 간행한 것을 계기로 과거의 오경五經 중심의 유학儒學 풍토가 사서四書 중심으로 변화되었는데, 특히『논어』가 더욱 중시된 것은 커다란 문화사적 전환이라 하지 않을 수 없다. 마치 『복음서』의 등장 이전에는 구약성서의 모세 오경五經이 전통과 권위를 누려 왔지만, 예수 이후에는『복음서』가 더 우선시되고 있는 것과 비교하면 매우 흥미롭다. 물론 요한복음을 포함한『사복음서』가 정경正經으로 인정되기까지는 몇 백 년이라는 오랜 세월이 지난 후였으며, 교회와 교부들의 의견 일치로 위경僞經을 정경에서 분리한 이후였다.

『논어』가 후한後漢의 정현鄭玄 이후에 수많은 주석서가 있듯이, 『복음서』도 고대 교부들인 오리게네스나 아우구스티누스 이후 수많은 사람들이 오늘날까지 주석서를 펴내고 있다. 고전은 살아있는 경전이기에 어느 특정의 한 시대에만 머물 수가 없다. 끝없이 과거의 교훈을 오늘에 새롭게 하는 '온고이지신溫故而知新'의 자세가 필요하다. 그야말로 날마다 새로워지는日新又日新 창조적 해석이 필요한 것이다. 특히 동양과 서양정신의 만남에서는 더욱 그러하다. 일찍이 신라시대에 설총薛聰은『논어』를 우리말 식으로 해독하였고, 고려시대와 조선시대를 거치면서 과거제도의 필수과목이었음은 물론, 생활 속에서 한국 지성인들에게는 피할 수 없는 텍스트이자 유교의 경전으로 자리 잡아 왔다. 이제『논어』는 동아시아를 넘어 세계사적 지평에서 다시 해석되고 있다. 마치『복음서』가 서양에서 동양으로 전래되어 왔듯이, 이제는 동양의『복음서』가 서양으로 활발하게 전파되고 있는 것이다.

『논어』가 조선시대 퇴계와 율곡에 의해 각각『삼경사서석의三經

四書釋義』와 『논어율곡언해論語栗谷諺解』로, 그리고 위대한 실학자 정약용에 의해 『논어고금주論語古今註』와 같은 빛나는 해석서로 거듭 탄생되기도 했지만, 여전히 『논어』는 다원적 문화의 21세기를 사는 우리에게 다각도로 해석되어야 할 필요가 있다. 따라서 필자는 『논어』와 『복음서』의 창조적 재해석을 시도해 보고자 한다. 이러한 시도는 동양과 서양의 만남이기도 하겠지만, 인생의 궁극적 가치를 묻는 철학과 종교의 만남이 되기도 할 것이다.

2

공자와 예수의 생애

　공자孔子는 중국의 역사서 『사기史記』에 따르면 기원전 551년에 태어나 479년까지 활동한 인물로 기록되어 있다. 한편 『춘추좌씨전春秋左氏傳』의 기록에는 기원전 552년에 탄생한 것으로 나타나 있다. 어느 시기이든 기원전 5~6세기의 중국은 춘추春秋시대이며 공자는 춘추시대 말기에 활동한 인물이다. 그는 지금의 하남성河南省 낙양洛陽이 수도였던 주周나라 왕조의 동쪽 변경 산동성山東省에 주나라 봉건제후가 세운 노魯나라 곡부曲阜에서 태어났다. 공孔은 성姓이고 자子는 남자의 미칭美稱으로 '선생'의 뜻이다. 본래 이름은 구丘요 자는 중니仲尼다. 이름을 구라고 한 까닭은 공자의 어머니가 노나라 이구산尼丘山에서 기도를 드려 태어난 아이의 머리 꼭대기 가운데가 움푹 들어가 그 모양이 마치 이구산 언덕丘 같다고 하여 붙여졌고, 자는 이구산의 니尼와 당시 형제의 순서에 따라 붙여지던 백伯, 중仲, 숙叔, 계季에서 중仲을 합쳐 붙여진 명칭이다.

공자는 노나라 수도 곡부 인근의 추읍鄹邑의 대부大夫였던 아버지 숙량흘叔梁紇과 그의 젊은 후처인 안징재顔徵在 사이에서 태어났다. 1952년 중국에서는 공자의 탄생일을 양력으로 환산하여 9월 28일로 공포하였다. 아버지가 대부 숙량흘이었다는 것은 『사기』공자세가의 기록이지만, 역사적 신빙성에 대해서는 논란이 있다. 공자의 아버지가 대부였다는 것은 당시의 사회적 신분 위상에 견주었을 때 그다지 낮은 벼슬은 아니었다. 이를테면, 천자天子, 임금, 제후諸侯, 경卿, 대신, 대부大夫, 사士로 이어지는 봉건제도의 엄격한 사회적 신분 체계에서 대부의 위치는 만만한 것이 아니기 때문이다. 그러나 공자는 3살 때 일찍 아버지를 여의고 홀어머니 밑에서 어렵게 자라 스스로 "빈천하게 자랐다"고 할 정도로 가난하고 어려운 유년기를 보냈다. 이를테면 가문은 훌륭했으나 경제적 환경이 어려웠는데, 공자가 그의 나이 24세가 되어 어머니가 돌아가셨을 때 비로소 아버지 무덤을 찾아 합장合葬을 했다고 한다. 공자는 어머니 슬하에서 비교적 엄격히 자라면서, 비록 일정한 스승은 없었지만 "옛 것을 좋아하며 부지런히 그것을 익힌 사람"이라고 스스로 말하고 있다. 젊은 시절 공자는 사양자師襄子에게 가서 금琴을 배우고 노자를 찾아가 예禮에 관해 물었다는 일화는 너무나 유명하다. 그 밖에도 공자는 틈틈이 학문과 예술을 익히면서 인의예지仁義禮智의 사상에 입각한 이상적 인간으로서의 군자君子의 길을 개척해 갔던 것이다.

공자가 죽은 다음해인 478년부터 진시황秦始皇이 중국을 통일하던 221년까지는 전국시대戰國時代로서 봉건제국의 견고하던 신분적 위상이 흔들리고 있었다. 물론 전국시대의 구분은 다양하다. 북송北宋의 사마광이 지은 연대기적 역사서인 『자치통감資治通鑑』에는 전국시대의 시작을 403년으로 잡는다. 이때는 춘추오패春秋五霸 — 齊환공685~643재위, 晉문공636~628, 楚장왕613~591, 宋양공650~637, 秦목공659~621 — 의 시대를 지나, 오吳나라와 월越나라의 전쟁 시기를 거치면서, 북방의 강대국인 진晉나라가 세 명의 중신들의 반란으로 한韓, 위魏, 조趙, 세 나라로 분열되던 시기다.

기록에 의하면, 공자의 조상은 은殷나라 왕실과 연줄이 맞닿아 있는 것으로 보아, 비록 후처의 소생이기는 하지만 왕가의 혈통적 가문을 이어갔던 것 같다. 공자 가문의 이야기를 전하는 『공자가어孔子家語』에 의하면, 공자의 아버지 숙량홀은 "키가 10척이고 무예와 힘이 뛰어났다"고 한다. 『춘추좌씨전』에는 숙량홀이 전쟁에 나가서 무공武功을 세웠다는 이야기가 있으며, 『사기』에는 공자의 키가 9척 6촌의 장신으로 묘사되고 있다. 그러나 공자가 태어나기 전부터 노나라에는 하극상의 바람이 몰아쳐서 '삼환三桓'이라 불리는 계손씨, 숙손씨, 맹손씨의 세 공족公族이 제후의 권한 못지않은 실권을 휘두르고 있었기 때문에, 실천적 지식인으로서의 공자도 뜻을 펴지 못하다가, 노나라의 제후 정공定公이 공자의 학문과 인품을 인정하고 기원전 499년, 공자 나이 53세에 지금의 법무장관에 해당하는 대사구大司寇에 임명한다. 삼환을 제압하고 군주의 이상 정치를 실현하려던 공자의 개혁 정치는 맹손씨 등의 반대에 부딪히며 2년 만에 실각하고 기원전 497년 노나라를 떠난다.

14년에 걸쳐 여러 나라를 주유周遊하며 인仁과 예禮에 입각한 정치 이념을 유세遊說하면서 자신의 뜻과 정치적 이념을 펼치려고 노력한다. 그러나 공자의 이상주의를 받아 주는 제후가 없으니, 초라한 형색이 되어 "상갓집 개 같다喪家之狗"는 말까지 듣게 된다. 그러나 공자에게는 청빈, 소박하면서도 학문이 뛰어난 제자 안회顏回, 공자보다 30세 연소, 용감한 자로子路, 9세 연소, 충실한 자공子貢, 위나라 사람으로 31세 연소을 비롯한 70여 명의 훌륭한 제자—『사기』의 〈공자세가〉에는 6예六藝에 통달한 자가 72명, 〈중니제자열전〉에는 77명—가 있어서 결코 외롭지 않았던 인물이다. 『논어』〈선진先進〉편에서는 공자가 10명의 훌륭한 제자를 언급한다. "덕행에는 안연, 민자건, 염백우, 중궁이요, 언어에는 재아, 자공이며, 정사에는 염유, 계로이고, 문학에는 자유, 자하이다"라고 말한다. 공자의 제자들 중에 노나라 사람이 많았던 까닭은 공자가 노나라 출신이기 때문임은 말할 것도 없다. 하지만 인근 나라에서도 많은 사람들이 공자를 찾아왔는데, 이것은 그의 덕성에 기초한 학문과 명성이 어떠했는가를 잘 말해 주는 것이다.

오랜 시간 동안 죽을 고비를 넘기는 등 수많은 고난을 겪으면서 13~4년의 방랑을 끝내고 노나라로 돌아온 공자는 68세가 되어 국로國老의 대우를 받으면서 국정의 자문역을 맡기도 했으며, 유가儒家의 기본 경전이 되는 육경六經: 詩經, 書經, 易經, 禮經, 樂經, 春秋과 고전의 전적典籍을 편찬하고 제자를 육성하는 일에 힘썼다. 이미 그의 제자들 가운데는 자공이 높은 벼슬을 얻었으며, 자로도 위나라에서 정치에 참여하여 큰 벼슬을 하고 있었다. 그러나 공자가 69세 되던 해에 외아들 리鯉가 나이 50세에 먼저 죽고, 다음해에는 공자가 가장 사랑하던 제자인 안회가 젊은 나이로 죽는다. 73세가 되던 해에 공자도 자신의 죽음을 제자들에게 예고하고, 7일 후에 세상을 떠난다. 그 후 제자백가諸子百家의 등장으로 공자의 영향력이 잠시 약해지는 듯하였으나, 한漢나라의 무제武帝가 유교를 국교화하면서 공자의 지위는 다시 부동의 위치를 점하게 되었다. 공자의 사상과 교훈은 맹자孟子와, 전국戰國시대 말기의 순자荀子로 이어졌고, 송末나라의 주자朱子가 공자의 학문을 계승하고 집대성함으로써 명실공히 유학儒學은 동양사상의 주축으로 우뚝 서게 되었으며, 공자 자신은 후대에 '성인聖人'으로 추대되면서 유교儒教의 시조로 존숭尊崇받게 된다.

이러한 공자의 생애와 비교하면서 예수의 생애를 살펴보면 매우 흥미롭다. 예수는 세계 역사의 기원紀元을 가를 만큼 역사상 가장 위대한 인물 가운데 하나다. 그는 공자보다 약 550년 이후의 인물이기는 하지만, 공자에 비견될만한 훌륭한 인물일 뿐만 아니라, 더 나아가 그리스도교에서는 메시아로서 존경을 받는다. 공자와 동시대의 인물로는 중국의 노자, 인도의 석가, 그리고 이스라엘에서는 제2의 이사야라는 인물이 있다. 흔히 기원전 5~6세기의 이 시대를 '축軸의 시대axial age'라 이른다. 그 까닭은 과거의 신화적 시대에서 벗어나 이들 선각자들에 의해 새로운 문명사적 전환점이 마련되었기 때문이다. 예수도 이스라엘의 희망의 예언자 이사야의 계보를 따르는 사람으로서, 그리스도교에서는 이사야의 다음과 같은 메시아 예언을 예수 탄생의 예고豫告로 받아들인다.

"이새다윗의 아버지의 줄기에서 한 싹이 나며, 그 뿌리에서 한 가지가 나서 결실할 것이요, 그의 위에 여호와의 영 곧 지혜와 총명의 영이요, 모략과 재능의 영이요, 지식과 여호와를 경외하는 영이 강림하시리니, 그가 여호와를 경외함으로 즐거움을 삼을 것이며, 그의 눈에 보이는 대로 심판하지 아니하며, 그의 귀에 들리는 대로 판단하지 아니하며, 공의로 가난한 자를 심판하며, 정직으로 세상의 겸손한 자를 판단할 것이며, 그의 입의 막대기로 세상을 치며, 그의 입술의 기운으로 악인을 죽일 것이며, 공의로 그의 허리띠를 삼을 것이며, 성실로 그의 몸의 띠를 삼으리라(이사야 11:1-5)."

공자가 은나라 왕족의 혈통에서 태어났듯이 예수도 다윗 왕의 가문에서 태어난 왕손이다. 그러나 공자가 3살 때 아버지를 여의고 홀어머니 슬하에서 가난하게 자랐듯이, 예수도 목수 요셉과 정혼한 마리아의 아들로 나사렛에서 가난한 유년시절을 보냈다. 공자가 가난함에도 불구하고 어려서부터 학문에 정진했듯이, 예수도 유대인의 '랍비'라는 선생 칭호를 받을 만큼 유대교와 전통 그리고 경전에 능통해 있었다. 예수의 유년기와 청년기는 『성서』에서 별로 언급하고 있지 않기 때문에 그에 대한 청년기의 활동상은 찾아보기 힘들다. 그러나 그가 젊은 시절에 유대 관원들과 변론을 나누었다는 기록과 30세 무렵 광야에서 유혹을 받았다는 내용 등을 통해 미루어 짐작할 때, 그의 청년기는 유대의 지혜와 학문에 대한 뜨거운 열정이 있었을 것이며 사막을 중심으로 한 광야 생활에도 익숙했을 것 같다. 그리고 예수는 공자가 19세에 결혼한 것과는 달리, 결혼하지 않은 독신청년으로서 금욕적인 생활을 했을 가능성이 높다. 그가 세례 요한에게서 세례를 받은 것으로 미루어 보면, 금욕적 정의의 예언자 세례 요한의 영향이 매우 컸을 것으로 여겨진다.

역사가 요세푸스Josephus에 따르면, 예수는 로마의 아우구스투스 황제의 통치기간기원전 27~기원후 14년에 헤롯 대왕이 아직 살아 있을 때인마태2:1 기원전 4년에 나사렛에서 태어났을 것이라고 기록하고 있다. 동방박사들이 예수의 탄생을 예고하고 별을 따라와서 경배한 일이나, 예수가 탄생할 당시 헤롯이 두 살 미만의 유아를 살해한 일마태2:1-18에 대한 역사적 신빙성의 논의는 차치하고서라도, 고대의 점성술과 천문학적 사유는 마태복음 2장에서 철저하게 신학화되면서 재구성되고 있는데, 그 자체만으로도 예수의 탄생은 유대교의 예언전통과 결부되어 메시아로서의 비범한 지위를 획득하게 된다. 헤롯의 유아 살해와 관련하여 마태복음의 기자는 예언자 예레미야의 예언을 인용한다.

"라마에서 슬퍼하며 크게 통곡하는 소리가 들리니 라헬이 그 자식을 위하여 애곡하는 것이라. 그가 자식이 없으므로 위로받기를 거절하였도다."
(예레미야31:15을 마태2:18에 인용)

예수의 비범함을 보여주는 또 하나의 사례로는 그의 탄생설화와 결부된 '예수'라는 명칭에서도 드러난다. 예수의 탄생을 예고하는 누가복음의 진술에서, 천사 가브리엘은 처녀 마리아에게 평안의 인사를 건네고 다음과 같이 말한다.

"보라 네가 잉태하여 아들을 낳으리니 그 이름을 예수라 하라. 그가 큰 자가 되고 지극히 높으신 이의 아들이라 일컬어질 것이요, 주 하나님께서 그

조상 다윗의 왕위를 그에게 주리니, 영원히 야곱의 집을 왕으로 다스리실 것이며, 그 나라가 무궁하리라(누가1:26-33)."

이 탄생설화에서 예수가 하나님의 아들이라는 지위를 부여받고 다윗의 왕위를 계승하는 영원한 통치자의 모습으로 선언된다. 예수의 탄생이야기 이후 유년기와 청년기의 기록이 별로 없는 상황에서 누가복음 3장에 보면 예수는 30세를 전후하여 곧장 공적인 활동을 시작한다. 그 시기는 세례자 요한의 출현 시기를 알리고 있는 누가복음의 기사를 통해 알 수 있다. "로마 황제 디베리오가 통치한 지 15년 되는 해, 본디오 빌라도가 유대 총독으로, 헤롯이 갈릴리의 분봉 왕으로 있을 때, 세례 요한이 요단강에서 회개의 세례를 전파^{누가3:1-3}"할 때였다. 예수는 세례 요한에게 세례를 받은 후 공적인 활동을 개시하면서, 하늘나라의 도래와 그에 따른 회개를 촉구하며 병든 자를 치유하고, 가난하고 소외된 자들과 함께하며 그들을 위로하고 '하나님 나라의 복음'을 전했다. 예수의 소명 의식은 바로 이 '하나님 나라의 복음을 전하는 것'으로 스스로 이해하고 있었던 것이다.

"예수께서 이르시되 내가 다른 동네들에서도 하나님의 나라 복음을 전하여야 하리니 나는 이 일을 위해 보내심을 받았노라 하시고 갈릴리 여러 회당에서 전도하시더라(누가4:43-44)."

예수가 공적 활동을 시작한 시대적 배경은 공자의 시대처럼 정치적 혼란의 시대였다. "예수는 누구인가"라는 질문을 던지기 이

전에 우리는 예수가 살았던 시대적 배경을 잠시 이해 할 필요가 있다. 이스라엘이 아브라함 이후 족장시대와 사사(재판관)시대를 거치면서 사울 왕을 초대 왕으로 한 최초의 왕정국가가 탄생한 이후, 다윗과 솔로몬 왕정시대(기원전 1000년경)를 지나면서 남북으로 분열되고, 결국 기원전 587년에 이르러서는 바벨론에 의해 완전히 멸망당하게 된다. 이 시기가 중국에서는 공자가 탄생하기 얼마 전이다. 쇠약해가던 주(周)나라가 기원전 770년 동쪽 성주(洛邑)로 수도를 옮긴 이후 시작된 동주(東周)시대가 300여 년에 걸쳐 패권을 다투며(春秋五覇) 각 제국이 흥망성쇠를 거듭하던 난세에 공자가 태어나고 활동했던 것이다. 예수 또한 나라를 잃은 지 수백 년이 된 로마의 식민지배하에서 태어났다. 공자는 그나마 조국이라도 있었지만 예수는 조국도 잃은 상태였다. 이스라엘은 바벨론에게 나라를 빼앗긴 이후 다시 페르시아의 지배를 받았고, 그 후에는 알렉산더 대왕의 지중해 제패로 헬라의 문화적 지배와 통치를 받다가, 기원전 2세기 마카비 혁명에 의해 일시적으로 왕조를 회복하기는 했지만 그것도 잠시일 뿐, 다시 로마의 정치적 속국이 되고 만다.

이렇게 나라를 잃고 헤매는 이스라엘 민족에게 예수는 정치적 해방을 가져다 줄 희망의 대상으로 떠올랐다. 이스라엘의 언어와 문화는 여전히 헬라적인 것이었으나, 정치와 법은 로마의 지배하에 있었다. 그러므로 예수의 생애를 이해하기 위해서는 그리스와 로마의 문화, 정치적 배경을 이해해야만 한다. 예수를 둘러싼 수많은 신약성서의 인물들과 그 활동이 바로 이러한 역사, 정치, 문화적 배경하에서 이해될 수밖에 없다. 이 시대는 황제나 왕을 정점으로 노예에 이르기까지 사회적 신분과 위계질서가 엄격하고 철저했다. 이는 공자가 태어나고 활동한 시대의 봉건적 위계질서와도 유사하다. 여성에 대한 차별은 물론이고 상하 계층 간의 위계질서뿐만 아니라, 지역과 인종 간의 갈등 또한 심했다. 이러한 차별은 태생적 신분의 차별로 이어지는 것이었기 때문에 인간적 불행은 더욱 가중되었다. 로마 공화정시대에 가끔 일어났던 반란들도 이렇듯 엄격한 신분의 차별에 대한 불만이 고조되었기 때문이다. 1세기 팔레스타인의 경우, 상위 3%의 사람들이 전체 경제와 권력을 좌우했던 상황의 예수의 시대는 소수의 제후와 신하들이 절대 다수의 농토를 소유하고 권력을 휘둘렀던 공자의 시대와 매우 유사하다.

로마라는 외세와 함께 내부의 유대적인 사회질서에 순응해야 했던 팔레스타인 민중의 고난은 생각보다 큰 고통이었다. 결국 스스로 노예로 전락하는 경우가 많았다. 이런 절망적인 상황에서 그 옛날 다윗 같은 강력한 통치자를 기대한다는 것은 너무나도 자연스러운 일이었는지도 모른다. 다윗은 그들에게 하나의 희망이자 성군聖君이었다. 이른바 제2의 다윗이 도래하기를 간절히 기다리고 있었고, 그 성군에 대한 기대가 메시아에 대한 기대와 일치하면서 예수는 그리스도, 즉 메시아의 칭호를 부여받는다. 이 메시아에 대한 기대를 걸고 수많은 군중이 예수를 따르기 시작했다. 사실 이때까지만 해도 많은 군중들은 예수가 정치적 회복을 실현하는 이스라엘의 왕으로서의 메시아이기를 기대했을 것이다. 마치 공자의 제자들이 공자가 각국을 주유하면서 새로운 이상국가의 이념을 실현할 수 있기를 기대했던 것과 유사하다.

그러나 예수에 대한 정치적 기대는 실패로 돌아갔다. 십자가에

서 처참히 운명했기 때문이다. 어쩌면 "엘리 엘리 라마 사박다니
하나님이여, 하나님이여 어찌하여 나를 버리시나이까?"라고 하나님을 원망하는 듯
한, 절규의 소리로 울부짖으며 꿈을 펼치지도 못한 채 33세의 나
이에 나약하게 죽어가는 그 모습에서는, 그를 가장 충실히 추종하
던 베드로마저도 예수를 부인하며 도망가고 말았다. 생사를 같이
하자던 12제자는 뿔뿔이 흩어지고 제2의 다윗에 대한 기대가 물
거품처럼 사라진 것이다. 그러나 예수의 가르침은 오히려 그 처참
한 죽음과 죽임의 형틀인 십자가에서 되살아났다. 사랑이 무력을
이기고 로마의 권력을 상징하는 십자가가 로마의 치욕으로 변한
것이다. 사회의 제도적 권력과 온갖 부조리에 대해 사랑과 정의
그리고 평화살롬의 횃불로 저항하면서 예수는 죽음으로써 되살아
난 것이다. 예수가 살아서 사람들에게 가르친 것을 두 가지로 요
약한다면, '하나님 공경'과 '이웃 사랑'이다. 이것을 다시 한마디
로 정의한다면, '경천애인敬天愛人'이다. 인仁을 토대로 한 공자의
가르침, 또한 이와 같다. 바로 이 지점에서 예수와 공자는 만난다.
이제 그 가르침을 『논어』와 『복음서』 속에서 구체적으로 만나보
도록 하자.

3

『논어』와 『복음서』의 대화 :
공자와 예수의 만남

　『논어』에는 정치를 포함한 현실 문제를 이상적으로 실현해 보
고자 한 공자의 뜻이 실려 있다면, 『복음서』는 '하나님 나라'를 이
땅에 실현해 보고자 한 예수의 현실적 이념이 드러나 있는 책이다.
공자나 예수 모두가 '죽더라도 이 길, 즉 인仁이나 아가페'의 길을
가야 한다는 '살신성인殺身成仁'의 철저한 소명의식에 불타고 있었던
것만은 틀림없는 것 같다. 전쟁이 난무하던 시절 공자는 임금이 덕
으로 나라를 다스리고 백성을 사랑해야 한다는 덕치德治와 애민愛民
을 강조했다. 예수는 억압과 침탈로 인해 정의와 평화 그리고 관용
을 찾아보기 힘든 로마의 식민지배하에서, 권력을 소유한 자들에
게는 정의와 자비를 외쳤고, 억눌린 민중을 향해서는 진정한 의미
에서의 해방을 알리는 희망찬 하나님 나라의 현재적 도래와 함께

누룩처럼, 혹은 겨자씨처럼 성장해 가는 '하늘나라'의 비유를 설파했다. 예수는 끝까지 '사랑'으로써 소리 없는 무혈無血의 평화적 혁명을 이루어 가고자 했고, 공자는 인과 예禮로써 태평천하의 이상 국가를 실현하고자 했던 실천주의자였다. 이제 이들 두 실천적 평화주의자들의 사상들을 본격적으로 살펴보기 위해 필자는 『논어』의 기본적인 편제 20편에서 순차적으로 중요한 개념들을 선별하여 『복음서』의 예수이야기와 상관되는 부분들을 비교, 검토하는 형식을 취할 것이다.

1) 군자君子와 성도聖徒

공자가 추구한 이상적 인간은 군자君子였다. 인仁을 바탕으로 예禮를 실천하고자 했던 이상적 인간으로서의 군자를 소인小人과 구별하여 이利보다는 의義를 추구하며, 사리邪理를 분별할 줄 아는 지혜智를 가지고 평화롭고 즐거운 인생樂을 살 것을 공자는 꿈꾸며 실천했던 것이다. 예수 또한 하나님의 아들로서의 본분을 가지고 어떻게 사는 것이 바르고 의미 있는 인생인가 하는 것을 그의 제자들에게 모범적으로 보여주고 있는데, 그것은 단연 아가페에 근거한 자비와 용서 그리고 정의와 평화의 추구였던 것이다. 하나님의 뜻을 물어 이 땅에 하나님의 나라, 곧 평화샬롬의 세계를 이루고자 했던 열망은 그가 가르친 '주기도문'에 잘 나타나 있다. "뜻이 하늘에서 이루어진 것 같이 땅에서도 이루어지이다." 그러나 이러한 세계는 저절로 이루어지는 것이 아니다. 이는 '자기를 부정하고 자기 십자가를 지고' '좁은 문'으로 들어가려는 결단과 자세를 가진 자들을 통해 이루어지는 세계다.

공자가 군자의 길을 제시했듯이, 예수는 제자의 길을 제시했다. 군자의 길이나 제자의 길은 모두 '자기 부정의 길'이다. 자기의 사사로운 욕망을 버리지 않으면, 결코 이룰 수 없는 길이기 때문이다. 그것이 '극기복례克己復禮'의 길이요, '예수나를 따르는 길'이다. 오늘날 우리가 군자의 삶을 사는 것과 그리스도인으로서 성도의 삶을 사는 것은 윤리적 덕목으로 볼 때, 크게 다를 것이 없다. 물질문명이 정신문명을 지배하려는 가치전도의 혼란 시대에 우리는 공자가 제시하는 군자의 이상을 현대적 의미에서 조목조목 되새기면서, 예수의 거룩한 뜻을 따르고자 하는 제자, 즉 성도聖徒의 본분과 비교해 보자.

● **화내지 아니함**不慍, **불온과 온유**溫柔

군자라는 말은 『논어』의 첫 편에 해당하는 〈학이學而〉편에서 처음 언급되고 있다. 그 첫 문구는 군자삼락君子三樂으로도 잘 알려진 배움학문의 기쁨과 도반道伴이 함께하는 기쁨, 그리고 남이 알아주지 않아도 화내지 않고 홀로 즐거워할 수 있는 기쁨이 그것이다. 원문을 직역하면 다음과 같다. "배우고 때에 맞춰 익히니 즐거운 일 아닌가?, 벗이 있어 멀리서 스스로 찾아오니 또한 즐겁지 않은가?, 남이 나를 알아주지 아니하여도 화를 내지 않는다면, 또한 군자가 아니겠는가?學而時習之 不亦說乎, 有朋自遠方來 不亦樂乎, 人不知而不慍 不亦君子乎." 배우고 익히는 기쁨과 벗이 찾아오는 기쁨, 그리고 남이 알아주지 않아도 섭섭해 하지 않고 홀로 기뻐할 수 있는 이 세 가지를 군자 삼락이라 했는데, 모두 인仁과 예禮를 실천하려는 첫 출발로서, 그 것은 배우고 익히는 일에서 시작됨을 말하고자 했다. 공자의 학문 적 기초가 '인의예지仁義禮智'였다면 그것을 기초로 한 도반道伴의 만 남은 더욱 기쁜 일이고, 인의예지를 실천함에 있어 알아주는 이 없 어도 화를 내지 않는다면 참으로 군자답다는 말을 우리는 가슴에 새겨들을 필요가 있다.

참으로 군자다운 모습은 남이 알아주지 않아도 '화내지 않는不 慍' 데서 드러난다. 오히려 공자는 "남이 나를 알아주지 못하는 것 을 근심하지 말고, 내가 남을 알아주지 못하는 것을 근심하라不患人 知不己知, 患不知人也, 학이:16" 고 말한다. 군자는 남이 자신을 알아주는 문 제에 연연하여 일희일비一喜一悲할 것이 아니라, 오히려 남을 알아 주지 못한 점에 대해 자신을 채찍질하고, 자신의 무능과 부덕에 대 해 절치부심切齒腐心해야 한다. 그리고 공자는 계속해서 말한다. "군 자는 자기의 무능을 병으로 여기고, 남이 자기를 알아주지 않는 것 을 병으로 여기지 않는다君子病無能焉, 不病人之不己知也. 위령공:18." "군자는 모든 것을 자기에게서 구하는 자이지, 소인小人처럼 남에게서 구하 는 자가 아니라는 것이다君子求諸己 小人求諸人. 위령공:20."

이렇듯 군자는 자기를 알아주지 않는다는 이유로 화를 내지 않 는다는 공자의 말에 걸 맞는 예수의 이야기가 있다. 군자에 대한 공자의 이야기가 주로 제자들에게 들려주는 말이었듯이, 예수도 제자들에게 인간이 갖추어야 할 기본적 덕목으로서 '복이 있는 사 람'에 대한 교훈을 들려주고 있다. 산 위에서 제자들에게 들려준 이 교훈을 일러 '산상수훈山上垂訓'이라고 부르는데, 가히 이 교훈은 군자의 도리에 관한 교훈이라고 해도 전혀 손색이 없다. 예수는 산 위에서, 여덟 가지의 복 있는 사람에 대한 교훈을 주는데, 이른바 '팔복八福'을 선언하고 있다. 그 여덟 가지 복 가운데서 "온유한 자는 복이 있나니, 그들이 땅을 기업으로 받을 것이라" 했다. 이 짧은 표현 속에서 우리는 온유라는 말에 주목할 필요가 있다. 온유溫柔라는 한자어는 따뜻하고 부드럽다는 뜻이다. 갈대처럼 바람이 심하게 불어도 부러지지 않는다. 그들은 천국이라는 '마음의 땅'을 소유한 사람들이다. 이미 그 마음속에 내재된 내면의 기쁨이라는 열락悅樂이 있기 때문에 외부적인 시선이나 인정에 좌우되지 않는다.

군자는 인을 실현하는 것을 내면의 기쁨으로 여기고 만족하며 충만하듯이, 성도聖徒는 사랑을 실천함에 있어서 다른 사람의 인정 여부에 지나치게 민감해서도 안 된다는 것이다. '온유한 자'는 함부로 성내지 않는 자다. 크고 작은 일에 화를 잘 내는 것은 소인들이나 하는 경우다. 이른바 감정의 통제, 그것은 하루아침에 되는 일이 아니라 수양修養을 통해 얻어진다. 경쟁 사회에서 현대인들은 특히 감정이 메말라 있다. 툭하면 감정이 상하여 화를 내고 다툼을 일으키며, 심하면 마치 헐크처럼 변하여 살인까지 저지르는 무서운 폭군처럼 변해간다. 개인적 분노가 집단화되면 집단과 집단이 서로 싸우게 되고, 더 나아가 민족이기주의에 이르게 되면 국가 간에도 싸움을 일으킨다. 이렇듯 분노를 억제하지 못하는 경우는 끝내 분쟁을 일으키게 되며, 분쟁의 결과는 참담한 결과를 낳는다. 그래서 예수는 온유한 자가 땅을 기업으로 받는다고 했다. 여기서 땅은 무엇일까? 오늘날 부동산 투기로 얻을 수 있는 졸부의 땅일까? 아니면 전쟁을 통해 강압적으로 빼앗은 영토를 이르는 말일까? 예수가 말하는 땅의 이미지는 천국의 이미지일 것이다. 지구촌 전체를 자기의 소유로 삼는다 해도 마음의 평화와 기쁨이 없는 사람은 이미 군자도 아니고 성도도 아니다. 외부의 조건 없이 자신의 마음속에서 스스로 평화를 누리는 자는 어디에 있으나 그곳이 천국이다. 마음이 온유한 자는 그만큼 마음의 영토가 광활해지는 법이다.

미국의 행동주의 심리학자 아브라함 매슬로우^{Abraham H. Maslow}에 의하면 인간은 욕구충족의 5가지 단계를 밟는다고 한다. 생리적 욕구에서 시작하여, 안전의 욕구, 소속감의 욕구, 그리고 인정의 욕구를 거쳐 마지막 자아실현의 단계에 이르는 욕구의 과정을 거친다는 것이다. 여기서 우리가 인정의 욕구를 생각해 볼 때, 사람은 누구나 인정을 받고자 하는 심리적 존재라는 사실을 경험적으로도 알 수 있다. 바로 이런 점을 공자는 이미 2500년 전에 간파하고 제자들에게 인정받고 싶은 유혹에서 벗어날 것을 가르쳤던 것이다. 이는 예수의 제자들도 마찬가지였다. 예수의 제자들은 예수에게 "천국에서는 누가 더 큽니까?^{마태18:1}"라고 묻는다. 이에 대해 예수는 한 어린아이를 불러 그들 가운데 세우고 다음과 같이 말한다.

"진실로 너희에게 이르노니 너희가 돌이켜 어린아이들과 같이 되지 아니 하면 결단코 천국에 들어가지 못하리라. 그러므로 누구든지 이 어린아이 와 같이 자기를 낮추는 사람이 천국에서 큰 자니라(마태18:2-4)."

서로 큰 자로서 인정받고 싶어 하는 제자들에게 예수는 오히려 어린아이의 비유를 통하여 자신을 낮추는 겸손한 자와 온유한 자를 천국에서는 큰 자로 인정하고 있다고 한다. 군자의 덕목도 이와 같이 겸손하고 온유한 자의 몫일 것이다. 인정받지 못한다고 해서 화를 내는 사람은 참으로 군자답지 못할 뿐 아니라, 소인의 행동이 아닐 수 없다. 화는 도리어 더 큰 화를 초래할 뿐이다. 남이 알아주지 않아도 화를 내지 않고 온유하고, 겸손하게 남을 알아주지 못하는 자신의 부덕함을 오히려 탓하는 것이 군자와 성도가 할 일이다. 물론 당唐나라 왕발王勃이 친구와 헤어질 때 한 유명한 말처럼 "세상에 자신을 알아주는 이가 있다면, 하늘 저 끝도 이웃과 같다海內存知己, 天涯若比隣"는 기쁨이 어찌 없겠는가? 하지만 적어도 군자나 성도의 길을 가는 사람이라면, 산 속에 고요히 피어있는 한 송이 아름다운 꽃처럼, 누가 알아주지 않아도 홀로 자신만의 아름다움으로도 충분히 넉넉한 내면의 숭고함이 빛나는 사람이어야 할 것이다. 한자로 '성낼 온慍'의 뜻은 마음에 불평이 가득 차 있는 것을 뜻하고, '온유溫柔'는 온후溫厚하고 유순柔順함을 말하는 것으로서, 이때의 '온溫'은 여러 가지 뜻을 지닌다. 따뜻하고, 부드럽고, 순수하고, 익히는 뜻을 가지고 있는 것이다. 그렇다면 우리는 '온慍'과 '온溫'의 어느 편에 서야 할 것인가?

● 의義를 으뜸으로 삼는 것義以爲上과 '먼저 그 나라와 의를 구하는 것'

『논어』〈양화〉편에서 공자는 이렇게 말한다. "군자는 의를 으뜸으로 삼는다君子義以爲上" 이 말은 공자의 제자 가운데 비록 생각은

짧지만 용감하기로 유명한 제자인 자로子路가 공자에게 "군자는 용맹을 숭상합니까?君子尚勇乎"라고 물은 것에 대한 대답이다. 정사政事에 밝고 내심 용맹하다고 자부하던 자로는 자신을 칭찬하고 인정해 주는 답을 기대 했는지 모른다. 자로는 예수의 제자 중에 다혈질적인 품성의 베드로를 연상하게 한다. 공자의 답은 의외였다. 군자는 용기勇氣보다 의를 더 우선시한다는 것이다. 공자는 자로에게 말한다. "군자가 용기는 있으되 의가 없으면 난亂을 일으킬 것이며, 소인이 용기는 있으되 의가 없으면 도적질을 하게 될 것이다 君子有勇而無義 爲亂, 小人有勇而無義 爲盜, 양화:23."

공자는 군자가 지녀야 할 세 가지 도를 언급하는 자리에서 스스로도 그 세 가지 도에 대해 무능한 자라고 겸손하게 말한다. "어진 사람은 근심이 없고, 지혜로운 사람은 미혹됨이 없으며, 용기 있는 사람은 두려움이 없다仁者不憂, 知者不惑, 勇者不懼, 헌문:30." 인仁, 지知, 용勇은 공자의 사상에서 중요한 것이지만, 앞서 살펴본 것처럼 용맹이 의를 앞서지는 못한다. 더구나 의가 없는 용맹은 무모할 뿐만 아니라, 도적으로 돌변할 만큼 해로울 뿐이다. 의를 모르고 용기만 백배한 사람을 군자라고 말할 까닭도 없겠지만, 의를 무시한 용기는 전쟁을 일삼는 호전好戰주의자에 불과할 것이다. 〈양화〉편에서, 공자보다 31세 연하이며 위나라 출신으로서 언어에 뛰어난 제자 자공子貢이 공자에게 "군자도 미워하는 것이 있습니까?君子亦有惡乎"라고 물었다. 이에 대해 공자는 여러 가지 미워하는 것들을 설명하면서 "용기만 있고 예가 없는 자를 미워한다惡勇而無禮者"고 대답했다. 이 또한 용기는 예를 갖춘 것이어야 함을 말하는 것이다. 뿐만 아니라 공자는 용기를 인仁과 관련하여서도 설명한다. "어진 사람은 반드시 용기가 있지만, 용기 있는 자라고 해서 반드시 어진 것은 아니다仁者 必有勇 , 勇者 不必有仁. 헌문:5." 여기에서 진정한 용기는 인과 예, 그리고 의를 바탕으로 하고 있음을 보게 된다.

한편 예수는 산 위에서 제자들에게 말한다. "의에 굶주리고 목마른 자는 복이 있다. 저희가 배부를 것이다마태5:6." 마치 이 말은 공자가 제자들을 향해, "군자는 천하에 해야만 하는 것도 없고, 하면 안 된다는 것도 없으며, 오직 의에 따라 살 뿐이다君子之於天下也, 無適也, 無莫也 義之與比. 이인:10"라고 말한 것을 생각나게 한다. 이는 의에 준하여 살기만 한다면, 꼭 하지 못해서 조급할 이유도 없고, 하고 싶은 일을 못할 이유도 없다는 것이다. 이어서 예수는 제자들에게 말한다. "의를 위해 핍박을 받은 자는 복이 있다. 천국이 저희 것이다마태5:10." 이러한 예수의 말은 의를 지닌 자들에 대한 격려다. 예수도 제자들이 갖추어야 할 기본 덕목으로서 먼저 의를 꼽았던 것이다. "너희는 먼저 그의 나라와 그의 의를 구하라마태6:33"고 했던 것도 같은 맥락이다.

예수에게 있어서 의義는 '팔복' 가운데서도 두 번씩이나 강조할 만큼 중요한 덕목이다. 정의가 무너진 이 땅에 하나님 나라의 선취先取를 위해서 가장 기본적으로 요구된 것이 의헬라어로 디카이오스였다. 예수가 말한 '그의 나라와 그의 의'는 하나님의 나라와 하나님의 의를 말한다. 이는 신국神國의 통치와 신국의 정의를 말하는 것이며 천국의 정의와 다름 아니다. 정의가 무너진 천국은 있을 수 없다. 예수나 공자 모두 정의가 무너진 시대에 살았고, 가장 우선적으로 회복해야 하는 것이 정의의 회복이었다. 물론 예수의 정의와 공자의 정의가 정확하게 일치하는 것은 아니었지만, 하늘天을 거역하는 불의^{不義}에 근거한 권력과 통치를 이들은 모두 용납할 수는 없었던 것이다.

공자의 적통^{嫡統}을 잇는 사상가인 맹자^{孟子}가 의^義를 '수오지심^{羞惡之心}', 즉 나쁜 일을 부끄러워할 줄 아는 마음으로 해석했듯이, 하늘을 우러러 부끄러워할 줄 아는 마음이야말로 의를 지닌 자라고 할 수 있다. 그런 점에서 의는 하늘이라는 거울에 비친 내 마음의 바른 상태라고 할 수 있을 것이다. 이러한 의는 공자가 꿈꾸는 이상 국가의 초석이 된다. 한편 예수가 강조한 의를 잘 이어받아 설명한 자가 바로 사도 바울이다. 맹자가 공자 생전의 직접적인 제자가 아니었듯이 사도 바울도 예수가 활동할 당시의 직접적인 제자는 아니었다. 그러나 그는 예수의 사상을 체계적으로, 그리고 가장 방대하게 신학화한 인물이다. 그가 생각하는 하나님의 나라도 "먹고 마시는 데 있는 것이 아니라, 의^義와 평화와 희락이 넘치는 곳^{로마서 14:17}"이었다. 의가 없는 평화가 있을 리 없고, 의가 없는 기쁨은 오래가지 못한다.

공자의 사상이 맹자를 거쳐 주자^{朱子}에게로 이어진다면, 예수의 사상은 바울을 거쳐 아우구스티누스에게로 이어져, 아우구스티누스가 『신국^{神國}』을 저술하게 된다. 그는 플라톤의 영향을 받아 다소 이원론적인 신국 개념을 전개하지만, 불의가 완전히 사라진 신의 의로운 통치를 기대한다는 점에서, 하늘의 뜻을 거슬리는 역천^{逆天}이 아니라 순천^{順天}을 강조한 공자의 기대와 거리가 먼 것은 아니었다. 주자와 아우구스티누스가 다소 교조^{敎條}적인 성격이 강하다면, 주자의 좌파인 양명^{陽明}은 중세 그리스도교의 최고 사상가로서 아리스토텔레스의 전통을 잇고 있는 토마스 아퀴나스와 비교되는 인물이다. 이들은 주자나 아우구스티누스와 달리, 하늘과 땅이 대립적이지 않고 상대적이며—아퀴나스의 경우는 한계가 있지만—일원적 관점에서 조화와 일치를 추구했던 사상가들이다. 이들이 서로 대화가 가능한 부분은 인간의 천부적 양심과 마음의 중요성을 한껏 부각시켰다는 데 있다. 양심의 법, 곧 자연법으로서의 이성의 법을 따르면 하늘의 법을 따르는 이치心卽理와 통한다는 것이다.

공자와 예수는 난세亂世를 살면서 무엇보다도 먼저 정의를 외쳤다. 예수는 1세기 팔레스타인의 식민지 상황과 정치적 혼란 속에서도 유대인과 이방인 사이의 민족적 갈등을 눈여겨보고 있었고, 이미 같은 유대민족 내부에도 헬라화되어 친親로마적 성향을 가지고 있던 세리포스와 티베리아와 같은 도시와 순박한 갈릴리 주변 시골 간의 정서적인 갈등의 상황에서 무엇이 의로운 것인지를 누구보다 깊이 인식하고 있었다. 특히 로마인들이 헤롯을 중심으로 지배한 팔레스타인의 상황은 로마의 법체계하에서 땅을 상실한 소농인小農人들이 소작인으로 전락하여 이주를 하거나, 아니면 사회 최하층의 일용직 노동자가 되거나, 거지 혹은 강도떼로 전락해 갔다. 이를 참다못한 일부 갈릴리 사람들은 세리포스로 가서 무기를 탈취하여 반란을 일으키거나, 로마에 세금을 내지말자고 민중을 선동하다가 체포되어 십자가에 처형당하기도 했다. 이러한 상황에서 예수는 산상수훈을 통하여 "가난한 사람들아 너희는 행복하다." 그리고 "의에 굶주리고 목마른 자들아 너희는 행복하다. 너희들은 배부를 것이다"라고 외쳤던 것이다. 공자나 예수 모두 당대에 의義의 승리를 직접 목격하지는 못했지만, 그들 이후의 역사는 언제나 의의 편이었음을 충분히 잘 보여주고 있다. 자신의 사리사욕을 챙기기에 급급할 것인가, 아니면 의를 먼저 생각할 것인가 하는 문제를 두고 "이익이 눈앞에 보이거든 먼저 의를 생각하라見利思義"는 말이나, "군자는 의로움에 밝고, 소인은 이로움에 밝다君子喩於義 , 小人喩於利, 이인:16"는 공자의 말을 다시 한 번 깊이 새겨보자. 의를 본질적 바탕으로 삼는 군자의 길君子義以爲質, 위영공:17은 죽어도 영원히 사는 것이리라.

● 배부름을 구하지 않는 것食無求飽과 '가난한 자들의 복'

가난은 저주이기도 하지만 축복일 수도 있다. 기아에 굶주릴 수밖에 없는 자들에게 가난은 분명 고통스런 저주다. 그러나 역설로 들릴지 모르지만 가난해도 사악함에 물들지 않는다면 그 가난은 차라리 축복이다. 다시 말해 배부른 도둑보다 배고픈 의인이 낫다는 것이다. 그런데 정말 그럴까? 과연 어떤 사람이 굶어 죽을지언정 의로움을 저버리지 않았다면, 그는 저주스런 가난을 극복한 것일까? 중국에는 지금 13억을 넘어 14억에 이르는 인구가 살고 있으며, 세계 무역량으로 볼 때 경제 규모가 이제는 미국과 일본 다음의 대국이다. 그러나 국민 개인의 소득 수준을 따져보면 경제 규모에 비해 아직 미천하다. 부富가 그만큼 편중되어 있다는 뜻이기도 하다. 사람들은 가난을 탈피하기 위해 끝없이 도시로 이주하고 있지만 아직도 전 인구의 9억이 농촌에 살고 있다. 과연 가난한 농촌 사람들과 부유한 도시인들의 행복 지수는 어느 쪽이 더 높을까? 우리가 빈국으로 여기고 있는 방글라데시 사람들이나 티베트 산간 지방 사람들의 행복지수가 세계에서 가장 높다는 설문 조사 결과가 있다. 그렇다면 물질적인 부富가 반드시 마음의 행복과 직결되지는 않는 것 같다.

공자가 살았던 시대에도 예수가 살았던 시대에도 부자와 가난한 자는 있었다. 인간이 원시 수렵생활 이후에 가축을 기르고 농사를 짓는 정착생활을 시작하면서부터 지배와 피지배의 관계가 더욱 강화되었고, 가진 자와 못 가진 자의 격차가 심화되면서 못 가진 자들은 지배자나 가진 자들의 노예로 전락하게 되었다. 지배와 착취가 강화되고 가진 자들은 더 많이 가지려 하고, 못 가진 자들은 그나마 가지고 있던 것마저 빼앗기는 현실이 되고 말았다. 이러한 지배와 피지배의 관계는 봉건사회를 지나 사회, 민주주의나 자본주의 체제에서도 피할 수 없는 구조적인 모순을 안고 있는 실정이다. 오히려 제도적인 장치 아래에서 빈부의 격차는 더욱 벌어지고 있는데, 이는 지구촌 전체가 안고 있는 세계화시대의 한 병폐이기도 하다. 거기에 소비의 발달로 환경오염 문제와 생태계의 파괴 현상은 더욱 가속화되고 있는 실정이다. 가난해도 행복하게 살던 사람들이 생존경쟁에서 밀려나면서 거리로 내몰리게 되고, 일부 부랑자가 된 사람들은 쓰레기 더미에서 먹을 것을 구해야 하는 처지에 놓이게 되었다.

『성서』에 나오는 부자와 거지 나사로의 비유가 비단 어제 오늘의 일만은 아니다. 예수가 말하는 부자와 거지의 비유를 들어보자.

"한 부자가 있어 자색 옷과 고운 베옷을 입고 날마다 호화롭게 즐기더라. 그런데 나사로라 이름 하는 한 거지가 헌데투성이로 그의 대문 앞에 버려진 채 그 부자의 상에서 떨어지는 것으로 배를 불리려 하매 심지어 개들이 와서 그 헌데를 핥더라(누가16:19-21)."

부자와 거지의 이 같은 상황은 지금이라고 예외는 아니다. 예수는 이들 두 사람 사이에서 천국과 지옥을 암시하고 있다. 가난한 거지를 배려해 주지 못하는 부자의 태도에 대한 심판은 엄격하다. 이 두 사람이 죽어 나타난 결과는 천국과 지옥이었다. 그 장면을 예수는 비유로 다음과 같이 계속해서 말한다.

"거지가 죽어 천사들에게 받들려 아브라함의 품에 들어가고, 부자도 죽어 장사되매, 그가 음부에서 고통 중에 눈을 들어 멀리 아브라함과 그의 품에 있는 나사로를 보고 불러 이르되, 아버지 아브라함이여 나를 긍휼히 여기사 나사로를 보내어 그 손가락 끝에 물을 찍어 내 혀를 서늘하게 하소서. 내가 이 불꽃 가운데서 괴로워하나이다. 아브라함이 이르되, 얘, 너는 살았을 때에 좋은 것을 받았고, 나사로는 고난을 받았으니, 이것을 기억하라. 이제 그는 여기서 위로를 받고 너는 괴로움을 받느니라(누가16:22-25)."

부자와 거지 나사로의 비유에서 예수는 종말론적 심판을 예고한다. 이 종말이 언제인가 하는 것에는 해석이 분분하지만 그것은 별개의 문제다. 분명한 것은 삶에는 반드시 일시적이거나 영원한 심판이 따른다는 것이다. 불교에서는 그것을 업業의 결과인 과보果報라 하듯이, 그리스도교에서는 역사, 즉 하늘의 심판이 있다는 것이다. 짧은 인생에서 불의한 재물로 배불리 살거나, 불의한 재물이 아닌 정당한 생산수단을 통해 부자가 되어 살더라도 가난한 이웃을 돌보지 않은 그것 자체만으로도 심판의 대상이라는 것이다. 홀로 인생을 유유자적悠悠自適하며 살아 갈 수도 있다. 그러나 공자와 예수는 그것을 원치 않는다. 보다 적극적인 사랑과 인仁의 실천을 권하고 있다.

예수 시대의 부자와 가난한 사람들의 갈등 상황을 잘 보여주는 또 하나의 『성서』 기록으로 마가복음에 나타난 포도원 농부의 비유가 있다. 이는 대지주大地主와 소작농들 사이의 원한과 갈등 관계를 보여주는 것으로, 당시 소작인들 사이에 번지고 있던 반란의 분위기를 잘 보여준다. 예수는 제자들에게 포도원 농부의 비유를 들어 다음과 같이 말하고 있다.

"한 사람이 포도원을 만들어 산울타리로 두르고 즙 짜는 틀을 만들고 망대를 지어서 농부들에게 세로 주고 타국에 갔더니, 때가 이르매 농부들에게 포도원 소출 얼마를 받으려고 한 종을 보내니, 그들이 그 종을 잡아 심히 때리고 거저 보내었거늘, 다시 다른 종을 보내니 그들이 그를 죽이고 또 그 외 많은 종들도 더러는 때리고 더러는 죽인지라. 이제 한 사람이 남았으니 곧 그가 사랑하는 아들이라. 최후로 이를 보내며 이르되 내 아들은 존대하리라 하였더니, 그 농부들이 서로 말하되 이는 상속자니 자 죽이자, 그러면 그 유산이 우리 것이 되리라 하고, 이에 잡아 죽여 포도원 밖에 내던졌느니라. 포도원 주인이 어떻게 하겠느냐? 와서 그 농부들을 진멸하고 포도원을 다른 사람들에게 주리라(마가12:1-9)."

이 비유에서 보는 것처럼 포도원 주인이 타국에 가고, 넓은 토지를 소유하여 농부들에게 세내어 주고 그 수확량을 세금으로 거둬들이는 이른바 '부재 경영'을 하는 이들도 많았던 것으로 보이며, 토지는 소작인들에게 착취의 원인으로 작용했던 것 같다. 물론 마가복음의 기자가 이 비유 뒤에 이어지는 10절에서 '건축자들의 버린 돌이 모퉁이의 머릿돌이 되었다'고 편집함으로써 예수의 체포와 메시아성을 비유적으로 보여주고자 한 의도를 부인하는 것은 아니다. 단지 예수의 직접적인 비유적 언설言說 속에는 당대의 대지주와 소작농의 갈등이 얼마나 첨예했던가를 뒤집어 보여주고 있다는 것이다. 특히 주전 3세기의 제논 파피루스에 따르면, 대지주들이 거둬들이는 수확물의 잦은 횟수는 소작인들의 반란을 부추기기에 충분했던 것으로 보인다. 이러한 관행이 로마식민지시대에는 더욱 가중되었을 것이고, 특히 갈릴리 민중들에게는 더욱 참을 수 없는 것이었는지도 모른다. 더욱이 이러한 소작인에도 끼지 못한 사람들은 일용직 노동자로 전락했으며, 그 일자리마저 얻지 못한 자들은 거지가 되거나 도적이 되고 말았던 것이다.

이러한 가난한 사람들 앞에 예수가 나타나서 외친다. "가난한 사람들아 너희는 행복하다. 하나님의 나라가 너희 것이다누가6:20." 예수의 이 말을 듣는 일차적인 청중은 제자들이었다. 이 제자들은 실제로 가난한 사람들이기도 했다. 자신들의 재산을 버리고 예수를 따르기도 했거니와, 대부분은 가난한 갈릴리 농어촌 출신들이었다. 문제는 예수의 가르침이 이들 제자들뿐만 아니라, 예수의 복음을 듣는 모두에게 은밀히 확대되고 전달되어 갔다. 실제로 소작농들을 포함한 갈릴리 민중들은 그들이 당면한 가난한 현실을 타개해 줄 현실적 메시아를 기대하고 있었음에 틀림없다. 한편, 누가복음과 달리 마태복음의 기자는 가난한 자들에 대한 예수의 복음 선포 내용을 약간 변형된 형태로 전하고 있다. 이를테면, "심령이 가난한 자는 복이 있나니 천국이 그들의 것이요^{마태5:3}"라고 말한다. '심령', 즉 마음이 가난한 자라고 말하는데, 누가복음의 '가난한 자'와는 대조를 이룬다. 누가가 가난한 자들에 대한 직접적 화법을 사용하고 있다면, 마태는 상대적으로 부유한 유대인을 대상으로 복음서를 기록했기 때문이라는 신학의 일반적인 해석이 있다. 이렇듯 가진 자와 못 가진 자 모두에게 '마음'이 가난해져야 함은 절실하다. 바로 이 부분은 공자가 말하는 군자의 이상과 비교할 수 있다.

가난함에 대한 공자의 가르침을 살펴보면, 공자는 군자의 이상^{理想}으로 이렇게 말한다. "먹는 일에 배부름을 구하지 않으며, 거처함에 편안함을 구하지 않고, 실천에는 민첩하고, 말에는 신중해야 한다. 도에 이르러 바르게 행동한다면 가히 배움을 좋아한다고 할 수 있을 것이다^{君子食無求飽, 居無求安, 敏於事而愼於言, 就有道而正焉, 可謂好學也已, 학이:14}." 군자의 도리와 이상으로서 인과 예를 실천하기 위해 배우는 사람이 배부름이나 추구하고 좋은 잠자리를 추구하는 등, 의식주에 집착하는 행위를 해서는 안 된다는 것을 말해주고 있다. 그 밖에도 군자의 도리로서 언행의 문제를 말하는데, 말보다 실천적 행위가 우선되어야 할 것과 그에 따른 언어는 책임성을 고려하여 도^道에 걸맞게 신중하고 바르게 해야 함을 말하고 있다. 참다운 가치를 추구함에 있어서 공자는 물질적 가치도 중요하지만, 그것보다 더 중요한 것이 도^道를 추구하는 것이기 때문에 먹는 일에 급급해 하지 않는다는 것이다.

가난이 좋은 것은 아니지만, 가난해도 의를 지킨다면 그 속에도 행복이 있다는 공자의 말을 들어보자. "거친 밥을 먹고 물을 마시며 팔을 베개 삼아 누워도 즐거움은 그 가운데 있다. 의롭지 못한 부귀富貴는 나에게 뜬구름 같은 것이다飯疏食飮水, 曲肱而枕之, 樂亦在其中矣, 不義而富貴, 於我如浮雲, 술이:15." 문제는 의롭지 못한 부귀다. 그 가운데 즐거움이 과연 얼마나 있겠으며, 즐거움이 있다 한들 얼마나 오래갈 것인가! 거친 채소와 박을 먹어도 행복할 수 있다면 차라리 그것이 더 낫다는 것이다. "군자는 도를 도모하지, 밥을 도모하지 않는다. … 군자는 도를 걱정하지, 궁핍함에 대해 걱정하지 않는다君子謀道, 不謀食, … 君子憂道 不憂貧 위영공:31"는 말이나, "군자는 덕을 생각하지만, 소인은 땅을 생각한다君子懷德, 小人懷土, 이인:11"는 공자의 말은 모두 소유보다는 도의 실천을 더욱 중시한다는 것을 의미한다. 그렇다고 해서 가난하고 궁핍한 사람들을 불쌍하게 생각하지 않는다는 말이 아니라, 군자의 도리로서는 마땅히 스스로 가난하고 궁핍할지라도 이를 염려하지 않고 오히려 도를 실천하지 못하는 것을 염려한다는 뜻이다. 이는 바로 자신의 몸가짐을 먼저 바르게 하고자 하는 '위기지학爲己之學'으로서의 군자의 수양의 길을 보여주는 또 하나의 사례다.

인간이 사는 데 있어서 먹고 마시는 일보다 더 중요한 일이 없음은 너무도 자명하다. 아침에 일어나서 먹을 것이 없다면 얼마나 비참한 삶인가! 당장에 먹을 것이 없는데 무슨 도를 논한다는 말인가! 그럼에도 불구하고 굶어 죽을지언정 도의 실천을 외면하고 살 수 없다는 것이 군자의 도리다. "밭을 부지런히 갈면 먹을 것이

나오고, 부지런히 익히고 인의 수양을 쌓아 가면 나라의 녹祿을 먹을 수는 있지만耕也餒在其中矣, 學也祿在其中矣, 위영공:31 ." 이 말은 군자는 도를 중시하는 것이지 가난하다고 불평하거나 염려하지 않는다는 뜻이다. 물론 가난하고 궁핍한 삶을 자처하며 백성들의 궁핍한 삶을 외면하는 것이 군자의 도리는 아니다. 오히려 군자는 백성들의 삶을 풍요롭게 하는 정치가 실현될 수 있도록 해야 한다. 제자 자공이 백성에 대한 공자의 정치관을 묻자, 공자는 다음과 같이 말한다.

"먹거리를 풍족하게 하고, 병력을 풍부히 하며, 백성들이 신뢰하는 것이다." 자공이 물었다. "이 세 가지 중에 부득이 버려야 한다면 무엇을 먼저 버려야 합니까?" 이에 공자는 "병력을 버려야 한다"고 했다. 자공이 또 물었다. "부득이 둘 중 하나를 버려야 한다면, 무엇을 먼저 버려야 합니까?" 공자가 대답했다. "먹을 것을 버려야 한다. 예로부터 누구나 죽음을 맞이하지만 백성들의 믿음이 없으면 (나라가) 서지 못한다"(足食, 足兵, 民信之矣. 子貢曰, 必不得已而去, 於斯三者何先. 曰, 去兵. 子貢曰, 必不得已而去, 於斯二者何先. 曰去食. 自古皆有死, 民無信不立(안연:7)."

먹을 것, 병력, 백성의 신뢰 이 세 가지는 나라가 존립하는 가장 중요한 기반이다. 특히 전쟁이 심했던 고대 사회에서는 더욱 그러했다. 이 세 가지의 중요성에도 불구하고 가장 우선시되는 것은 백성이 임금을 신뢰하는 것이며, 그 다음이 식량이고 그 다음이 병력이라고 공자는 말한다. 먹을 것이 떨어져도 임금에 대한 백성의 신뢰가 있으면, 다시 힘을 합쳐 먹을 것을 생산할 수 있지만, 임금에 대한 신뢰가 없으면, 난리가 나게 되고 나라는 망하게 된다. 임금에 대한 백성의 신뢰가 있으면 천하에 도가 서기 마련이다. "천하에 도가 행해지는데도 가난하다면 그것은 부끄러움이 될 수도 있다. 반대로 천하에 도가 무너졌는데 부귀를 누리는 것도 부끄러움이 된다邦有道, 貧且賤焉, 恥也. 邦無道, 富且貴焉, 恥也. 태백:13"라고 공자는 말한다. 도가 땅에 떨어진 시대에 홀로 부귀영화를 누릴 수 있으며, 난리와 재난 그리고 약탈의 시대에 어찌 힘없는 민중이 가난하지 않을 수 있겠는가? 수많은 왕이 혁명이나 반란에 의해 처단되거나 살해되었던 춘추전국시대의 역사도 이를 잘 입증해 주고 있다. 먹을 것이 경제라면, 병력은 국방이다. 그러나 무엇보다 백성의 신뢰가 중요하다는 지적은 오늘날에도 여전히 유효하다.

예수 시대에도 정치가 바로 서지 못했기 때문에, 로마의 지배하에서 갈릴리 민중은 이중 삼중의 수탈 속에 민생고를 겪어야 했다. 무엇보다 가난을 뼈저리게 경험하고 있었던 그들에게 "가난한 자는 복이 있다"는 예수의 일갈一喝은 과연 얼마나 효력이 있는 것이었으며, 의미 있는 외침이었을까? 예수의 발언은 언제나 현재적이면서도 미래적인 의미를 동시에 지니고 있다. 그것은 바로 현재적 하나님의 나라를 마음속에 품고 있는 자와 미래적 역사의 심판을 동시에 내다보고 있는 자에 대한 외침이기 때문에 그러할 것이다. 공자가 현재적 이상정치의 실현을 꿈꾸면서 그것을 실현할 자들로서의 '군자'를 이상적 인간의 모델로 생각했다면, 예수는 제자들과 더불어 현재적 고통을 넘어 장차 올 하나님 나라의 도래를 '지금, 여기에서' 앞당겨 보려고 노력했던 것으로 이해할 수 있다. 그것은 부당한 권력에 저항하면서 새로운 가치와 나라를 표방하는 외침이기도 하다. 누가의 표현대로, 가난한 자가 천국을 차지할 것이라면, 부자는 마태의 표현대로 '마음'을 가난하게 함으로써 천국을 차지하게 될 것이다.

● 조화로우나 동화되지 않는 경우和而不同와 '화평케 하는 자의 복'

공자가 『논어』에서 화평和平 혹은 평화平和의 개념을 직접 언급한 경우는 흔치 않다. 『논어』〈학이學而〉편에서〈요왈堯曰〉편에 이르는 20편을 살펴보면, 1편의〈학이〉편과 13편의〈자로〉편, 그리고 16편의〈계씨〉편에서 각각 평화 혹은 조화의 개념으로서 화和를 언급하고 있다. 그 가운데서도, "예禮를 행함에 있어서는 조화和合가 중요하다禮之用和爲貴, 학이:12"라고 한 말은 공자의 말이 아닌 그의 제자 유자有子의 말이고,〈자로〉편에서 군자는 '화이부동和而不同, 자로:23'한다고 공자는 말하고 있다. 이를테면 군자는 평화를 도모하되 끼리끼리 무리와 휩쓸려 동화되지는 않는다는 뜻이다. 『논어』에서 공자는 평화를 여러 가지 방식으로 표현하지만, '화和'라는 개념을 직접 사용한 예는 이처럼 극히 드물다. 그렇다고 해서 공자가 평화를 무시하거나 중요하게 생각하지 않았다는 것은 아니다. 오히려 그 반대다. 공자는 『논어』에서 싸우지 않는 '부쟁不爭'에 대한 이야기와 정치에 관한 이야기를 많이 하는데, 그 가운데 임금이 어떻게 정치를 해야 백성이 평화롭고 편안하게 살 수 있을 것인지를 여러 곳에서 언급하고 있다. 그런 점에서 공자는 평화라는 말보다는 '수기안인修己安人, 헌문:45'이라는 말에서 보이듯이, 자신을 먼저 다스린 후에 사람과 백성을 평안하게 하는 안인安人, 혹은 안백성安

50

百姓의 차원에서 말을 많이 한 것 같다.

　이러한 정황에도 불구하고, 공자의 궁극적인 이상이 평화로운 나라를 건설한다는 태평천하太平天下에 있다는 것은 사서四書 가운데 하나인 『대학大學』의 〈팔조목八條目〉에 잘 드러나 있다. 바로 "격물치지 성의정심 수신제가 치국평천하格物致知, 誠意正心, 修身齊家, 治國平天下"가 그것이다. 천하를 태평하게 하기 위해서는 먼저 자신의 몸과 마음을 닦는 수양을 거쳐 가정을 잘 다스리고修身齊家, 그러기 위해서는 정성을 다하여 마음을 바르게 해야 할 것이며誠意正心, 또 그러기 위해서는 먼저 사물의 이치를 잘 살피어 참된 인식을 지녀야 할 것이다格物致知. 올바른 학문적 자세를 통해 자기 자신부터 인과 예의 근본 원리를 익힌 후에 가정과 국가 그리고 더 나아가서는 세계 평화에 이바지해야 한다는 것이다. 공자의 평화 개념이 이 같이 확고하고 원대한 것이라면, 『논어』에서 말하는 공자의 평화주의가 의미하는 것이 무엇인지 좀 더 구체적으로 살펴보자.

　우선 〈자로〉편에서, 공자는 다음과 같이 말한다. "군자는 다른 사람과 조화平和롭게 어울리지만, 끼리끼리 동화되지는 않고, 소인은 끼리끼리 동화되지만, 다른 사람과 조화平和롭게 지내지 못한다君子和而不同, 小人同而不和, 자로:23." 이는 군자와 소인의 대비를 명확하게 보여주는 대목이다. 공자는 〈위정爲政〉편에서도 유사한 이야기를 한다. "군자는 두루 화목하되 당파를 짓지 않지만, 소인은 당파를 만들고 두루 화목하지 못한다君子周而不比, 小人比而不周, 위정:14." 반복되는 이야기지만 군자는 공자가 이상으로 삼는 인간의 모델이다. 이상적 인간이 취해야 하는 모습 가운데 하나가 인간 사이의 조화, 즉 평화를 이루고 살아야 한다는 것이다. 인류의 비극은 이러한 평화를 이루지 못하는 데서 왔다. 평화의 뿌리는 무엇이며, 평화를 방해하는 다툼의 뿌리는 무엇일까? 누구나 평화를 원하면서도 평화를 이루지 못하는 이유는 도대체 무엇일까? 아무리 약육강식이 자연의 생존 논리지만, 유독 인간만이 전쟁을 통해 타인의 평화를, 또는 공동의 평화를 짓밟아 왔다. 지금도 작게는 가정에서부터 이웃, 직장, 학교, 사회 집단, 국가 간에 얼마나 많은 다툼과 폭력이 가해지고 있는가?

인생의 가장 행복한 순간은 바로 평화를 느낄 때이며, 그 평화의 뿌리는 자신의 마음에 있다. 나의 마음이 평화를 느끼지 못하면, 다른 사람을 불안하게 한다. 그런데 자신의 마음에 진정한 평화를 느끼고 사는 사람은 그다지 많지 않은 것 같다. 결국 자신의 내면에서 마음의 평화를 누리지 못하는 사람들은 다른 '그 무엇'에 의존하여 불안을 극복하려고 한다. '그 무엇'이 돈이나 술일 수도 있고, 아니면 권력이나 명예, 혹은 친구일 수도 있다. 요즘은 인터넷을 통해 생각이 비슷한 사람끼리 동호인을 결속하기도 하는데, 문제는 이것이 열린 공동체가 아니라 배타적일 때는 다툼을 일으키게 된다. 그 배타성의 대표적인 경우가 종교 간의 다툼이다. 군자의 이상을 가진 사람은 신념이 서로 다른 사람들 사이에서도 조화와 평화를 이루려고 노력하지만, 그렇지 못한 소인은 자기의 소소한 이익을 앞세워 끼리끼리 뭉침으로써 전체적인 조화와 평화를 유지하는 데는 실패한다. 평화를 만들어 가는 사람을 일러 우리는 '화평케 하는 사람', 내지는 '피스 메이커peace maker'라고도 한다. '트러블 메이커trouble maker'의 반대 개념일 것이다.

공자는 말한다. "군자는 다투는 일이 없다. 꼭 하나 있다면, 그것은 활쏘기 경쟁이다. 서로 절하면서 사양하며 활 쏘는 자리에 올라가고, 내려 와서는 마시니, 그 다투는 모습이 군자답다君子 無所爭, 必也射乎, 揖讓而升, 下而飮, 其爭也君子(팔일:7)." 군자가 다투는 일이 없다는 것은 다툴만한 일이 있어도 하늘의 뜻, 곧 천명을 따라 행동하는 사람이기 때문에 다투지 않는다는 것이다. 다툼의 무익함을 알기 때문이다. 다툼은 또 다른 다툼을 늘 불러온다. 그런 군자가 한 가지 다투는 일이 있다면, 그것은 활쏘기라고 했다. 활쏘기는 이른바 육예六藝의 하나로써 예의를 중시한다. 육예라 함은 예禮, 예의, 악樂, 음악, 사射, 활쏘기, 어御, 말타기, 서書, 글쓰기, 수數, 수학를 말하는데, 옛날 대부大夫 이상의 자제들이 배우던 교양과목이었다. 공자는 이 육예 가운데서도 제자들에게 주로 예와 악을 가르쳤다. 나머지 네 과목을 가르치지 않았던 이유는 서민적인 인仁의 실천과는 어느 정도 거리가 있었기 때문으로 보인다. 그럼에도 활쏘기를 예로 들면서 다투지 않는 본보기를 설명하는 것은 그래도 다투는 것보다는 차라리 사양의 예의를 배우라는 뜻일 것이다. 예절을 바탕으로 하는 경쟁, 그것은 분명 경쟁 사회에서 본받아야 할 덕목이다. 군자의 다툼은 선善을 위한 '선한 싸움'이어야 할 것이다. 전쟁 도구인 활을 가지고 오히려 예와 조화의 평화를 강조하는 공자의 모습에서 우리는 구약성서에서 칼과 창을 바꾸어 괭이와 삽으로 변화시킨다는 예언자들의 이상을 보게 된다.

"군자는 다투지 않는다"는 부쟁不爭의 모습을 공자는 다른 곳에서도 언급하고 있다. "군자는 자긍심을 가지지만 다투지 않고, 여럿이 어울려도 편당을 가르지는 않는다君子矜而不爭, 群而不黨, 위영공:21." 군자는 언제나 하늘의 뜻, 혹은 천명을 따른다는 소명감을 가지고 사는 자다. 그러므로 소소한 일에 다툼을 벌이지도 않거니와 남을 존경하는 만큼 평화와 조화를 이루려 하며, 편을 갈라서 당파싸움을 일으키는 자가 아니다. 공자는 참으로 평화주의자였다. 특히 음악을 좋아했던 공자는 다른 사람과 더불어 노래를 부를 때, 상대가 노래를 잘하면 반드시 재창再唱을 요구하고, 그 뒤에는 자신도 화답했다子與人歌而善, 必使反之, 而後和之, 술이:31." 진정 음악을 사랑하는 사람이라면 더욱 평화를 생각해야 할 것이다. 얼마 전 뉴욕 필하모니 오케스트라 단원이 평양에 가서 연주를 했다. 북미 간의 냉전적 분위기를 종식하고 평화와 협력의 길로 가는 작은 밑거름이 되길 소원해 본다.

사람들이 평화를 이루지 못하고 난리를 일으키는 까닭에 대해 공자는 다음과 같이 말한다. "용기를 좋아하지만, 가난을 싫어하고 사람이 어질지 못함을 지나치게 미워하면 난亂을 일으킨다好勇疾貧, 亂也, 人而不仁 疾之已甚, 亂也, 태백:10." 대부분의 난리는 용기를 가진 자들이 일으키며, 그러한 난리는 사랑과 평화의 마음을 바탕으로 하지 않고 가난을 싫어하여 정당하지 못한 방법으로 부를 획득하려고 하는 경우가 많다. 반대로 사랑과 평화의 정신에 근거한 용기 있는 자는 가난하더라도 전쟁을 일으키려고 하지는 않는다. 또한, 다른 사람이 어질지 못하다고 비난하면서 지나치게 미워하는 것도 난리의 원인이 된다. 왜냐하면 관용이 결핍되어 있기 때문이다. 평화를 유지하려고 하는 자들은 사랑과 평화 그리고 관용을 미덕으로 삼는 자들이다. 이러한 정신은 결코 저절로 주어지는 것이 아니라, 자기 몸과 마음을 닦고 수양을 쌓아 가는 엄격한 수기修己의 과정을 거쳐야 한다.

이는 자로가 공자에게 군자의 길을 물었을 때, 공자가 한 말에서 잘 드러난다. "자기를 닦아 경건하게 살아야 한다 '경(敬)으로써 자기를 닦는다' 라는 해석도 가능하다(修己以敬)." 이 말에 대해 "그렇게만 하면 되겠습니까?" 라고 자로가 묻자, "자기를 닦음으로써 남을 편안하게 해야 한다修己以安人" 라고 대답한다. 자로가 다시 "그렇게만 하면 되겠습니까?" 라고 묻자, 공자는 다시 대답했다. "자기를 닦아서 백성을 편안하게 해야 한다修己以 安百姓, 헌문:45." 이처럼 평화로 가는 길은 자신의 수양이 가장 먼저라는 것이다. 자신의 수양이 있어야 하늘을 우러러 경건한 삶을 살게 되고, 그런 다음에야 이웃을 평안하게 할 수 있다. 그리고 이웃을 평안하게 할 수 있는 역량이 쌓인 연후에야 비로소 백성을 평화롭게 해줄 수 있다는 것이다. 온통 세상이 평화롭게 나아가는 길은 바로 자신의 수양에서 시작되며, 이 길이 군자의 길이다. 공자는 특히 나라를 다스리는 위정자가 갖추어야 할 덕목 세 가지를 언급하면서 균均과 화和와 안安을 말하고 있다. "대체로 분배가 균등하면 가난이 없고, 서로가 화평을 이루면 부족할 것이 없으며, 평안하면 나라가 기울어질 일이 없다蓋均無貧, 和無寡, 安無傾, 계씨:1." 이 세 가지가 잘 이루어지지 않으면, 가난과 난리와 파국을 면하기 어렵다는 것이다. 그러므로 분배와 화평 그리고 평안을 도모하기 위해서는 지도자로서의 위정자가 먼저 학문과 덕을 쌓아修文德 백성을 편안하게 해야 할 것이다.

예수는 산 위에서 제자들을 향하여, 행복한 사람들의 여덟 가지 조건에 대하여 말하는 가운데 "화평케 하는 자는 복이 있다. 그는 하나님의 아들이라 일컬음을 받을 것이다마태5:9" 라고 했다. 이는 평화를 사랑하고 만들어 가는 자들은 행복한 사람들로서 하나님의 아들이 될 것임을 말하고 있는 것이다. 하나님의 아들을 중국 고대의 사상적 체계에 비교해 보면, 천자天子의 위치로서 덕망이 높은 임금을 일컫는 경우일 것이다. 천자 다음이 제후이고 경과 대부로 이어지듯이, 지상에서 가장 영광스런 지위에 부여되는 명칭이다. 그리스도교에서는 하나님을 믿는 자들은 누구나 '하나님의 아들딸을 포함'이 된다. 그런데 예수는 왜 유독 '화평케 하는 자'가 하나님의 아들이 된다는 언급을 하고 있는 것일까? 앞에서 살펴보았듯이 가난한 자는 천국이 저희 것이라 했고, 온유한 자는 땅을 기업으로 이어받을 것이라 했다. 그리고 의에 굶주린 자들은 배부를 것이라고도 했다. 만약에 화평케 하는 자가 '하나님의 아들'이 될 것이라고 한다면 다른 경우의 사람들은 하나님의 아들이 아니란 말인가? 그렇지 않다. 다른 사람의 경우도 하나님의 아들임이 틀림없지만, 그 행한 일과 역할, 그리고 처지에 적합한 축복의 보상이 주어지고 있다는 상징적인 표현일 뿐이다.

그러면 화평케 하는 자가 받게 되는 축복으로서의 하나님의 아들의 의미는 무엇일까? 예수가 제자들에게 하나님의 아들이라는 축복 선언을 하기 이전에 예수 자신은 이미 하나님의 아들에 대한 자의식이 분명했다. 예수가 공생애公生涯를 시작할 무렵, 사십 일을 밤낮으로 금식한 후에 성령에 이끌려 광야에서 마귀에게 시험을 받을 때에, 시험하는 자가 예수에게 나아와 이르되, '네가 만일 '하나님의 아들'이거든 명하여 이 돌들로 떡덩이가 되게 하라마태 4:1-3'는 유혹을 하게 된다. '네가 만일 하나님의 아들이거든'이라는 마귀의 이 말을 들었을 때 예수 자신은 하나님의 아들이라는 인식이 확고했지만, 마귀의 유혹을 물리치고 기적을 베푸는 행위 대신에 "사람이 떡으로만 살 것이 아니라, 하나님의 입으로부터 나오는 모든 말씀으로 살 것이라^{마태4:4}"고 구약성서의 신명기^{8:3}에도 수록된 말씀을 인용하며 응수한다. 하나님의 아들은 먹는 일에 급급하여 살지 않고 '하나님의 말씀'을 양식으로 하여 살아간다는 것이다. 이는 마치 군자는 음식을 탐하지 않고, 의를 더욱 소중히 생각한다는 공자의 말과 다름이 없다. 이어서 예수에 대한 마귀의 유혹은 계속된다. 마귀가 예수를 거룩한 성으로 데려가서 성전 꼭대기에 세우고 또 다른 유혹을 한다.

> "네가 만일 하나님의 아들이거든 뛰어 내리라. 경전經典에 기록되기를 "그가 너를 위하여, 그의 사자들을 명령하실 것이니 그들이 손으로 너를 받들어 발이 돌에 부딪치지 않게 하리라" 하였느니라. 예수께서 이르시되, "주 너의 하나님을 시험하지 말라 하였느니라" 하면서 또다시 응수했다(마태 4:5-7)."

돌들을 떡이 되게 하라는 것이 경제적인 유혹이었다면, 성전 꼭대기에서 뛰어 내릴 것을 유혹하는 시험은 당대 최고의 종교 지도자로서의 권위에 대한 유혹이라고 할 수 있다. 즉, 세속적 종교의 권위에 대한 유혹을 말하는 것이다. 그러나 이번에도 예수는 유혹에 굴하지 않았다. 그러자 마귀는 또다시 장소를 옮겨 예수를 유혹한다.

> "지극히 높은 산으로 가서 천하만국과 그 영광을 보이며 이르되, "만일 내게 엎드려 경배하면, 이 모든 것을 네게 주리라." 이에 예수께서 말씀하시

되, "사탄아 물러가라. 기록되었으되, 주 너의 하나님께 경배하고 다만 그를 섬기라 하였느니라." 이에 마귀는 떠나갔다(마태4:8-11)."

이번에는 높은 산에 올라가서 천하만국과 그 모든 영광을 보이며 마귀 자신에게 엎드려 절할 것을 요구했다. 그러면 그 모든 권한을 위임하겠다는 것이다. 이른바 정치적 통치권에 대한 유혹이다. 처음 것이 경제적 유혹, 두 번째가 종교적 유혹이라면 이제 세 번째는 정치적 권력의 유혹이다. 이 모든 유혹을 뿌리칠 수 있었던 예수는 자신이 '하나님의 아들휘오스 투 데우'로서의 자의식이 강했기 때문에, "어찌 '천자天子'가 사사로이 떡을 탐하며, 종교적 권위를 탐하며, 정치적 권력에 눈이 멀 수 있단 말인가?" 하고 스스로 자문했던 것이다. 하나님의 아들이 되는 길은 누구에게나 열려 있지만 쉽지는 않은 것 같다. 마치 누구나 군자가 될 수 있지만, 그 길이 쉽지 않은 것과 같은 것이다. 군자라면, 언제나 "도道에 뜻을 두고, 덕德에 근거하며, 인仁에 의하여, 예藝에서 노닐어야 한다志於道, 據於德, 依於仁, 遊於藝, 술이:6"는 것과 같이, 하나님의 아들이라면, 의리보다는 먹는 일을 탐해서는 안 될 것이며, 겸손한 섬김의 사람이 되기보다 종교적 권위를 탐해서도 안 될 것이고, 이웃과 백성을 편안하게 하기보다 천하만국을 욕망으로 다스리려 해서는 더욱 안 될 것이다.

예수가 마귀에게 유혹을 받았던 것처럼, '네가 만일 하나님의 아들이거든'이라는 말을 바꾸어 '네가 만일 군자라면'이라는 생각을 가지고 늘 언제나 경제, 종교, 정치 모든 분야에서 어떻게 처신해야 할 것인지를 수시로 자문해 보아야 할 것이다. "화평케 하는 자는 복이 있다"라고 말한 예수는 평화의 사도였다. 그것을 짧은 일생을 통해 보여주었다. 그런 그가 제자들에게 뜻밖의 말을 외친다.

"내가 세상에 화평을 주러 온 줄로 생각하지 말라. 화평이 아니요 검을 주러 왔다. 내가 온 것은 사람이 그 아버지와, 딸이 그 어머니와, 며느리가 그 시어머니와 불화하게 하려 함이니, 사람의 원수가 자기 집안 식구니라. 아버지나 어머니를 나보다 더 사랑하는 자는 내게 합당하지 아니하고, 아들이나 딸을 나보다 더 사랑하는 자도 내게 합당하지 아니하며, 또 자기 십자가를 지고 나를 따르지 않는 자도 내게 합당하지 아니하니라. 자기 목숨을 얻는 자는 잃을 것이요, 자기 목숨을 잃는 자는 얻으리라(마태10:34-39)."

'세상에 화평을 주러 온 것이 아니라, 검을 주러 왔다'는 표현을 어떻게 이해할 수 있을까? 단순하게 문자적으로 해석할 일이 아니라, 역설逆說의 배경에 깔린 의도를 충분히 읽어내야 한다. 산상수훈을 통해 제자들에게 '팔복'의 비유를 말하면서, "화평케 하는 자는 복이 있다"던 예수가 갑자기 화평을 주러 온 것이 아니라, 검劍을 주러 왔다고 했다. 여기서 검은 무엇인가? 단순히 폭력에 사용되는 무기에 불과한 것만은 아닐 것이다. 그것은 검을 휘둘러 살상을 한다는 뜻이 아니라, 경각심을 주겠다는 것이다. 마치 어린아이를 훈계하기 위해 어른이 매를 들듯이, 또는 불교 사찰에 들어설 때 대문 좌우에 사천왕四天王이 도깨비 같은 얼굴을 하고 방망이나 창 또는 칼을 들고 내리치려는 자세로 우리를 응시하고 있듯이,

무지 몽매蒙昧한 사람들에게 깨달음을 주기 위해 예수는 깨달음의 검, 곧 반야般若의 검을 들고 왔다는 뜻이다.

　이 깨달음의 검 앞에서 '아버지와 아들 사이, 어머니와 딸 사이, 혹은 시어머니와 며느리 사이가' 새로운 질서로 인하여 가치관의 혼동이 일어날 것이고, 예수의 메시지를 이해하고 따르는 사람과 그 의미를 깨닫지 못하고 비방하거나 배척하는 사람들 사이에는 긴장과 불화가 생길 것임을 예고한다. 과거의 낡은 전통적 질서를 뒤집고 새로운 윤리로 하나님 나라를 건설하려는 예수의 굳은 의지가 검의 비유로 나타나는 것이다. 그 의지를 따르려는 자들에게는 '자기 십자가를 지고 가야 하는' 비장한 각오가 있어야 한다. 그 길은 아무나 갈 수 있는 길이 아니기에 '가벼운 평화'가 아니다. 오히려 전투적 의지로 획득되는 투쟁의 결과로서의 평화다. 그러나 그 평화는 '피 흘림'이 없는 '무혈의 평화'라는 점에서, 로마가 지중해를 무력으로 석권하고 외쳤던 위장된 평화로서의 '팍스 로마나'와는 거리가 먼 것이다. 이러한 예수의 비폭력 평화정신의 승리를 실천한 현대사의 인물로는, 러시아의 톨스토이와, 인도의 간디, 그리고 미국의 마틴 루터 킹과 한국의 함석헌 등을 떠올릴 수 있다.

　인간은 누구나 일시적이고 물리적인 평화보다는 내면에서 찾아지는 참되고 영원한 평화를 염원할 것이다. 그렇다면 내면에서 찾아지는 참된 평화는 과연 어디서 오는 것일까? 그 평화는 주어지는 것일까? 아니면 차지하는 것일까? 주어지는 평화는 어디까지나 외적인 평화일 것이며 진정한 평화는 내면에서 주체적으로 차지하는 평화일 것이다. 물론 그리스도인은 하나님의 은총으로 그 평화를 선물로 받기도 한다. 그러나 그 또한 '자기 십자가를 지는' 희생 없이는 평화의 선물이란 없다. 여기서 '자기 십자가를 지는' 희생은 무엇일까? 바로 자기 부정이며, 이타적 사랑이다. 예를 들면, 독재자 히틀러를 암살하려다가 발각되어 젊은 나이에 처형된 디트리히 본 회퍼Dietrich Bonhoeffer 같은 루터교 목사도 무력적 저항이라는 점에서는 신학적 논란이 있지만, 동기 자체가 자기 부정적이며, 이타적 사랑의 발로였다는 점에서, 그의 신학과 사상은 여전히 주목받고 있기도 하다.

공자는 '화이부동'의 정신으로 모든 이들과 조화로운 평화의 삶을 추구했고, 예수도 민족과 인종, 그리고 계층 간의 모든 차별을 넘어 화해와 용서를 바탕으로 평화로운 공동체를 열어 가고자 했다. 오늘날 조직화된 경쟁 사회에서, 특히 이익집단 간의 무한 경쟁적인 사회구조에서는 조화보다 다툼과 분열의 불씨를 많이 안고 있다. 이렇듯 살기 어렵고 불확실한 시대에 살면서 우리는 스스로를 지켜 줄 평화의 사도를 찾을 것이 아니라, 바로 우리 스스로가 오늘 평화의 사도가 되어야 할 것이다. "화평케 하는 자는 복이 있다. 그들은 하나님의 아들이 될 것이다"는 예수의 말과, "군자는 화목하게 지내지만 편당을 가르지 않는다"는 공자의 말을 깊이 새기고, 천자로서 아니면 군자로서의 걸음마를 시도해 보자. 아름답지 않은가! 평화를 만들어 가는 자들의 발걸음이.

● 어질지 못한 경우不而不仁와 '긍휼히 여기는 자의 복'

공자의 사상은 인仁에서 출발하여 인仁으로 마친다고 해도 과언이 아닐 것이다. 인은 공자사상의 알파요 오메가인 셈이다. 앞서 살펴보았듯이, "도道에 뜻을 두고, 덕에 근거하며, 인에 의지하여, 예에 노니는 것"을 군자의 이상으로 삼은 공자의 이 같은 말과, 인을 이루기 위해서는 자기 한 몸 죽어도 좋다는 '살신성인殺身成仁, 위영공·8'의 정신을 말하는 것으로 보아, 인은 모든 행위에 있어서 기둥과 같은 중심축의 역할을 분명히 하고 있는 공자사상의 핵심임에 틀림이 없다. 이를테면, "아침에 도를 들으면 저녁에 죽어도 좋다朝聞道, 夕死可矣, 이인·8"는 표현도 인에 대한 깨달음과 그것의 실천을 말하는 것이다. 이와 같이 인간이 그 타고난 도리로서의 인을 실현한다는 것은 사람이 '사람 됨'을 실현하는 것과도 같다. 그렇다면 이 같이 소중한 사람의 도리로서의 인의 특징은 무엇일까?

『논어』에서 인은 다양한 방식으로 표현되고 있다. 특히 그의 제자들과의 대화 속에서 구체화되고 있다. 특히 군자는 어떤 상황에서도 인을 버리거나 어겨서는 안 된다. "밥 먹는 짧은 순간에도 인을 어기지 말아야 하며, 급박한 상황에서도 반드시 인에 근거해야 하며, 위태롭고 위급한 상황에서도 인에 근거하여 행동해야 한다君子無終食之間違仁, 造次必於是, 顛沛必於是, 이인·5." 이처럼 인자仁者, 곧 어진 사람은 어떠한 위급한 상황에서도 인을 떠나지 않지만, 동시에 어떠한 상황이 닥쳐도 근심하지 않는다仁者不憂, 자한·28. 그렇다면 이 인은 도대체 어디에서 오는 것일까? 공자는 인이 멀리 외부로부터 오는 것이 아니라, 바로 자신의 내면에서 비롯된다고 말한다. "인은 멀리 있는 것인가? 내가 인을 실천하고자 하면, 곧 인이 다가 온다仁遠

乎哉, 我欲仁, 斯仁至矣, 술이:29." 문제는 인을 실천하고자 하는 의지가 있느냐 없느냐 하는 것이다. 인을 실천하겠다는 의지가 마음속에 작용하는 그 순간, 인은 이미 온 것이다. 그렇다면 이 인이 나타나는 방식은 어떤 것일까?

인은 예악禮樂과 밀접한 관계가 있다. 예禮와 악樂은 인의 두 가지 측면이라고도 할 수 있다. 공자는 다음과 같이 말한다. "사람이 어질지 못하면 어떻게 예禮를 행하며, 사람이 어질지 못하면 악樂을 해서 무엇하겠는가?人而不仁, 如禮何. 人而不仁, 如樂何. 팔일:3." 사람이 근본적으로 타고난 어진 생각을 버리고 질서를 무시하며 어른을 몰라보는 것은 물론, 사람을 함부로 대하거나 무시하는 행위는 가히 예의에 어긋난 것이다. 또한 제 아무리 고운 목청으로 노래를 잘 부르고 춤을 잘 춘다 해도 어질고 착한 마음이 없는 사람에게 그 노래와 춤이 무슨 소용이 있겠는가 하는 것이다. 공자는 과거 주周나라 시대의 찬란했던 문화를 흠모하여 다음과 같이 말한 바 있다. "주나라는 하나라와 은나라를 거울로 삼았기에 문채가 찬란하게 빛나므로 나는 주나라를 따르겠다周監於二代, 郁郁乎文哉, 吾從周, 팔일:14." 공자가 주나라의 문화를 따른다는 것은 주나라의 예와 악을 따른다는 것이다. 주나라 문화의 예악禮樂 정신은 본래 주 왕실의 혈연관계를 근거로 하여 종법적인 가족 간의 사랑의 정신에 기반을 둔 것이었는데, 공자는 이 사랑의 가족정신을 전 국민에게 확대하고자 했다. 임금 자리를 놓고 친족이나 제후들이 쿠데타와 살육전을 벌이는 무질서한 상황에서 공자는, 어질지 못한 인간이 어찌 예를 말하며 음악을 운운하는가 하고 말하는 것이다.

다음과 같은 공자의 말은 이를 잘 보여주고 있다. "예禮로다 예로다 하고 말들 하지만, 그것이 옥이나 비단을 말하는 것이겠는가? 음악이다 음악이다 하고 말들 하지만, 그것이 종과 북을 말하는 것이겠는가?禮云禮云, 玉帛云乎哉, 樂云樂云, 鐘鼓云乎哉. 양화:11 ." 이 말에 대한 주자朱子의 해석을 잠시 살펴보자. "공경하면서 옥과 비단으로 받들면, 예禮가 되고, 조화調和하면서 종과 북으로 나타내면 악樂이 된다. 근본을 빼놓고 오직 그 말단만을 일삼는다면, 어찌 예악이라고 할 수 있겠는가?敬而將之以玉帛則爲禮, 和而發之以鐘鼓則爲樂, 遺其本而專事其末, 則豈禮樂之謂哉(論語集註)." 예악禮樂에 대한 주자의 간단명료한 해석이다. 이 부분에 대해 주자의 사상적 스승인 정자程子, 伊川의 해석을 들어 보면 그 뜻이 더욱 분명해진다. 정자는 이렇게 말한다. "예는 하나의 질서序일 뿐이며, 악은 하나의 조화和일 뿐이다. 다만 질서와 조화 이 두 글자가 많은 뜻義理을 함축하고 있다." 여기서 우리가 알 수 있는 것은 질서와 조화가 예와 악의 요체라는 것이다.

천하의 모든 것들이 질서와 조화를 갖추게 되는데, 질서와 조화가 무너지면 근본이 어지럽게 된다. 봄이 겨울로 거슬러 갈 수 없듯이, 예禮에도 가는 길이 있다는 것이다. 인仁의 실천 또한 마찬가지다. 인仁, 즉 사랑과 어진 마음이 없이 아무리 예를 운운하고, 음악을 말하며 노래한들 그것은 형식적인 겉치레에 불과할 뿐이다. 인仁은 이처럼 예禮와 악樂을 통하여 질서와 조화 속에 드러나며, 이러한 예가 서지 않은 인, 또한 찾아볼 수 없다. 그렇다면 질서로서의 예禮는 과연 인과 어떤 관계가 있을까? 예는 인의 드러남이다. 인仁, 즉 사랑이 알맹이라면, 예, 즉 질서는 형식이다. 그러므로 인과 예의 관계를 사랑과 질서의 관계로 바꾸어 설명해도 크게 어긋나지 않을 것이다. 사랑과 질서는 내용과 형식의 관계다. 사랑의 감정은 흐르게 마련이며 이때의 흐름을 질서라고 할 수 있는데, 그 흐름을 차단하는 것이 질서의 위배이며 폭력이다. 사랑이라는 자연스러운 감정의 흐름에는 아름다운 조화와 율동이 있기 마련이며 이러한 조화와 율동이 바로 악樂이요 풍류다.

사랑으로서의 인仁은 본질상 자기중심적이지 않고, 타자중심적이다. 예컨대 인이나 아가페는 이타적 사랑에 자리하고 있다. 그러기에 제자 안연顏淵이 인이 무엇이냐고 물었을 때, 공자는 다음과 같이 대답한다. "자기의 사욕을 극복하고 예로 돌아가는 것이 인이다. 하루만이라도 자기의 사욕을 극복하고 예를 실천하면 천하가 인으로 돌아갈 것이다. 인을 행하는 것이 자기로 말미암는 것이지, 남으로 말미암는 것인가?克己復禮爲仁, 一日克己復禮, 天下歸仁焉, 爲仁由己, 而由人乎哉. 안연:1" 주자朱子는 예에 대해 설명하기를 "자연하늘의 이치가 구체적으로 나타난 형식天理之節文"이라 했다. 결국 자신의 사사로운 욕망을 물리치고 하늘과 이웃을 향하여 선한 마음을 품는 사랑의 실천이야말로 예로 돌아가는 것이며, 그것이 인이라는 뜻이다. 그래서 공자는 인의 구체적인 실천 방법을 묻는 제자 안연에게 다음과 같이 예의 문제로 말한다. "예가 아니면 보지도 말고, 예가 아니면 듣지도 말 것이며, 예가 아니면 말하지도 말고, 예가 아니면 행하지도 말아라非禮勿視, 非禮勿聽, 非禮勿言, 非禮勿動. 안연:1." 그야말로 불교에서 신身, 구口, 의意로 범하게 되는 세 가지 독三毒을 피하라는 엄격한 교훈과 같은 것이다.

지금까지 우리는 인과 예의 불가분의 관계를 살펴보았다. 인이 내용이라면, 예는 형식이었고, 인이 사랑이라면, 예는 사랑을 실천하는 방식이었다. 사랑이 없는 예는 형식과 가식假飾에 지나지 않는 위선적 행동에 불과하다. 사랑이 없는 음악 또한 그저 울리는 꽹과리 소리에 불과할 뿐이다. 이제 예수가 말하는 사랑의 모습을 살펴보자. 예수는 산 위에서 제자들에게 "긍휼히 여기는 자는 복이 있나니 저희가 긍휼히 여김을 받을 것이다^{마태5:7}"라고 했다. 긍휼^{矜恤}이라는 말은 '불쌍히 여긴다'는 뜻의 긍^矜과 '불쌍히 여기고 동정한다'는 뜻의 휼^恤의 합성어다. 그러니 불쌍히 여기고 동정한다는 의미가 되겠다. 특히 휼^恤은 '마음으로부터 피가 흐른다'는 의미의 뜻글자다. 예수가 살던 시대는 피도 눈물도 없을 정도로 강퍅한 시대였을까? 물론 그렇지 않다. 사람이 사는 세상에 어찌 피와 눈물이 흐르는 동정심이 없겠는가! 그렇지만 예수가 바라보고 있는 청중은 불쌍한 자들이었다. 경제적 재산이나, 정치적 지위, 혹은 그 밖에 힘을 쓸 능력이 부족한 사람들이었다. 대부분의 갈릴리 민중은 외부적인 로마의 수탈과 내부적인 종교 형식주의적 지도자들에 의해 이중적인 수난을 당하고 있었다. 이러한 시대적 상황에서 예수는 복 있는 사람의 조건으로 '긍휼'을 외쳤다. 피도 눈물도 없이 인정사정없는 당대의 지도자들을 겨냥하여, 외마디 비명을 지르고 있는 것이다.

유대인으로 자라난 예수는 유대 문화를 지배하고 있던 모세의 오경과 그 율법의 영향권 아래에 있었다. 마치 공자가 주나라 문화의 영향을 받고 자라난 것과 같다. 그러나 공자가 과거의 찬란했던 주나라의 문화가 점차 변질되고 형식화되어 가는 것에 대해 깊이 통탄했던 것과 같이, 예수는 모세의 율법을 지나치게 경직화시키고 형식주의에 빠져있는 당대의 종교 지도자들에게 '사랑의 율법'으로 반기를 들었다. 특히 사두개인과 바리새인들, 그리고 서기관들은 지나친 율법주의를 강조한 나머지, 안식일에는 아무 일도 하지 말라는 율법에 따라, 안식일에 병자를 돌보거나 병을 고치는 일까지 비난하게 되었다. 그러나 예수는 그들을 향하여, "안식일을 위하여 사람이 있는 것이 아니라, 사람을 위하여 안식일이 있다. 인자^{人子}는 안식일의 주인이다^{마가2:27-28, 마태12:8}" 라고 선언한다. 예수가 이런 말을 하게 된 배경을 잠시 『성서』에서 살펴보자.

> "그 때에 예수께서 안식일에 밀밭 사이로 가실새 제자들이 시장하여 이삭을 잘라먹으니, 바리새인들이 보고 예수께 말하되, 보시오 당신의 제자들이 안식일에 하지 못할 일을 하나이다. 예수께서 이르시되 다윗이 자기와 그 함께한 자들이 시장할 때에 한 일을 읽지 못하였느냐? 그가 하나님의 전에 들어가서 제사장 외에는 자기나 그 함께한 자들이 먹어서는 안 되는 진설병을 먹지 아니하였느냐? 또 안식일에 제사장들이 성전 안에서 안식일을 범하여도 죄가 없음을 너희가 율법에서 읽지 못하였느냐? 내가 너희에게 말한다. 성전보다 더 큰 이가 여기 있다. 나는 자비^{慈悲}를 원하고, 제사를 원하지 아니하노라' 하신 뜻을 너희가 알았더라면, 무죄한 자를 정죄하지 아니하였으리라(마태12:1-7)."

다소 긴 인용문이지만, 예수와 바리새인들 사이의 안식일 논쟁을 통하여, 우리는 예수의 자비^{慈悲} 개념과 바리새인들의 율법적 사고를 비교해 볼 수 있다. 위의 『성서』 본문을 통해 본 예수와 바리새인의 논쟁은 여러 가지 점에서 교훈을 주고 있다. 당대의 사회적 풍토라든가, 종교 지도자들의 율법적 권위의식, 그리고 배고픈 예수의 제자 일행이 밀밭을 지나다가 밀 이삭을 먹음으로써 안식일 규정을 어긴 율법의 위반사례, 그리고 그것을 비난하는 바리새인들에 대한 예수의 답변이 얽혀있다. 공자가 예禮를 중시하되 인仁에 근거해야 한다고 말했듯이, 예수 또한 율법도 중요하지만, 사랑이 없는 율법의 허구를 지적하고 있다. 그것도 구약성서의 예언자 호세아의 다음 글을 인용하여 대꾸한다. "나는 인애仁愛를 원하지 제사를 원하지 아니하며, 번제燔祭보다 하나님을 아는 것을 원한다호세아6:7." 사랑이 없는 형식적인 제사에 빠져있는 관행에 회의를 가진 호세아가 제사보다는 자비를 강조하며, 진리를 추구할 것을 요구한 것이다. 구약성서의 호세아 시대뿐만 아니라, 예수 시대나 공자 시대, 그 어느 시대에도 메마른 형식주의는 인간에게 자유와 해방감을 주기보다는 오히려 무거운 짐을 더해 줄 뿐이었다.

이 같이 엄격한 율법주의가 팽배한 가운데, 예수는 다시 회당에 들어가서 안식일에 손 마른 병자를 고치며 자비의 교훈을 주고 있다. 이에 대해 바리새인들은 예수의 행위를 예의주시하고 안식일 율법을 어긴 예수를 죽일 음모를 꾸민다.

"예수가 회당에 들어가시니, 한쪽 손 마른 사람이 있었다. 사람들이 예수를 고발하려고 '안식일에 병 고치는 것이 옳은가?'라고 묻는다. 예수가 대답한다. '너희 중에 어떤 사람이 양 한 마리가 있어 안식일에 구덩이에 빠졌으면, 끌어내지 않겠느냐? 사람이 양보다 얼마나 더 귀하냐? 그러므로 안식일에 선을 행하는 것이 옳다' 하고, 그 환자에게 이르되, '손을 내밀라' 하니, 그가 내밀자, 다른 손과 같이 회복되어 성하였다. 바리새인들이 나가서 어떻게 하면 예수를 죽일까 의논하였다(마태12:9-14, 마가3:1-6)."

같은 내용을 다루는 성서의 본문인 누가복음에서는 안식일에 예수가 손 마른 환자를 고치는 장면을 서술함에 있어서, "서기관들과 바리새인들이 예수를 고발할 증거를 찾기 위해 회당에서 엿보았다는 것과 예수가 그들의 마음을 간파하고, 안식일에 선을 행하는 것과 악을 행하는 것, 생명을 구하는 것과 죽이는 것, 어느 것이 옳으냐?^{누가6:6-9}"고 묻는다. 안식일에 대한 논쟁은 당시 모세 오경의 율법을 중시하는 유대인 사회에서 아주 중요한 문제가 되었다. 어쩌면 이것이 계기가 되어 예수는 유대인 종교 지도자들의 미움을 사게 되었고, 죽음으로까지 몰리게 된 배경이 되기도 했다. 모세의 율법에 힘입어 권세 있는 자리에 있었던 서기관들과 바리새인들은 가련한 인간의 실존적 상황에는 별 관심이 없었던 것으로 보인다. '바리새인'이라는 말 뜻 자체가 '나누는 사람' 혹은 '구별된 사람'이라는 의미를 지니고 있다는 것을 생각하면 아이러니가 아닐 수 없다.

이처럼 예수와 갈등 관계에 있었던 바리새인들과 일군의 율법 학자들은 지나칠 정도로 전통을 중시한 나머지, 정작 관심을 보여야 할 사랑에는 어두웠고, 이에 대해 예수는 비분강개^{悲憤慷慨}했던 것이다. '조상들의 전통^{갈라디아서1:14}'을 강조하며, 마가복음 7장의 말씀처럼 씻지 않은 '부정한 손'으로 음식을 먹지 않는 정결법을 지키며, 눈으로 확인되지 않는 농산물까지도 십일조를 계산하여 바칠 만큼 엄격한 바리새인들이 자비를 베풀지 못하는 이 현실에 대하여 예수는 더 이상 침묵할 수 없었던 것이다. 예수는 그들을

향하여 외식^{外飾}하는 자들이라고 다음과 같이 맹렬하게 비판하며
공격한다.

> "화 있을진저, 외식하는 서기관들과 바리새인들이여! 너희가 박하와 회
> 향과 근채의 십일조를 드리되, 율법의 더 중한바 정의와 긍휼과 믿음은 버
> 렸도다. 그러나 이것도 행하고 저것도 버리지 말아야 할지니라(마태
> 23:23)."

율법도 소중하지만 율법보다 정작 더 소중한 정의^義와 긍휼^恤과
믿음^信을 버렸다고 예수는 호통을 치고 있다. 마치 공자의 제자 자
장^{子張}이 덕을 숭상하고 미혹을 분별^{崇德辨惑}하는 방법을 물었을 때,
공자가 단호히 "충^忠과 신^信을 위주로 하면서, 정의를 실천해 가는
것이다^{主忠信, 徙義崇德也, 안연:10}"라고 했던 것에 비유된다. 여기서 '충
^忠'은 진실 혹은 정직을 뜻한다. 진실과 신의에 기초하여 정의를
실현해야 한다는 뜻이다. 예수는 계속하여 바리새인들의 허례허
식^{虛禮虛飾}을 신랄하게 공격한다.

> "화 있을진저, 외식하는 서기관들과 바리새인들이여! 잔과 대접의 겉은
> 깨끗이 하되, 그 안에는 탐욕과 방탕으로 가득하게 하는구나. 눈먼 바리새
> 인이여! 너는 먼저 안을 깨끗이 하라. 그리하면 겉도 깨끗하리라. … 뱀들
> 아. 독사의 새끼들아! 너희가 어떻게 지옥의 판결을 피하겠느냐?(마태
> 23:25-33)."

예수는 외식하는 서기관들과 바리새인들을 향하여 뱀과 독사에

비견할 만큼 비판의 수위를 높이며, 그들을 통렬히 꾸짖는다. 사랑의 정신과는 거리가 멀고, 경색된 율법주의와 가식적인 형식주의에 물들어 정신세계는 타락하고, 정의와 신뢰와 긍휼을 저버리는 그들에게 예수는 정의의 분노를 터트리고 있는 것이다. 이제 더이상의 논의는 불필요하다. 공자가 예를 중시하면서도 인仁이 없는 예는 있을 수 없다고 했듯이, 예수도 사랑이 없는 율법에 대해서는 외식하는 행위에 불과하다고 혹평하고 있다. "긍휼히 여기는 자는 복이 있나니, 저희가 긍휼히 여김을 받을 것이다." 그것은 사람 앞에서만 긍휼히 여김을 받을 뿐 아니라, '사랑의 하나님'으로부터도 긍휼히 여김을 받을 것임이 분명하다. 역사는 이것을 심판해 왔고, 또 증명해 왔다.

● 돌이켜 부끄러움이 없는 자內省不疚와 '마음이 청결한 자의 복'

이 세상에서 가장 행복한 사람은 누구일까? 사람마다 행복의 기준은 다르겠지만 많은 사람들은 그 행복의 기준으로 부끄러울 것 없이 살아가는 깨끗하고 떳떳한 삶을 꼽을 것이다. 물론 물질적 풍요도 중요하지만 가난해도 양심에 거리낌이 없이 사는 사람들에게서 우리는 행복한 표정을 읽을 수 있다. 공자도 마음이 깨끗한 자가 군자가 될 수 있다고 했다. 말이 많고 따지기를 좋아하면서도 늘 걱정이 많았던 제자 사마우司馬牛가 공자에게 군자에 대한 질문을 던지자, 공자는 다음과 같이 대답한다. "군자는 걱정하지 않으며 두려워하지 않는다君子不憂不懼." 그러자 사마우는 걱정하지 않고 두려워하지 않으면 군자가 되는 거냐고 반문한다. 이에 공자는 다음과 같이 답한다. "자신을 돌이켜 보아 부끄러울 것이 없다면, 어찌 염려하고 두려워하겠는가?內省不疚, 夫何憂何懼. 안연:4 ." 군자의 이상적 마음가짐에 대해 공자는 이와 같이 '깨끗한 마음' 상태를 말하고 있다.

마음의 청결, 그것은 가장 기본적인 덕목이지만, 누구나 그렇게 되기는 쉽지 않다. 마음이 청결한 자는 늘 떳떳하기에 근심이 없을 수 있으나 그러한 경지에 이르기가 쉽지 않기 때문에, 공자 자신도 거기에 이르기 매우 힘들었다고 고백한 적이 있다. 공자의 말을 들어 보자. "군자의 도는 세 가지가 있다. 나는 여기에 미치지 못한다. 어진仁 사람은 근심하지 않고, 지혜知로운 사람은 미혹되지 않으며, 용기勇 있는 사람은 두려워하지 않는다君子道者三, 我無能焉, 仁者不憂, 知者不惑, 勇者不懼. 헌문:30 ." 아무리 어진 사람이라 할지라도, 어려운 일을 만나면 마음에 근심이 따르게 되고, 아무리 지혜로운 자라도 사리 판단이 어려워 자칫 미혹에 빠지게 되며, 스스로 용기 있는 자라고 하지만 난관에 부딪치게 되면, 선뜻 용기를 가지고 어려움을 극복하지 못하는 경우가 많다. 지知, 인仁, 용勇이 군자의 세 가지 도리라고 하지만, 공자 자신도 이 덕목을 완벽하게 수행하지 못함을 고백하는데, 이는 공자의 겸양한 태도와 인간으로서의 한계를 솔직히 직면하는 대목이기도 하다.

그러면서 공자는 다른 대화에서, "자기를 알아주는 자는 하늘이다"라고 말하기도 한다. 이는 공자의 '하늘天 의식'과 관련이 있는 발언이다. 공자의 하늘 의식은·다분히 인격적인 측면이 있다. 비록 '하늘天' 그 자체가 중성적 의미로 쓰였다고 하더라도, 땅을 딛고 사는 유한한 인간은 무한자無限者, 또는 절대자에 대한 경외감이 있었을 것이며, 그 경외감의 표현으로 공자는 하늘, 또는 천명天命을 말했을 것이다. 여기서 공자가 제자 자공과 나눈 대화의 내용을 좀 더 살펴보자. 공자가 말했다. "아아, 나를 알아주는 이가 없구나." 이에 자공이 물었다. "어찌하여 선생님을 알아주는 이가 없다는 말씀이십니까?" 공자가 대답했다. '나는 하늘을 원망하지 않으며, 다른 사람을 탓하지도 않고, 아래로부터 배워서 위로 통달해 가니, 나를 알아주는 이는 하늘일 것이다子曰, 莫我知也夫, 子貢曰. 何爲其莫知子也, 子曰, 不怨天, 不尤人, 下學而上達, 知我者其天乎(헌문:37) ."

공자는 세상 사람들이 자기를 알아주지 않는 것에 대해 하늘을 원망하거나 사람을 탓하지 않았다. 이미 공자는 제자들과의 대화를 통해, "남이 자기를 알아주지 못하는 것에 화를 내지 않는 군자의 모습학이:1"과 "남이 자신을 알아주지 않는 것에 대해 걱정하지 말고, 도리어 자신의 무능을 걱정해야 한다헌문:32"고 거듭 말하고 있다. 중요한 것은 자신의 주변에 있는 '아래로부터의 학문'인 예禮를 익히면서, 점차 도道와 덕德 그리고 인仁과 천명天命을 익혀가는 '상달上達의 도'를 터득하니, 주변의 칭찬이나 인정에 개의치 않고 떳떳이 하늘만을 바라볼 수 있게 된다는 것이다. 아래로부터 위로 상달하는 학문의 과정을 통해 내면을 성찰하고, '하늘의 거울'에 자신을 비추어 가며 예와 인을 실천하니, 어찌 하늘이 알아주지 않을 수 있겠는가? 하늘은 순수純粹의 거울이다. 인간이 진실을 외면하고 불의를 행한다고 해도, 하늘은 속이지 못할 것이다. 투명하고 맑은 물에 자신의 얼굴을 비추어보듯이, 공자는 하늘이라는 거울에 자신의 일생을 비춰보며 살았을 것이다.

이렇듯 공자가 생각한 하늘은 바로 예수가 말한 '하나님의 얼굴'일 것이다. 예수는 제자들에게 산 위에서 계속 말한다. "마음이 청결한 자는 복이 있나니, 그들이 하나님을 볼 것이다^{마태5:8}." 자고로 하나님의 얼굴을 본 자는 없다. 오히려 구약성서의 시대에는 하나님의 얼굴을 보는 자는 죽는다고 했었다. 그래서 모세는 하나님의 얼굴을 볼 수 없었다고 말한다. 그렇다면 예수는 왜 하나님의 얼굴을 말하고 있는 것일까? 사도 바울도 우리가 지금은 희미하지만, 그때 곧 천국에 이르면 얼굴과 얼굴을 또렷이 대할 것이라고 말한다. 우리는 스스로 자신의 얼굴을 보지 못한다. 스스로 자신의 얼굴도 보지 못하는 인간이 과연 '하나님의 얼굴'을 볼 수 있을까? 우리가 아무리 투명하고 깨끗한 거울에 자신의 얼굴을 비춰본다 해도 그 거울에 비춰진 모습이 참된 자신의 모습일 수는 없을 것이다. 외형적 조건의 얼굴은 시간이 지나면 변한다. 인간의 마음 역시 아침과 저녁이 다르다. 조삼모사^{朝三暮四}하는 어리석은 원숭이의 비유에서 보듯이, 인간의 마음에서 변함없고 한결같은 마음을 찾기란 참으로 어려울 것이다.

예수는 '하나님의 얼굴'을 언급함으로써 많은 상상력을 발휘하게 한다. 그 여백의 상상력을 발휘해 보면, 하나님의 얼굴을 보는 자는 천국의 입성을 보장받는 자일 것이다. 마음이 청결한 자는 웃음 짓는 하나님의 미소를 보았을 것이고, 그 미소 속에서 한없는 평온을 느꼈을지도 모른다. 예수는 "나를 본 자는 아버지를 보았다"고 했다. 그렇다면 예수는 하나님을 볼 수 있는 가교^{架橋}다. 하늘이 공자를 알아주는 것처럼, 하나님은 예수를 통해 자신의 얼굴을 드러낸다. 예수도 공자처럼 하늘이 자기를 알아주고, 인정해주고, 지상의 사역을 감당하게 한 것이라고 믿고 있었다. "하늘이 공자를 세상의 목탁木鐸으로 삼을 것天將以夫子爲木鐸, 팔일:24"이라고 했던 위衛나라 국경의 벼슬아치의 말처럼, 예수도 세상의 '목탁' 새로운 호령을 반포할 때 주위의 경계를 유도하기 위해 흔들었던 물건으로서 '선각자'의 의미로 쓰였다이 되었다.

일제하의 민족시인 윤동주가 "하늘을 우러러 한 점 부끄러움이 없기를 잎 새에 이는 바람에도 나는 괴로워했다"고 노래하고, 당唐나라의 시인 두보杜甫가 안록산의 난亂으로 포로가 되었을 때, "나라는 망해도 산천은 남아, 도성에 봄이 오니 초목이 무성하다國破山河在, 城春草木深"고 읊었던 심정처럼, 민족의 운명을 걱정하던 선각자들의 맑은 정신은 역사라는 투명한 거울을 통해 미래의 세대들에게 시간이 지날수록 더욱 반사되어 빛나고 있다. 이렇듯 하나님은 역사를 떠나 있지 않다. 오히려 역사와 동행하며 다양한 얼굴을 내민다. 그 대표적인 얼굴이 예수의 얼굴로 나타난 것이다. 때로는 가난한 갈릴리 농부의 모습을 반영해 주기도 했고, 울부짖는 환자의 처참한 모습을 보여주기도 했으며, 어린아이처럼 순진한 모습을 보여주기도 했다. 정의를 행하지 않고 외식하는 바리새인들을 향하여 분노의 모습을 띠기도 했고, 향유가 담긴 옥합을 깨뜨린 마리아의 정성된 모습을 보여주기도 했다. 하나님은 이처럼 예수의 표정에서 나타났듯이, 부단한 역사 속에서 '천수천안千手千眼'의 얼굴로 나타나 구원과 심판의 모습을 보여줄 것이다.

공자의 눈에 비친 하늘과 예수가 말하는 하나님의 얼굴은, '청량淸凉한 정신'으로 정의를 회복하고 평화의 시대를 열어가고자 하는 사람들이 만나는 동일한 '하늘'일 것이며, 이른바 양심세력이 만나는 '하늘'과 '하나님의 얼굴'은 크게 다르지 않을 것이다. 인간이 정의를 버릴 때, '하나님의 얼굴'은 찡그러질 것이고, 예와 인을 실현할 때에는 환한 얼굴을 드러낼 것이다. 또한 마음이 청결한 자들은 복이 있으며, 그들은 하나님의 얼굴을 볼 것이다. 왜냐하면 하나님의 얼굴은 '역사의 얼굴'이기 때문이다. 그들은 각자가 '내성외왕內聖外王'의 삶을 살면서, 사람들이 알아주는 것에 상관없이 하늘과 땅은 그들에게 한없는 사랑의 미소를 보낼 것이다. '내성불구內省不疚'의 길은, 곧 '내성외왕'의 길이다. 내면을 돌이켜 부끄러움이 없는 자, 그는 속이 거룩하여 밖으로도 왕 같은 삶을 누릴 것이다. 바로 이것이 군자와 성도의 삶이 아닐까?

2) 도道와 로고스

공자의 도道와 예수의 로고스는 그 만남이 어떻게 가능할까? 흥미로운 발상이 아닐 수 없다. 공자가 말하는 도는 한마디로 정의할 수도 없고, 정의되지도 않는다. 그것은 마치 노자의 『도덕경』 첫머리에서 "도를 도라고 하면 영원한 도가 아니다道可道非常道"라고 했던 점과도 일맥상통한다. 그러나 노자의 도를 개념적으로 정의할 수 없는 형이상학적 측면에서 진술한 것이라고 한다면, 공자의 도는 실천적 의미에서의 도를 말하고 있다. 물론 노자가 도를 말함에 있어서 행위라는 실천적 측면을 무시했다는 뜻은 아니다. 오히려 도를 실천하되 도의 의미를 자연스러움에서 찾지 않고, 인간적 혹은 인위적 행위로 규정하려는 섣부른 판단을 중지하라는 경고성의 의미를 갖고 있다. 이처럼 노자와 공자 모두 도의 실천을 소중하게 여기지만 그 기준에 있어서, 노자는 무위자연無爲自然에 기초를 두고 있고, 공자는 군자君子를 모델로 하는 사회 정치적 이상으로서의 도를 천명하고 있다.

논리적이고 사리에 밝은 제자 자공은 공자의 언설과 문장文章, 언어와 전적(典籍)은 잘 이해했지만, 공자가 마음에 품고 밝히고자 했던 천도天道에 대해서는 잘 이해할 수 없었다고 술회했다. 자공은 '군자불기君子不器, 군자는 하나의 그릇에 국한되지 않음, 위정:12'의 경지에는 들어가지 못했지만 공자로부터 친히, 제사 지낼 때 가장 소중하게 사용되는 옥玉으로 만든 '호련瑚璉' 정도의 그릇은 된다고 칭찬을 받은 자다. 공자가 군자를 '불기'에 비유한 것은 그릇器이 주로 한 가지의 용도로 쓰이지만, 군자는 덕德이 두루 구비되어 '그릇'처럼 한 가지로만 쓰이지 않고, 어디에서나 유용하게 쓰인다는 의미에서다. 이처럼 제자로서의 큰 위상을 지니고 있던 자공도 공자가 말하는 천도天道에 대해서는 정확하게 이해할 수가 없었던 것이다. 사실 자공 자신도 깨달음의 측면에서는 공자의 제자 안회顔回에 훨씬 못 미친다는 사실을 스스로 인정하고 있었다. 공자가 안회와 비교하여 누가 나으냐고 묻자, 자공은 말했다. "안회는 하나를 들으면 열을 알지만, 저는 하나를 들으면 둘을 압니다回也, 聞一以知十, 賜也, 聞一以知二, 공야장:8." 이처럼 자공은 자신의 한계를 인정했고, 또한 굽힐 줄도 알았기 때문에, 그릇 중에서도 가장 귀한 그릇인 '호련'이라는 제기祭器에 비유될 만큼 소중한 명칭을 부여받은 것이다. 이러한 자공이 천도天道에 대한 문제를 놓고 다음과 같이 말한다.

"선생님夫子의 말과 글文章의 가르침은 알아들을 수 있으나, 선생님이 말씀하시는 성性과 천도天道는 알아듣기 어렵습니다(夫子之文章, 加得而聞也, 夫子之言性與天道, 不可得而聞也. 공야장:12)."

자공이 공자의 '말과 글文章'은 알아듣기 쉽다고 하면서도, 성性과 천도를 알아듣기 어렵다고 한 점에 대해서 학자들은 다양하게 해석하고 있다. 주자朱子의 해석에 따르면, 공자가 예의범절과 같은 일반교양에 해당하는 '문장'에 대해서는 설명을 자주하여 들을 기회가 많았기 때문에 자공이 쉽게 알아들을 수 있었지만, 철학이나 종교적으로 심오한 진리에 해당하는 성과 천도를 말하는 것을 자공은 들을 기회가 없었다는 것이다. 반면에 하안何晏의 설명에 의하면, 성과 천도에 관한 것은 자공이 어려워서 알아듣지 못했다고 한다. 물론 어느 것으로도 해석이 가능하다. 성과 천도는 내용 자체가 난해한 것이므로, 그 말을 알아들을 수 있는 제자들에게만 말했다면 자공은 들을 기회가 없었을 수도 있다. 아니면, 공자가 모든 제자들에게 성과 천도를 말했지만, 자공이 그 뜻을 파악하기 어려웠을 수도 있다.

사리에 밝고 사변적인 자공도 공자가 말하는 성과 천도를 자주 접해 듣지 못했거나 알아듣지 못했다면, 성과 천도가 얼마나 이해하기 어려운 것인가를 짐작할 수 있을 것이다. 성性과 천도天道는 인생과 우주의 근원이며 근본이다. 주자朱子에 의하면, 공자의 "문장文章은 덕德이 밖으로 드러난 것이고, 성性은 사람이 부여받은 천리天理며, 천도天道는 천리자연天理自然의 본체니, 그 실상은 하나의 이치다文章 德之見, 性者 人所受之天理. 天道者 天理自然之本體, 其實一理也. 주자논어집주, 공야

78

^{장:12}." 그렇다면 천리는 무엇이고 천도는 무엇일까? 말은 쉽지만 잘 포착이 안 될 수도 있다. 그런 점에서, 공자가 "아침에 도를 깨치면 저녁에 죽어도 좋다^{朝聞道 夕死可矣, 이인:8}"고 했던 말이 더욱 실감난다. 여기서 도를 듣는다^{聞道}는 것은 사물의 이치를 깨닫는다는 것이며, 사물의 이치는 인생의 이치이기도 하다. 바른 이치를 깨달은 사람은 과연 죽어도 헛되지 않다는 것인데, 이런 말을 공자가 자공에게만 하지 않았을 까닭이 없다. 어쩌면 자공도 이 도를 들었지만 이해하기가 어려웠을 수도 있다. 이는 마치 예수가 '세상의 빛'으로 왔지만 세상이 그 '빛'을 깨닫지 못했다는 요한의 말과 흡사하다.

어쩌면 공자의 시대에 도는 찾아보기 힘들었을지도 모른다. 실제로 노자가 말한 "큰 도가 없어지니 인^仁이다 의^義다 하는 것이 생겨났다^{大道廢 有仁義, 도덕경}"는 말이 실감나는 시대였다. 공자는 그의 제자 자로에게 다음과 같이 말한다. "도가 행하여지지 않으니, 뗏목을 타고 바다를 항해하려고 한다. 나를 따를 자는 아마도 자로일 것이다." 자로가 이 말을 듣고 기뻐하자, 공자가 말했다. 자로가 용맹을 좋아함이 나보다 나으나, 취하여 재료로 삼을만한 것이 없다^{道不行, 乘桴浮于海, 從我者 其由與. 子路聞之喜, 子曰, 由也, 好勇過我, 無所取材. 공야장:6}." 하늘의 도, 즉 천도가 땅에 떨어져 짓밟히고 사라지자, 공자는 이를 한탄하고 뗏목이라도 만들어서 바다를 항해해야겠다고 하면서, 그 위험한 항해에 선뜻 따라나설 자는 아마 용감하기로 유명한 제자 자로일 것이라고 말한다. 그러나 자로는 용감하기는 했지만 생각이 짧았다. 아직 쓸 만한 재목이 못 된다는 공자의 말에는 도를 깨치는 지혜가 더욱 중요하다는 뜻이 담겨있다.

예수가 제자들을 향하여 "나를 따르라"고 했을 때, 베드로는 용감하게 어부의 직업을 그만두고 예수의 뒤를 좇았다. 용감하기로는 자로에 못지않았을 것이다. 그러나 예수는 "누구든지 나를 따르려거든 자기를 부정하고 나를 따르라"고 했다. 자기를 부인한다는 것은 사리를 잘 판단하고, 사사로운 감정에 휩쓸리지 않으며, 경거망동하지도 않고, 자기의 욕망을 앞세우지도 않으며 '하늘의 뜻'을 좇는 것을 말한다. 풍랑이 이는 바다에 뗏목으로 항해를 한다는 것은 위험천만한 일이다. 험한 세상의 풍파를 헤치고 나아가려면, 용기만으로는 부족하다. 엄격한 자기 수련과 천도, 즉 하늘의 뜻을 깨닫는 지혜가 필요하다. 자로와 베드로는 용감하게 공자와 예수의 뒤를 좇은 인물이지만, '자기 부정'이라는 엄격한 덕성을 깨치기까지는 많은 수련이 필요했다. 기질적 용맹만으로는 도를 체득하기 어렵다. 다시 말하면 덕성의 함양을 통해 얻어지는 생명의 자유는 결코 기질만으로는 부족하다는 것이다. 왜냐하면 도는 덕성의 문제이지, 기질의 문제가 아니기 때문이다.

　　공자는 도를 문門에 비유하여 다음과 같이 설명한다. "누구든지 문을 통과하지 않고 나갈 수 있겠는가? 어찌 이 도를 따르지 않는가?誰能出不由戶. 何莫由斯道也. 옹야:15." 모든 사람이 문을 열고 집 밖으로 나가서 하루의 일을 시작하듯이, 누구나 '도의 문'을 통하지 않고는 도의 실천이 불가능하다고 했다. 그렇다면 이 도의 문은 무엇인가? 이것은 예수가 말한 '좁은 문'과도 같다. "좁은 문으로 들어가라. 멸망으로 인도하는 문은 크고 그 길이 넓어 그리로 들어가는 자가 많고, 생명으로 인도하는 문은 좁고 길이 협착하여 찾는 자가 적다마태7:13-14." 인간의 육체적 본능과 기질 속에는 안일安逸과 게으름을 추구하려는 경향이 있다. 따라서 우리의 몸과 마음이 나태해지면 도의 문으로 들어가기보다는 멸망으로 가는 도적의 문으로 들어가기 쉽다. 개인의 인격적 수련이 자기 마음의 '좁은 문'에서 시작되는 것과 같이, 가정과 사회 그리고 국가도 '도의 문', 곧 '좁은 문'으로 들어가야 한다. 가정이기주의와 국가이기주의의 틀 속에 갇혀 있어서는 안 된다. '대도무문大道無門'이라는 말이 있지만, 그 문은 '좁은 문' 안에서의 대문이다. 좁은 문은 진리의 문이기에, 마침내 진리에 이른 문은 무한히 넓고 자유롭다. 왜냐하면 진리 앞에서는 그 어느 것도 거침이 없기 때문이다. 도道는 '좁지만 무한히 넓은' 진리의 세계다.

이처럼 공자의 도가 다각적인 해석이 가능하듯이, 예수의 로고스 또한 한마디로 정의될 수 없는 다양한 신학적 의미를 함축하고 있다. 그럼에도 우리가 이를 비교하는 것은, 공자사상의 총체적 알맹이가 '도'라는 단어 속에 내포되고 있기 때문이며, 예수의 사상 또한 '로고스'라는 개념 속에서 그 핵심을 찾을 수 있기 때문이다. 사실 이 두 개념은 본질상 동일한 것은 아니지만, 그렇다고 서로 상통하지 않는 것도 아니다. 서로가 지향하는 궁극적 가치라는 측면에서 볼 때, 다소 추상적이기는 하지만 비교의 대상이 된다. 언어와 개념은 모두 추상성을 띠고 있다. 문제는 추상성 그 자체에 있는 것이 아니라, 추상의 알맹이가 무엇을 말하고 하는가이다. 다시 말해 추상의 요지要旨가 무엇이냐는 것이다. 그 요지를 밝히면 실체實體와 그 실체의 속성屬性도 드러날 것이다. 예컨대, 사과라는 개념을 예로 들면, 사과는 어디까지나 추상적 개념이다. 사과의 추상적 실체를 이해하기 위해서는 사과가 지니고 있는 다양한 속성을 말함으로써 각자가 이해한 사과라는 개념에 어느 정도 도달할 수 있다. 그러나 사과라는 실체를 모두가 같은 개념으로 이해하고 있지는 않다. 사과가 가지고 있는 수많은 속성을 경험하고 열거함으로써 어느 정도 사과라는 실체에 접근할 수 있을 뿐이다. 어쩌면 동일한 사과의 실체에 접근한다는 것은 처음부터 불가능한 일인지도 모른다.

　도나 로고스가 실체의 개념이라면, 도나 로고스를 통해 드러나는 모습들은 속성의 개념이다. '로고스^{logos}'는 원래, 헬라 철학자로서 에페소스의 귀족이었던 헤라클레이토스^{Herakleitos, B.C. 540~B.C 480}가 창안한 개념을 신약성서의 요한이 그리스도교를 변증하기 위한 개념으로서 채용한 것이다. "만물은 흐른다流轉"고 말한 헤라클레이토스는 "동일한 강물에 다시 들어갈 수 없다"는 유명한 정의를 내리고서도 변화하는 만물 세계 속에서의 일치, 즉 다양성 속에서의 통일성을 찾았는데, 그 통일성의 원리를 로고스라고 보았다. 이른바 로고스는 '보편법칙으로서의 이성理性'이었던 것이다. 따라서 모든 삼라만상의 변화와 운동의 과정은 신의 보편이성의 산물이라는 것이다. 그런데 헤라클레이토스에게 있어서 보편법칙으로서의 유일자唯一者인 신은 '불'이었다. 모든 인간은 자기 자신 속에 신이나 '불' 등과 같은 로고스를 지니고 있으므로 사유의 능력을 지니는 한, 보편법칙을 지니고 있는 셈이다. 이처럼 헤라클레이토스가 말하는 보편법칙으로서의 로고스를 요한은 신, 또는 '신의 말씀'으로 해석했고, 이를 다시 성육신한 그리스도에게 적용한 것이다. 요한은 이를 다음과 같이 말하고 있다.

"태초에 말씀이 계셨다. 이 말씀이 하나님과 함께 계셨으니, 이 말씀은 곧 하나님이시다. 그가 태초에 하나님과 함께 계셨고, 만물이 그로 말미암아 지은바 되었으니, 지은 것이 하나도 그가 없이 된 것이 없다(요한 1:1-3)."

여기서 요한은 말씀, 곧 로고스가 천지를 창조했고, 동시에 천지를 창조한 하나님 자신임을 천명한다. 그 창조의 근원자인 '말씀', 곧 로고스가 이 땅에 인간의 몸으로 성육신成肉身한 자가 예수라고 밝힌다. "말씀이 육신이 되어 우리 가운데 거하시매 우리가 그 영광을 보니 아버지의 독생자의 영광이요, 은혜와 진리가 충만하더라요한1:14." 요한은 예수를 로고스, 즉 도道로 설명하고 있다. 중국어 성경에는 '말씀'을 '도'로 번역하고 있다. "태초에 말씀이 계셨다"를 "우주가 피조 되기 이전에 도가 이미 있었다宇宙被造以前, 道已經存在", 그리고 '이 말씀이 하나님과 함께 있었다'는 '도가 상제와 더불어 함께 있었다道與上帝同在'로 해석했고, "이 말씀이 하나님이시다"를 "도가 곧 상제다道是上帝"라고 적고 있다. 또한, 요한복음1:14의 '말씀이 육신이 되었다'는 것도 '도가 사람이 되었다道成爲人'로 번역하고 있다. 이쯤 되면, 로고스를 '도'라고 하는 것도 전혀 무리는 아닐 것이다. 다만 그리스도교의 로고스와 공자가 말하는 도에는 어떤 차이는 있을까 하는 문제가 남아있을 뿐이다.

도와 로고스의 실체가 여러 측면에서 상통할 수 있다고 보기 때문에, 중요하다고 여겨지는 몇 가지 속성을 중심으로 이 두 개념을 살펴보려고 한다. 공자는 이상적인 인간으로 내세운 군자의 삶으로서 '도에 뜻을 두고志於道, 술이:6' 살아야 할 것을 강조하면서, 도를 목숨보다 중요시했다. 공자에게 이처럼 소중한 도는 인仁과 서恕, 예禮와 덕德 등의 다양한 속성으로 전개된다. '하나님의 말씀'으로 표방되는 '로고스'는 그리스도교의 불변의 진리로서, 그 내용이 예수에게서 성육신成肉身화되어 체현되고, 그의 말씀과 행위를 통하여 드러난다. 우리는 그 드러난 속성을 아가페, 용서, 하나님 공경, 이웃 사랑 등의 모습에서 찾아볼 수 있다. 위衛나라 의儀 땅의 벼슬아치가 공자의 제자들을 향해 "천하에 도가 없어진 지 오래되어天下之無道也久, 팔일:24, 하늘이 장차 선생공자을 목탁으로 삼을 것이다"라고 했던 것처럼, 천하에 질서가 무너지고 하늘 무서운 줄 모르는 폭군들이 날뛰던 시대에 공자와 예수는 선각자로 살았으며, 무너진 도의 회복을 위해 이들은 각자의 도를 전했다. 이제 공자의 도와 예수의 로고스의 실체가 어떻게 비교되고 만날 수 있는지를 살펴보자.

● **인仁과 아가페**

공자사상의 핵심이 인仁에 있다는 것은 주지의 사실이다. 더욱이 인仁의 한자 풀이가 '사람人과 사람 둘二' 사이의 관계를 뜻하고 있다면, 인이야말로 인간관계의 가장 중요하고 원초적인 개념임에 틀림없다. 더욱이 사람이 사람에게 사람다울 수 있는 가장 기본적인 덕목을 일컬어 인이라고 해도 과언이 아닐 것이다. 앞에서 우리는 인이 예와 어떤 관계에 있으며, 예수가 말하는 '긍휼하게 여기는 자의 복'과 어떤 관계가 있었는지를 충분히 살펴보았지만, 특히 여기서는 『논어』에서 말하고 있는 인의 또 다른 측면들을 살펴볼 것이다. 우선 『논어』 〈학이〉 편을 보면, 공자의 제자로서 공자보다 나이가 43세나 아래인 노^魯나라 사람 유자^{有子, 성은 有, 이름은 若}가 인의 근본에 대해 말하는 장면이 나온다. 유자가 말했다. "군자는 근본에 힘쓴다. 근본이 확립되면 인의 도리가 생겨난다. 부모에게 효도하고 형제를 공경하는 것은 인을 실천하는 근본이다^{君子務本, 本立而道生. 孝弟也者, 其爲仁之本與, 학이:2}."

이 같이 인을 해석하는 유자의 이야기를 두고 학자들에 따라 의견이 분분하지만, 부모에게 효도하고 형제를 공경하는 것이야말로 인을 실천하는 가장 중요한 덕목이라고 하는 점은 부인할 수 없다. 특히 난세^{亂世}를 배경으로 하는 공자와 그의 시대에서는 더욱 그러했을 것이다. 다만, 유자의 말 속에는 아래로부터 일방적으로 자식이 부모에게 효도하고, 동생이 형을 깎듯이 공경해야만 인의 근본을 실천할 수 있는 것으로 이해될 오해의 소지가 있기도 하다. 왜냐하면 임금은 신하를, 부모는 자식을, 형은 동생을 자비와 관용으로 대하는 것, 또한 인의 한 측면이기 때문이다. 아래로부터는 위를 공경하되, 위에서는 아래로 사랑을 베푸는 관계에서야말로 온전히 인이 실천될 수 있다는 말이다. 그런 점에서, 효^孝와 제^弟는 인을 실천하는 하나의 근본이지만 인의 본질 그 자체로 제한될 수는 없을 것이다.

그렇다면, 효와 제 이외에 어떤 것이 인을 실천하는 근본이 될 수 있는 것일까? 사람이 처한 입장에 따라 인을 실천하는 모습도 달라지게 마련이다. 임금이나 제후가 인을 실천하는 방편에 대해 공자는 다음과 같이 말한다. "나라를 다스릴 때는 일을 공경하고 미덥게 하며, 쓰는 것을 절약하고 사람을 사랑하며, 백성을 부리되 때에 알맞게 해야 한다道千乘之國. 敬事而信, 節用而愛人, 使民以時, 학이:5." 이는 임금이나 제후 또는 나라의 일을 맡고 있는 중요한 관직의 사람들의 일을 대하는 자세가 경건하고 신중해야 할 것과, 사치와 낭비를 멀리하고 사람을 자비와 관용으로 대해야 할 것이며, 백성을 동원하여 나라 일을 시킬 때에는 바쁜 농사철을 피하고 농한기를 택해야 한다는 내용을 담고 있다. 여기서 중요시되는 덕목은 경건과 신의, 절약과 사랑, 그리고 때에 맞는 노동이다. 이 다섯 가지를 다시 압축하여 두 가지로 요약한다면, 단연 사랑과 미더움이 아닐까? 사랑 속에는 경건과 아낌과 보살핌이 있다. 그리고 미더움信은 사랑의 또 다른 한 측면이다. 결국 언급한 다섯 가지 덕목은 모두, 사랑 또는 인仁이라고 하는 하나의 덕목에 고스란히 담겨진다.

미더움에는 꾸밈이나 가식이 없다. 그러기에 공자는 신뢰미더움와 사랑어짊의 관계를 풀어서 설명하는 자리에서 "말을 교묘히 하고 얼굴빛을 곱게 꾸며대는 사람 가운데는 어진仁 사람이 드물다巧言令色 鮮矣仁, 학이:3"고 평한다. 사랑에는 두려움도 가식도 없고, 오직 솔직함과 신뢰가 있다. 대부분의 경우, 사람들이 솔직해지지 못하게 되는 것은 이욕利慾 때문이다. 부귀富貴와 영화榮華를 싫어할 사람이 어디 있겠는가마는 비정상적으로 탐하게 될 때, 사람들은 교언영색에 빠지게 된다. 반드시 군자라면 어떤 경우에도 인을 버리거나 왜곡해서는 안 된다. 군자의 길은 도道의 길이고, 도의 길은 인仁의 길이다. 그러나 이 인의 길은 결코 쉬운 길이 아닐 것이다.

공자는 인을 좋아하고 실천하는 자를 보지 못하였다고까지 말하며 탄식한다. "나는 인을 좋아하는 사람과 어질지 못한 것不仁을 미워하는 자를 보지 못하였다. 인을 좋아하는 사람은 더할 나위 없겠지만, 어질지 못한 것을 미워하는 사람도 인을 행하는 것이니, 이는 어질지 못한 것이 자기 몸에 가해지도록 하지 않기 때문이다 我未見好仁者, 惡不仁者. 好仁者, 無以尙之, 惡不仁者, 其爲仁矣. 不使不仁者 加乎其身. 이인:6."

어질지 못한 사람이 없지는 않겠지만, 철저하고 완벽한 사랑을 실천하는 자를 아직 보지 못하였다는 것이다. 동시에 어진 것을 좋아하는 만큼이나 어질지 못한 것을 미워하는 자도 보지 못하였다는 뜻일 것이다. 공자는 인을 말함에 있어서 추호의 오류와 사악함이 작용하지 않는 그 순수하고 철저함을 말하니, 평범한 사람이 접근하기에는 어려운 인을 말하고 있는 것도 사실이다. 평생 인을 초지일관 변함없이 실천하기는 어려울지 모른다. 그러나 "어느 하루를 설정하여 인을 실천하는 데 그 힘을 쏟을 수는 있겠지만, 아직 그런 자를 보지 못했다有能一日, 用其力於仁矣乎. 我未見力不足者, 蓋有之矣. 我未之見也, 이인:6"고 공자는 말한다. 이처럼 인을 실천하기란 참으로 힘들다는 것이다. 그럼에도 인은 인간이 마땅히 지켜야 할 기본 도리임을 거듭해서 말하고 있다. "군자가 인을 버리면, 어찌 군자답다 할 수 있으리오君子去仁 惡乎成名, 이인:5." 이러한 공자의 가르침에 비추어 볼 때, 군자와 성인의 도를 실천하고자 하는 자는 마땅히 사랑의 실천자가 되어야 할 것이다.

그러나 공자는 인간이라면 누구나 허물이 있다는 것을 전제로 이야기한다. 인간은 완벽하지 못하다는 점을 인정하고 있다면, 군자도 허물에서 벗어날 수는 없다. 다만 그 허물이 어떠한 동기에서 비롯된 것인지를 물을 뿐이다. 군자의 허물은 동기가 불순하지 않고, 사랑과 인정이 지나쳐서 생긴 허물이다. 그러나 소인의 허물은 동기가 불순하다. 그래서 공자는 다음과 같이 말한다. "사람의 허물은 각각 그 종류대로다. 그 사람의 허물을 보면 그 사람이 어진지, 혹은 어질지 못한지를 알 수 있다人之過也各於其黨, 觀過, 斯知仁矣, 이인:7." 주자朱子의 스승 정이천程伊川은 공자의 이 말에 대해 다음과 같이 군자와 소인의 허물을 구분하여 설명한다. "사람의 허물은 각기 그 종류대로 다르다. 군자는 항상 그 후厚함에서 잘못되고, 소인은 항상 그 박薄함에서 잘못된다. 군자는 사랑이 지나치고, 소인은 잔인함이 지나치다人之過也 各於其類. 君子 常失於厚, 小人 常失於薄. 君子 過於愛, 小人 過於忍, 주자논어집주, 이인:7."

군자라고 해서 완전한 인간은 아니다. 다만 사랑과 인정이 지나치다 보니 허물을 짓게 되지만, 소인은 그 반대로 인색하고 자기 욕심이 지나치다 보니 허물을 짓게 된다. 물론 어떤 것이든 허물은 허물이다. 그러므로 인仁을 온전히 이루기 위해서는 자기를 극복하고 예로 돌아가는 극기복례克己復禮의 수행을 하지 않으면 안 된다. 앞에서도 살펴보았지만, 공자의 제자 안연顏淵이 공자에게 인仁에 대하여 물었을 때, 공자는 이를 극기의 차원에서 말했었다. "자기의 사욕을 이겨 예로 돌아가는 것이 인을 하는 것이다克己復禮, 爲仁 안연:1." 중요한 것은, 사욕私慾을 버리고 이웃을 사랑하며 공경하는 실천이 하루라도 행해져야 한다는 것이다. 여기서 인仁을 해석하는 주자의 설명을 잠시 들어보자.

"인은 본래 마음의 온전한 덕이다. … 예禮는 하늘의 이치天理를 절도 있게 표방한 것節文이다. 인을 행한다는 것爲仁은 그 마음의 덕을 온전히 하는 것이다. 대개 마음의 온전한 덕은 하늘의 이치가 아닌 것이 없지만, 사람의 욕심에 무너지기도 한다. 그러므로 인을 행하는 사람은 반드시 사사로운 욕심을 이겨 예로 돌아갈 때, 그 일이 곧 하늘의 이치가 되어 본심의 덕이 곧 온전히 나에게로 돌아온다(仁者 本心之全德, … 禮者 天理之節文也. 爲仁者 所以全其心之德也. 蓋心之全德 莫非天理, 而亦不能不壞於人欲. 故爲仁者, 必有以勝私欲 而復於禮, 則事皆天理, 而本心之德, 復全於我矣. 주자논어집주, 안연:1)."

결국 인은 하늘이 인간에게 부여한 이치를 마음의 본성 가운데 품고 있는 것이지만, 인간이 사욕에 따라 인을 어기게 되니, 자기의 마음을 잘 다스려서 욕망을 제거하고 하늘의 이치인 예의범절을 갖추어 덕을 실천할 때, 하늘도 세상만사도 제 자리를 얻는 것이라고 해석될 수 있을 것이다. 그러면 도대체 인이란 구체적으로 어떤 양식으로 드러나는 것일까? 이에 대해 제자 안연이 다시 묻자, 공자는 "예가 아닌 것은 보지도 말고, 예가 아닌 것은 듣지도 말며, 예가 아닌 것은 말하지도 말며, 예가 아닌 것은 행동하지도 마라^{안연:1}"고 했던 것은 이미 앞에서도 살펴보았다. 하늘의 이치인 천리^{天理}를 따를 것인가, 아니면 인간의 사욕^{私慾}을 따를 것인가 하는 문제는 전적으로 스스로 결정해야 하는 주관적이고 주체적인 판단의 문제다. 이 판단을 바르게 하기 위해서는 끊임없는 유혹에도 불구하고 과감하고 올바른 판단을 내릴 수 있는 지혜와 용기가 필요할 것이다. 그래서 평범한 사람들은 수양이 필요한 것이다.

그렇다면, 과연 어진 사람^{仁者}의 모습은 어떠할까? 공자는 충성스럽다거나, 청렴하다고 해서 어진 사람이라고 말하지 않는다. 초나라의 대부였던 자문子文이 세 번이나 재상의 자리에 올랐으나 기뻐하는 기색이 없고, 세 번이나 자리에 물러났지만 성내지 아니하였는데, 바로 그가 어진仁 사람이냐고 제자인 자장子張이 공자에게 묻자, 공자는 대답했다. "충성스럽다. 하지만 모르긴 해도 어찌 어질다 하겠느냐?忠矣. … 未知, 焉得仁. 공야장:18." 다시 자장이 물었다. 제나라의 대부인 최자崔子라는 사람이 제나라 임금을 시해하자, 같은 제나라의 대부로 있던 진문자陳文子라는 사람이 자기가 소유하던 말 사십 필을 버리고 다른 나라를 두 곳이나 갔지만 번번이 그 나라들도 형색이 마찬가지여서 또 다른 나라로 떠나갔는데, 그는 어진 사람이냐고 공자에게 물었던 것이다. 이에 공자는 "청렴하다. 하지만 모르긴 해도 어찌 어질다 하겠느냐?淸矣. … 未知, 焉得 仁. 공야장:18"라고 반문한다. 이를 보아서 공자는 충성스럽다거나 청렴한 것으로는 어질다고 할 수 없음을 말하고 있다.

한때 노나라의 대부 맹무백孟武伯이 공자에게 제자인 자로子路가 어진 사람이냐고 물었을 때, 공자는 다음과 같이 대답한다. "모르겠습니다. 제후국에서 군사의 일을 담당할 수는 있겠지만, 그가 어진지는 모르겠습니다不知也. 千乘之國, 可使治其賦也, 不知其仁也. 공야장:7." 이처럼 공자는 웬만해서는 어질다는 평가를 하지 않는데, 이는 자기 자신에 대한 평가에서도 마찬가지였다. 공서화公西華라는 제자와의 대화에서 공자는 자신이 성인聖人이나 인인仁人에 미치지 못한다고 다음과 같이 겸손하게 말하는 것을 보아서도 알 수 있다. "성인聖人이나 인인仁人으로 말하자면 내가 어찌 그렇다고 자처하겠느냐? 성聖과 인仁의 도를 행하기를 싫어하지 않고, 남을 가르치기를 게을리 하지 않는 점에 대해서는 그렇다고 말할 수 있을 뿐이다若聖與仁 則吾

豈敢 抑爲之不厭 誨人不倦 則可謂云爾已矣. 술이:33." 그러자 공서화는 공자의 겸손에 감탄하면서, '바로 그점을 저희 제자들이 배울 수 없는 부분입니다'라고 대답했다. 공자 자신은 성聖과 인仁에 못 미친다고 말하고 있지만, 그것을 실행하기를 싫어하지 않고 가르침을 게을리하지 않는다는 점을 미루어 볼 때, 다시 한 번 그의 겸양의 태도를 볼 수 있다. 그만큼 인仁은 높은 수준의 덕성이기에 공자는 자신을 비롯하여 다른 사람들에게도 함부로 어질다는 평가는 가급적 유보했을 뿐만 아니라, 심지어 어진 사람을 아직 보지 못했다고 할 정도로 인仁에 대한 가치를 아주 중시했다. 그런데 그런 공자가 유독 제자 안회안연에 대해서는 높은 평가를 내리고 있다.

"안회는 석 달이 지나도 그 마음이 인을 어기지 않지만, 그 나머지 사람들은 하루나 한 달에 한 번 이를 뿐이다回也, 其心, 三月不違仁, 其餘則日月至焉而已矣. 옹야5." 안회 이외의 다른 제자들도 어진 행동을 하긴 하지만 그 지속성에 있어서 안회와 같지 못함을 상대적으로 비교하여 말하고 있다. 안회는 과연 어떠한 삶을 살았기에 그러한 높은 평가를 받았을까? 안회의 생활 습관을 엿볼 수 있는 공자의 말을 들어보자. "어질도다, 안회여! 대나무로 만든 한 그릇의 밥을 먹고, 한 표주박의 물을 마시며 누추한 거리에 살고 있으니, 보통 사람들은 그 슬픔을 견디기 힘들어하지만 안회는 그 즐거움이 변치 않는구나. 어질도다. 안회여!賢哉, 回也. 一簞食 一瓢飮 在陋巷 人不堪其憂. 回也 不改其樂 賢哉. 回也. 옹야:9." 이 대목에서 우리는 안회의 삶이 과연 어떠했는가를 짐작해 볼 수 있다. 가난한 처지에서도 기쁨을 잃지 않고 살아가는 것이 쉬운 일은 아닐 것이다. 그럼에도 비굴해지거나 욕망의 포로가 되지 않고, 즐거움을 잃지 않고 살아갔던 것 하나만으로도 그를 어질다고 했으니, 그의 나머지 삶이 어떠했는지를 충분히 미루어 짐작할 수 있을 것이다.

안회를 바라보는 공자의 시각을 잘 표현해주는 곳이 또 있다. 공자는 다음과 같이 안회에 대하여 술회하고 있다. "내가 안회와 함께 하루 종일 말을 해보면, 바보처럼 아무런 반론이 없다. 그러나 뒤로 물러나서 그가 생활하는 것을 보면, 역시 들은 바를 충분히 실현하니 안회는 바보가 아니다吾與回言, 終日, 不違如愚, 退而省其私, 亦足以發, 回也不愚. 위정:9." 안회는 그야말로 말없이 실천하는 사람으로서, '실천에는 빠르고 말에는 어눌한' '바보 현인'이었던 것이다. 말만 무성하고 실천이 없는 사람들은 많이 보았지만, 말을 아끼고 묵묵히 덕을 실천하는 안회와 같은 이를 공자는 사랑하지 않을 수 없었을 것이다. 제자 자공이 공자에게 군자란 무엇이냐고 물었을 때, "말보다 행동을 먼저 하고, 그 후 행동에 따라 말을 한다先行其言, 而後從之. 위정:13"고 대답한 것을 보면, 안회는 바로 그런 사람이었던 것 같다.

어느 날, 공자가 그의 사랑하는 제자 안회안연와 자로와 함께 있을 때, 그들에게 각자의 뜻을 말해보라고 했다. 그러자 자로가 먼저 말했다. "수레와 말을 타고 가벼운 털가죽 옷을 벗들과 함께 나눠 쓰다가 못쓰게 되어도 유감스럽게 생각하지 않도록 하겠습니다願車馬衣輕裘, 與朋友共, 敝之而無憾. 공야장:25." 이어서 안연이 말하였다. "잘한 것을 자랑하지 않고, 베푼 노고를 과시하지 않겠습니다願無伐善, 無施勞. 공야장:25." 여기서 자로와 안연의 태도가 분명해진다. 자로는 정치적으로 이미 군사를 지휘하고 도모할 정도이며, 병거와 수레를 타고 호의호식이 가능한 위치에 있는 사람으로서, 벗들과 그 좋은 것들을 공유하다가 못쓰게 될 때 후회하지 않겠다는 정도의 소극적인 생각을 하고 있는 반면에, 안연은 이미 가난하게 살면서도 남에게 공로를 베풀고 좋은 일을 평소에 많이 하면서도 그것이 드러나지 않도록 노력하겠다는 적극적인 정신을 보여주고 있다. 이러한 안연의 태도야말로 공자가 이상적으로 생각하는 군자의 모습일 뿐만 아니라, 노자가 강조하는 '위이불시爲而不恃', 즉 남에게 공로를 베풀고도 거기에 대가를 바라거나 기대하지 않는 태도를 보여주는 것이기도 하다.

이렇게 자로와 안연이 각자의 뜻을 공자에게 고하자, 이제 자로가 공자에게 "그렇다면 선생님의 뜻은 어찌합니까?"라고 물었다. 그러자 공자의 대답은 간단했다. "노인은 편안하게 해주고, 벗들은 믿게 해주고, 젊은이는 품어서 보살펴주고자 한다老者安之, 朋友信之, 少者懷之. 공야장:25." 공자의 관심은 항상 사람이었다. 보다 정확히 말하면 사람과 사람의 관계였다. 그것이 '인仁'을 추구하는 '사람다움'의 도리일 것이기 때문이다. 윗사람을 대할 때의 자세와 동료를 대할 때의 자세, 그리고 젊은 후배들에 대한 태도를 각각 '평안安'과 '믿음信'과 '품음懷'으로 대답한 것이다. 이것을 달리 표현하면, 공경과 신뢰와 사랑이라 말할 수 있다. 안연과 자로 그리고 공자의 문답에서 알 수 있듯이, 대부분의 삶에서는 안연의 경지는 물론이고 자로의 태도만큼도 못한 경우가 허다하다. '인仁'의 실천과 수행은 사람의 처지에 따라 다른 것이기는 하지만, 근본 마음자세가 더욱 중요한 것임을 알 수 있다.

공자는 이처럼 인의 모습을 사람에 따라 다양한 방식으로 설명하고 있는데, 제자들과의 질문과 대답 속에 들어나는 몇 가지 예를 더 살펴보자. 중궁仲弓이라는 제자가 인仁에 대해 물었을 때 공자는 다음과 같이 말한다. "문을 나가서는 큰 손님을 뵌 듯이 하고, 백성에게 일을 시킬 때에는 큰 제사를 받들 듯하며, 자기가 하고 싶지 않은 일을 남에게도 하게하지 말아야 한다. 이렇게 하면 나라에서도 원망이 없을 것이고, 집에서도 원망이 없을 것이다出 門如見大賓, 使民如承大祭, 己所不欲, 勿施於人, 在邦無怨, 在家無怨. 안연:2 " 인仁을 묻는 중궁의 질문에 대해 공자는 집을 들어가나 나가나 무슨 일을 하든지, 항상 사람을 공경하는 자세로 대할 것을 말한다. 모든 인간이 소중한 존재임을 알아서, 큰 손님을 대하듯이 받들어 섬겨야 함을 가르치고 있다. 이를테면, '섬김의 도리'가 곧 인仁이라고 말하고 있는 것이다. 그러한 섬김의 정신이 있다면, 자신이 하기 싫은 일을 남에게 시키거나 강요해서도 안 되는 것은 너무나 당연한 것이다.

제자 사마우司馬牛도 인에 대하여 질문하자, 공자는 다음과 같이 대답한다. "어진 사람은 말하는 것을 조심한다仁者, 其言也訒." 이에 사마우가 "말하는 것을 조심하면, 어질다고 할 수 있겠습니까?"라고 되묻자, 공자는 "그것을 실천하기가 어려운데, 말함에 있어서 조심하지 않을 수 있겠느냐?爲之難, 言之得無訒乎. 안연:3"라고 말한다. 또한 번은 제자 자공子貢이 인仁의 모습을 물었을 때, 공자는 다음과 같이 말한다. "어진 사람혹은 어질다는 것은 자기가 서고자 할 때 남을 먼저 서게 하고, 자기가 뜻을 이루고 싶을 때 남부터 뜻을 이루게 한다夫仁者, 己欲立而立人, 己欲達而達人. 옹야:28" 참으로 어질다는 것의 의미는 이처럼 광범위하다. 어진 것은 마음에서 시작하여, 그 뜻을 표현하는 언어는 물론, 이웃을 향한 모든 행동 하나하나에 이르기까지 그 영향과 자세가 두루 미치지 않음이 없다. 지금까지 『논어』에 나타난 인仁의 개념과 관련하여, 공자와 그의 제자가 주고받는 대화 속에 드러난 인仁의 여러 가지 특성을 살펴보았다. 인仁을 한마디로 정의할 수 없는 것이기 때문에, 공자는 각기 제자들의 처지와 상황에 빗대어 인을 설명한 것이다.

공자의 사상에서 인仁이 중요한 것처럼, 이제 예수의 사상에서 가장 중요한 개념이 되고 있는 아가페에 대하여 살펴보자. 그리스도교를 '기적의 종교'라고 한다면, 그것은 '사랑의 기적'을 말하는 것이다. 예수의 애제자 요한은 사랑, 즉 아가페에 대하여 이렇게 말하고 있다.

"사랑하는 자들아! 우리가 서로 사랑하자. 사랑은 하나님께 속한 것이니, 사랑하는 자마다 하나님께로 나서 하나님을 알고 사랑하지 아니하는 자는 하나님을 알지 못하나니, 이는 하나님은 사랑이심이라(요한일서4:7)."

그리스도교에서 사랑, 곧 아가페의 출발점은 하나님이다. 요한은 하나님 자신이 '사랑'이라고 말한다. 이 사랑의 당체當體에서 예수가 사랑으로 탄생하고, 사랑으로 살다 죽고 또 사랑으로 부활했다. 예컨대, 예수는 사랑의 화신化身이었고, 또 영원한 화신으로 거듭하여 다가온다. 그렇다면 무엇이 예수를 사랑의 화신이 되게 했을까? 그것은 영원한 침묵 속에서 말씀하시는 하나님의 음성을 따라 살았기 때문이다. 침묵하시는 하나님의 음성은 성령을 통해 그에게 다가 왔다. 예수가 공적활동公生涯을 시작할 무렵, 세례 요한을 통해 요르단 강에서 세례를 받을 때, 성령이 그에게 임하여 '하나님의 사랑하는 아들'이라는 확신을 받게 되었고^{누가3:21-22}, 광야에서 영적 시험을 받아 마귀의 유혹을 물리쳤다^{누가4:1-13}. 그 후 고향 나사렛에 이르러 안식일에 회당에서 성경을 읽을 때, 다음과 같은 선지자 '이사야'의 글을 읽는다.

> "주의 성령이 내게 임하셨으니, 이는 가난한 자에게 복음을 전하게 하시려고 내게 기름을 부으시고, 나를 보내사 포로 된 자에게 자유를, 눈먼 자에게 다시 보게 함을 전파하며, 눌린 자를 자유 하게 하고 주의 은혜의 해를 전파하게 하려 하심이라(누가4:18-19)."

예수는 회당에서 이 글을 읽고, "이 글이 오늘날 너희 귀에 응하였다^{누가4:21}"라고 하면서, 바로 이 예언의 글이 자신에게서 성취되고 있음을 회중에게 밝히고 있다. 안식일에 나사렛의 회당에서 읽은 이 선지자 이사야의 글과 그 내용의 예언적 성취가 바로 예수 자신에게서 성취되고 있다는 이 선언은 신학적으로, 혹은 예수의 생애와 사상적 측면에서 대단히 중요한 선언적 의미를 가진다. 예수의 이 선언에 대하여, 당시 회당에 있던 자들이 '다 주목하였고', '화가 나서 예수를 좇아내어 산 낭떠러지까지 끌고 가서 밀쳐 내리치려 했다.' 그러나 예수는 저희 가운데를 빠져 나갔다^{누가4:21-30}. 예수의 극적인 삶과 죽음은 바로 이 회당에서의 선언을 성취하고자 했던 사명감에서 비롯된다. 그 사명감은 하나님의 뜻의 성취였고, 그것은 또한 신적 사랑의 행위인 아가페의 실천이었던 것이다. 그리고 인간을 향한 '신적 사랑'은 예수 자신을 죽음으로까지 몰고 갔다. 이는 공자가 말한 '살신성인^{殺身成仁}'의 정신에 비교된다.

'아가페-사랑'을 이루기 위해 예수는 가난한 자들과 포로 된 자, 그리고 눈먼 자와 눌린 자를 자유롭게 하는 사랑과 은혜를 베풀며 십자가에 달려 죽었다.

예수를 따르던 제자들은 예수의 이 사랑의 행위를 직접 목격하였고, 죽음으로써 정의와 평화를 위해 항거했던 예수의 정신을 이어 받았다. 물론 가룟 유다는 예수를 배반하고 팔아 넘겼지만, 그도 죽을 때는 진정한 사랑의 힘이 무엇인지를 깨닫게 된다. 예수의 사랑에 대한 가르침은 『복음서』 전반에 걸쳐서 다양하게 나타나고 있으며, 신약성서에 전반적으로 흐르는 주제가 예수의 사랑과 구원의 메시지다. 『복음서』에 나타난 수많은 사랑의 사례를 5가지 유형별로 살펴보면 다음과 같다. 첫째는 하나님의 인간 사랑, 둘째는 인간의 하나님 사랑, 셋째는 예수의 인간 사랑, 넷째는 인간의 인간 사랑, 그리고 다섯째는 인간의 원수 사랑이다. 다섯째의 인간의 원수 사랑은 인간의 인간 사랑에 포함될 수 있는 항목이지만, 평범하지 않다는 측면에서 별도로 분류했다.

첫째 유형에 속하는 '하나님의 인간 사랑'은 예수의 '애제자愛弟子' 요한의 표현에서 단적으로 잘 드러난다. "하나님이 세상을 이처럼 사랑하사 독생자를 주셨으니, 이는 저를 믿는 자마다 멸망치 않고 영생을 얻게 하려 하심이라요한3:16." 요한의 이 한마디로, 하나님이 세상을 창조하고요한1:1-3, 세상을 사랑하기를 하나님이 자신의 몸까지 내어 주었다는 표현에서 하나님과 인간-세상의 사랑은 극에 달한다. 요한이 '애제자'로 통칭되는 까닭은 요한이 예수가 십자가에 달리기 얼마 전, 예수와 함께 있으면서 자신을 표현하는 자리에서 다음과 같이 말하는 데서 잘 드러난다. "예수의 제자 중

하나, 곧 '그의 사랑하는 자'가 예수의 품에 의지하여 누웠는지라 요한13:23." 요한은 스스로 예수가 자신을 사랑하고 있음을 느꼈고, 또 그의 품에 안기는 사랑의 사도이기도 했다. 그러기에 요한은 "하나님은 사랑이시다"라는 위대한 선언을 했고, "형제가 서로 사랑하면 그가 하나님을 사랑하는 것이고, 형제를 미워하면 하나님을 사랑하지 않는 것이라"고 말하고 있다. 이와 같은 하나님의 사랑에 대해 인간이 마땅히 응답해야 할 것을 예수는 계명으로서 촉구하고 있다. 이렇듯 둘째 유형으로서의 '인간의 하나님 사랑'은 예수가 율법사를 향하여 대화를 나누면서, "네 마음을 다하고 목숨을 다하고 뜻을 다하여 주 너의 하나님을 사랑하라 하셨으니, 이것이 크고 첫째 되는 계명이다 마태22:37-38"라고 한 부분에서 분명해진다.

셋째 유형으로서의 '예수의 인간 사랑'은 『복음서』에 빈번하게 나타난다. 예수의 말과 행위 자체가 아가페의 사랑에 근거한 것이지만, 그것도 다시 여러 유형으로 나눌 수 있다. 예컨대, 병자를 치유하는 예수, 가난하고 소외된 자들과 함께 식탁 공동체를 이끌면서 해방과 구원의 소식을 전하는 예수, 인종적, 지리적, 국가적 차별에 시달리는 민중들에게 신 앞에 평등한 인간으로서의 권리를 외치며 하나님 나라의 도래를 선포하고, 하나님의 사랑 속에서 만인은 동등할 뿐만 아니라 평화로운 공동체를 건설할 수 있음을 보여주었다. 이러한 예수 공동체에 가입을 원하여 찾아온, 계명을 잘 지키던 신실한 부자 청년을 향하여 예수는 말한다.

"예수는 그를 보고 사랑하여, '네게 오히려 부족한 것이 한 가지 있으니

가서, 네 있는 것을 다 팔아 가난한 자들에게 주라. 그리하면 하늘에서 보화가 네게 있으리라. 그리고 와서 나를 좇으라" 하니, 그 사람은 재물이 많은 고로 이 말씀을 인해 슬픈 기색을 띠고 근심하며 떠나갔다(마가10:21-22)."

신실한 유대인으로서 종교적 전통과 계명을 잘 지키던 부자 청년도 예수가 재산을 다 팔아 가난한 자들에게 나눠주고 자신을 좇으라는 말에 근심하고 돌아갔던 것이다. 예수는 이를 두고 다음과 같이 말한다. "재물이 있는 자는 하나님 나라에 들어가기가 심히 어렵다. 마치 낙타_{원어의 다른 본문 전통에는 '새끼 줄'}가 바늘귀를 통과하는 것이 부자가 하늘나라에 들어가는 것보다 쉽다^{마가10:23, 25}." 예수가 부자 청년을 '사랑하여' 던진 말이지만, 그 청년은 근심하며 돌아갔다. 예수는 자신을 따르고자 하는 무리들을 향하여 몇 가지 시험을 치르게 한다. 무리들이 예수의 소문을 듣고 스스로 결심하여 예수에게 찾아오지만 예수는 그들의 인내력을 시험한다.

"한 서기관이 나아와 예수에게 말하되, "선생님이여! 어디로 가시든지 저는 따르겠습니다." 예수가 말했다. "여우도 굴이 있고, 공중의 새도 거처가 있지만, 오직 인자^{人子}는 머리 둘 곳이 없다"(마태8:18-20)."

교활한 토끼는 숨을 굴을 세 개나 판다는 '교토삼굴^{狡兎三窟}'이라는 말이 있듯이, 난세를 맞아 자기 피할 길을 다 열어 놓기도 하지만, 예수는 유대인의 종교 지도자와 로마 정권하에 노출되어 피할 길이 없음을 말한다. 그래도 따르겠냐는 결연한 의지를 물었던 것이다. 반면에 제자 중의 하나는 "나로 먼저 가서 내 부친을 장사하게 허락하소서"라고 예수에게 요청했다. 그러나 예수는 "죽은 자들로 저희 죽은 자를 장사하게 하고, 너는 나를 따르라^{마태8:21-22}"고 했다. 예수의 거절과 요청은 엄격했다. 자식의 도리로서 부친의 상을 외면하는 것은 전통에 정면으로 도전하는 행위였다. 그러나 예수는 "산 자여 따르라!"는 준엄한 요청을 하고 있다. 무엇이 산 것이고 무엇이 죽은 것인가? 단순한 육체의 죽음은 그저 죽음일 뿐이다. 그러니 죽음은 죽음에 맡기고, 산 자는 사랑의 대열에 동참하라는 준엄한 역설적 요청이 아닐까? 부자 청년을 향하여 재산을 팔아 가난한 사람에게 나눠주고 따르라는 요청도 사랑의 실천을 각오한 자가 갖추어야 할 엄준한 시험이었던 것이다. 부자 청년은 예수의 사랑의 권고를 받아들이지 못하고 자신의 재산이 아까워 슬퍼하며 떠나갔다. 그러나 죽은 자의 장사를 뒤로 하고 예수를 좇은 자들은 세계와 역사의 진행 방향을 바꾼 사랑의 사도들이 된 것이다. 요한이 그랬고, 베드로가 그랬다.

예수의 사랑을 받은 자들은 이들 제자들뿐만이 아니었다. 귀신 들렸던 막달라 마리아로 대표 되는 사회적 약자로서의 수많은 여성들, 결혼 생활에 만신창이가 되었던 사마리아 우물가의 이방 여인, 아픈 딸을 두고 고생하던 수로보니게의 이방 여인, 그리고 창녀 등등, 사회적 냉대를 받던 수많은 자들에게 예수는 '미친 놈'이라는 비난을 받으면서도 그들을 사랑하며 아픔을 치유해 갔다. 예수와 제자들의 관계는 하나의 배움터를 중심으로 남자들만이 제자가 될 수 있었던 랍비들의 생활과는 달리, 갈릴리 인근을 떠돌면서 지역과 인종의 차별 없이 지속적으로 치유와 가르침과 사랑의 교제를 열어 나갔다. 예수의 이러한 사랑의 모범적 행위는 '인간의 인간 사랑'이라는 사랑의 모델이 되고 있다.

넷째 유형으로서의 '인간의 인간 사랑'은 예수가 율법사에게 행한 동일한 대화의 연장선에 있다. "네 이웃을 네 몸같이 사랑하라 하셨으니, 이것이 둘째 계명이다^{마태22:39}." 인간의 하나님 사랑과 인간의 이웃 사랑, 이 두 계명이야말로 구약성서가 말하는 온 율법과 선지자의 기본 강령이라^{마태22:40}고 예수는 말한다. 이웃 사랑의 모습을 이미 예수는 몸소 행동으로 보였다. 이제 한 단계 더 높은 사랑, 즉 원수를 네 몸같이 사랑하는 단계까지 나아가라고 예수는 말한다. 이것이 다섯 번째 사랑의 유형이다. 인간의 인간 사랑은 '원수 사랑'에서 절정을 이룬다. "원수를 사랑하라^{마태5:44}.", '네 오른 뺨을 치거든 왼 뺨도 돌려대라^{마태5:39}'고 제자들에게 가르친 예수는 친히, 그 모범을 보였다. 십자가를 지게하고 모욕하며 침을 뱉는 원수들을 향하여 "저들의 죄를 용서하여 달라"고 빌었다.

과연 원수 사랑은 어떻게 가능한 것일까? 예수는 말한다. "너희가 너희를 사랑하는 자를 사랑하면 무슨 상^賞이 있겠는가?^{마태5:46}" 원수를 포함하여 "이웃을 네 몸과 같이 사랑하라^{마태19:19}"는 계명은 참으로 아무나 할 수 없는 이야기이다. 그런데 잘 생각해 보자. 원수 사랑의 길이 결코 멀거나 전혀 없는 것은 아니다. 사랑하지 못하는 까닭은 상대방을 '이해'하지 못하기 때문이다. 상대방이 왜 저런 '나쁜 일'을 행하는지를 잘 분석해보면, 상대방은 그것이 '나쁜 일'인지를 '진정한 의미'에서 전혀 모르고 있기 때문이다. 정말 나쁜 일인지를 안다면 그럴 수는 없을 것이다. 만약에 도둑질이나 살인을 할 때, 그것이 나쁜 일인지를 '알고' 행한다고도 할 수 있겠지만, '진정으로'는 모르고 있는 것이다. '모르고' 행하는 자를 오히려 '긍휼히' 여겨야 한다는 생각을 하게 된다면, 원수 사랑의 길도 전혀 없는 것은 아니다. 중국어로 '안다'는 것을 '지다오知道'라고 하며, '모른다'는 것을 '부지다오不知道'라고 한다. 직역하면, '도'를 안다知와 '도를 모른다'가 된다. 도는 물론 '길'이며, '삶의 방식'이다. 진정한 의미에서 모든 '나쁜 행위'는 참된 길, 곧 참된 삶의 방식을 모르는 데서 비롯된다. 정말 안다면 목숨을 걸고서라도 옳은 일을 행할 것이다. 그러나 실제 생활에서 '알고도' 잘못을 저지르는 경우가 허다함을 부정할 수는 없을 것이다. 문제는 '살신성인殺身成仁'의 정신이다. 죽더라도 인을 이루겠다는 정신. 그것을 일반인이 수행하기는 어렵겠지만, 공자가 요구하고 예수가 요구하는 길이다. 그런 점에서, 소크라테스나 왕양명王陽明, 1472~1528, 본명은 守仁이 그토록 주장하던 '지행합일知行合一'의 길도 결코 무관한 이야기만은 아닐 것이다.

공자가 젊은이들에게 "널리 사람들을 사랑하고 어진 사람과 가까이 지내라汎衆愛, 而親仁. 학이:6"고 한 것은 비단 젊은이들에게만 해당하는 말이 아니다. 특히 나라를 다스리는 위치에서, "백성들에게 인仁은 물이나 불보다 더 좋은 것民之於仁也, 甚於水火"이라면서, "물이나 불에 빠져 죽는 사람은 있어도 인에 빠져 죽었다는 사람은 아직 보지 못했다吾見蹈而死者矣, 未見蹈仁而死者也. 위령공:34"고 공자는 말한다. '사랑하다가 죽어버려라'는 어느 시인의 말처럼, 사랑하다가 죽을 수는 있어도, 사랑하다가 '죽임'을 당하지는 않을 것이다. 예수는 인간을 사랑하다가 '죽임'을 당했으나, 그것은 일시적인 '육체의 가둠'이었을 뿐이었다. 그는 사랑의 힘으로 부활했기 때문이다. 앞에서도 살펴보았지만, 사랑과 인仁은 멀리 외부에서부터 오는 것이 아니다. 바로 "내 자신이 인을 실현하고자 하면, 그 인은 바로 다가온다我欲仁, 斯仁至矣. 술이:29." 그렇다면 인의 실천은 자신의 의지에 달렸다. 공자는 거듭 말한다. "인을 실천하는 것이 자기에게 있는 것이지 남에게 달려있지 않다爲仁由己, 而由人乎哉. 안연:1."

그리고 예수는 말한다. "너희가 나를 사랑하면, 나의 계명을 지키라. … 나의 계명을 지키는 자라야 나를 사랑하는 자니, 나를 사랑하는 자는 내 아버지게 사랑을 받을 것이다요한14:15, 21." 예수의 새 계명은 '서로 사랑'으로 간단하게 요약된다. "새 계명을 너희에게 준다. 서로 사랑하라. 내가 너희를 사랑한 것 같이 너희도 서로 사랑하라요한13:14." 서로 사랑의 계명은 상호적이다. 원수를 사랑하는 것은 나의 주관적인 사랑의 결의이지만, 결국은 서로 사랑의 단계가 가장 이상적인 단계가 된다. 서로 사랑의 경지, 거기에 이를 때, 이 땅은 예수가 이야기하는 천국이 될 것이다. 사랑의 마음, 곧 어진 마음仁心이 전혀 없는 사람은 없다. "어질지 못한 사람은 빈궁한 생활을 오래 견디지 못할 뿐 아니라, 즐거움도 오래 누리지 못한다不仁者, 不可以久處約, 不可以長處樂." 반면에, 어진 사람은 늘 어진 생각과 행동이 편안하기 때문에 빈궁하거나 풍부함에도 늘 편안한 자세를 취한다仁者安仁. 반면에 지혜로운 사람은 빈궁함보다 안락함을 원하면서도 어질게 사는 것이 유익하다고 판단하여 어진 삶을 선택한다知者利仁, 이인:2. 공자가 자로에게 여러 가지 덕목을 말하는 가운데, "인을 좋아해도 배우기를 좋아하지 않으면, 우둔하게 된다好仁不好學, 其蔽也愚. 양화:8"고 말한 이유도 여기에 있다. 예수는 말한다. "사람이 친구를 위하여 자기 목숨을 버리면, 이보다 더 큰 사랑이 없다. 너희가 나의 명하는 대로 행하면, 곧 나의 친구다^{요한15:13-14}."
벗이여! 이제부터라도 '서로 사랑'을 배우자. 인仁이 두 사람 사이
의 관계를 지칭하듯이, 사람을 살리는 '관계의 미학'으로서의 인仁
과 아가페를 배우고 실천하자.

● 의義와 '하나님의 뜻'

인간은 과연 의로운 존재인가? 의롭다면 과연 얼마나 의로울
수 있을까? 의로움의 정의와 정도는 사람마다 다르고, 나라와 풍
속 그리고 문화적 차이에 따라 다양하게 논의될 수 있을 것이다.
공자가 『논어』에서 말하는 의로움義과 예수가 『성서』에서 말하는
의는 분명 다르다. 아울러 근대 계몽주의적 사고가 탄생시킨 '정
의正義'의 개념도 또한 다르다. 그럼에도 이들 모두를 어느 정도 포
괄하는 개념으로서의 '의로움'에 대한 한글의 뜻은 한자의 의義와
크게 다르지 않다. 이 말의 사전적 정의는' 올바른 길' 또는 '사람
이 지켜야 할 도리'이며, 그 개념이 사회적 관계로 확대되어서는
인간이 지켜야 할 '오륜五倫'의 하나가 되기도 한다. 이 오륜을 떠
받치는 기본적인 덕목이 오상五常, 즉 '인의예지신仁義禮智信'이다. 갑
골문자에서 시작되는 '의義'의 개념은 '양羊'과 '나我'를 결합시킨
합성어로서, 고대의 제의에서 희생양을 잡을 때, 엄숙한 제의 앞에
서 처신해야 할 '자신'의 행동을 뜻하는 것이었다. 그만큼 행위에
있어서 신중하고 엄숙해야 한다는 것이다. 그렇다면 신중하고 엄
숙한 행위는 무엇일까? 그것은 점차 복잡해지고 다양해지는 사회
적 관계 속에서 '올바른 길' 또는 '사람이 지켜야 할 도리'라는 개

념으로 확대 해석되었을 것이다.

그러나 이런 해석과 상관없이, 인간이 의로울 수 있다면 얼마만큼 의로울 수 있으며, 또한 그것을 어떻게 판단할 수 있는가 하는 문제는 여전히 남는다. 특히 그것이 사회적 정의의 문제와 결부될 때는 더욱 복잡해진다. 공자가 인仁에 대해서 많은 언급을 하고 있는 것과는 달리 의義에 관한 언급은 상대적으로 그 횟수가 적지만, 그 의미로는 결코 인에 비해 뒤지지 않을 만큼 중요한 개념이다. 공자가 "도에 뜻을 둔다志於道"고 말했을 때도, 이미 도에는 '의'가 내포되어 있는 것이다.

『서경書經』을 보면, 순舜임금이 우禹임금에게 "인심人心은 위태롭고 도심道心은 희미하다. 정도를 따르면 길하고 역리逆理를 따르면 흉하다人心惟危, 道心惟微, 惠迪吉, 從逆凶. 우서"고 했다. 이 말을 통해 후대 성리학性理學의 학자들은 도심과 인심을 구별하여 사단칠정四端七情과 이기론理氣論을 발전시키게 된다. 『논어』에서의 도 개념은 '길', '예법' 등의 인륜과 관계있기 때문에, '의'의 개념도 도의 속성과 그 실천이라는 측면에서 연장선상에 있다. 우리가 흔히 '인간의 도리'로서의 '의'를 말할 때, '도리道理'는 도의 이치다. 도의 이치는 다시, 본체 또는 실체로서의 도道와 이치로서의 이理 개념을 결합한 것이다. 그러니까 본체體와 작용用의 결합이 되는 것이다. 예컨대 인간의 본질로서의 바탕을 이치에 맞게 실행에 옮기는 과정을 모두 포함한 개념이 '도리'이다. 그것이 하늘의 이치와 맞으면 흔히 말하는 '천도天道'가 되는 것이고, 하늘의 명령이라고 할 수 있는 '천명天命'을 따르는 것이다. 그러므로 의는 천도를 따르는 것과 큰 차이가 없다.

그렇다면 공자가 『논어』에서 말하는 의로움의 개념은 여러 가지 상황에서 주어지는 것인 만큼, 그 특징 또한 다양하게 해석될 수 있는데, 가장 기본적인 개념으로서의 도의道義라는 뜻과, 군자의 자질로서의 의로움, 그리고 이득利得과 관련되었을 때의 상대적 개념으로서의 의로움 등이 있는데, 특히 의를 좋아해야 할 뿐만 아니라, 일을 처리함에 있어서 항상 의義를 우선시해야 한다든지, 무리가 모였을 때는 의를 도모해야 할 것과 같이 의를 실천함에 마땅히 덕을 숭상해야 할 것崇德을 공자는 자세히 언급하고 있다. 우선 공자가 이상적 인간으로 여긴 군자의 자질로서의 의에 관한 대화를 보면 다음과 같다. 정鄭나라의 뛰어난 재상이며 정치가인 자산子産에 대해 평가하면서 공자는 이렇게 말한다. "그는 군자의 도 네 가지를 지니고 있었다. 몸가짐이 공손하고, 윗사람을 공경하며, 백성을 은혜롭게 먹여 살리고, 백성을 부리는 것이 의롭다有君子之道四焉. 其行己也恭, 其事上也敬, 其養民也惠, 其使民也義. 공야장:15." 공자는 자산이 이상적 정치가로서의 군자가 갖추어야 할 덕목을 네 가지나 갖추고 있다고 높이 평가하면서 백성을 의롭게 다스리고 있다는 것을 빼놓지 않았다. 의가 정치적 덕목 중에 매우 소중한 것임에는 의심의 여지가 없을 것이다. 불의한 탐관오리가 판을 치면, 그 나라는 반드시 부패하게 되고 난리가 일어나게 된다. "군자는 의로움을 최상으로 삼아야 하며, 군자가 용기만 있고 의로움이 없으면 난을 일으키고, 소인이 용기만 있고 의로움이 없으면 도적이 된다君子義以爲上, 君子有勇而無義, 爲亂, 小人有勇而無義, 爲盜. 양화:23"는 말처럼 의와 군자의 자질은 불가분의 관계에 있다.

　　군자는 언제나 의의 편에서 의를 따르고 지켜야 한다. 군자는 꼭 해야 할 것도 없고, 꼭 하지 말아야 할 것도 없지만, "의에는 따라야 한다義之與比. 이인:10"고 했던 것도 모든 판단의 기준을 의에 두었다는 것이다. 이 말은 "군자는 의를 바탕으로 삼아야 한다君子 義 以爲質. 위령공:17"고 설파한 공자의 이념을 잘 보여주는 대목이다. 군자가 의를 본질적 바탕으로 삼게 되면 이득 앞에서 먼저 의를 중심으로 판단하게 된다. "군자는 의에 밝고 소인은 이득에 밝다君子 喩於義, 小人 喩於利. 이인:16"는 것이나, "이득 될 만한 일을 보면 의로움을 생각하라見利思義, 헌문:13"는 말이 모두 그러하다. 특히 "의롭게 된 연후에 취득한다義然後取. 헌문:14"는 말이나 '이로움을 볼 때에 의로움을 생각하라'는 말은 태도와 관련하여 군자가 지녀야 할 9가지 생각君子九思 가운데 마지막 9번째인 '견득사의見得思義, 계씨:10'를 설명하고 있다.

　　의로운 판단과 행동은 노력 없이 주어지는 것이 아니다. 우선은 의로운 행동을 좋아해야 한다. 자장이 공자에게 선비는 어떻게 하면 통달할 수 있느냐고 물었을 때, "근본 바탕이 곧으며 의로움을 좋아해야 한다達者, 質直而好義, 안연:20"고 했다. 특히 "윗사람이 의를 좋아하면 백성이 감히 복종하지 않음이 없다上好義則民莫敢不服, 자로:4"고 공자가 말한 것도, 얼마나 의로움을 지키고 실행할 것인가를 마음속으로 찾아서 즐기느냐에 따라 백성에게 미치는 영향력이 크다는 것을 강조한 것이다. 특히 지도자의 위치에 있는 사람일수록 의로움의 결과는 백성들의 행복한 삶에 큰 영향력을 미칠 것이다. 이처럼 의로움의 행동이 사사로움에 그치지 않고 공동의 일을 도모할 때는 더욱 그렇다.

　　그러므로 공자는 여럿이 모였을 때 의를 도모하라고 경고한다.

"여럿이 모여 하루 종일 지내면서도, 의로운 일에 대해 언급하지 않고 작은 지혜나 짜내어 행한다면 곤란하다群居終日, 言不及義, 好行小慧, 難矣哉. 위영공:16." 하이데거Martin Heidegger도 현대인의 세 가지 병폐를 말하면서, 하루 종일 말을 하지만 진리는 하나도 말하지 않고, 하루 종일 돌아다녀도 진리를 한 번도 보지 못하는 것을 형이상학에서 언급했는데, 이는 작은 꾀나 꼼수를 부리고 큰 지혜인 진리와 의를 추구하는 일에 게을리하는 현대인을 일깨우는 소중한 지적이 아닐 수 없다. 그야말로 지혜로운 자는 도를 도모道謀할 뿐만 아니라, 도의道義에 힘쓰는 자다. 제자 번지가 지혜로운 일에 대해 묻자, 공자는 다음과 같이 말했다. "사람들이 지켜야 할 도의에 힘쓰고, 귀신조상의 영혼은 공경하지만 멀리하라. 이것이 지혜다務民之義敬, 鬼神而遠之, 可謂知矣. 옹야:20." 도의를 지킨다는 것은 때때로 손해를 봐야 하는 경우도 있다. 어리석은 자는 눈앞의 이익에만 몰두하여 부귀영화를 좇지만, 결국 그의 의롭지 못한 부귀는 헛된 것이라고 하면서 공자는 다음과 같이 술회한다. "의롭지 않으면서 부귀를 누리는 것은 나에게 뜬구름 같은 것이다不義而富且貴, 於我如浮雲. 술이:15."

의를 실천하기 위해서는 먼저 의를 좋아해야 하겠지만, 의를 지키겠다는 용기도 필요하다. 공자가 말했다. "마땅히 해야 할 의로운 일을 보고도 행하지 않는 것은 용기가 없는 것이다見義不義, 無勇也. 위정:24." 의의 도를 지킨다는 것은 참으로 죽음으로써 도를 지키는 것守死善道, 태백:13과 같다. 죽음과 바꿀 정도로 소중한 의의 도리에 관한 맹자의 말을 살펴보면, '의의 사상'을 더욱 강조하고 있다. 맹자에게서는 "인仁"이 인간의 마음이라면, '의義'는 인간의 길이다□

人心也, 義 人路也. 맹자:고자 상." 이 '인간의 길'로서의 의는 죽음으로써 지켜야 할 소중한 것이라고 맹자는 거듭 강조한다. 우리가 공자가 말하는 의를 논함에 있어서, 공자와 대칭점에 있는 진보주의 사상가 묵자墨子의 말에 귀를 기울일 필요가 있다. "한 사람을 죽이면 불의라고 말하면서 반드시 '한 번 죽을죄'가 있다고 말한다. … 그러나 크게 나라를 침공하여 수많은 사람을 죽이는 불의는 그 잘못을 알지 못하고, 오히려 예찬하고 의롭다고 말한다. 이것은 진정 불의를 알지 못하는 것이다殺一人謂之不義. 必有一死之罪矣. … 今至大爲不義攻國, 則不知非, 從而譽之, 謂之義. 情不知其不義也. 묵자:비공 상." 전쟁이라는 문제를 놓고 의와 불의의 기준이 모호해지고 있는 상황에서, 수많은 사람을 살상하는 전쟁을 일으키고 승리하면 의롭다고 예찬하는 무리들에 대해 묵자는 신랄한 비판을 가하고 있는 것이다.

참으로 의로운 행위의 기준은 어디에 있을까? 의로운 행위의 기준이 경우에 따라서 과연 달라질 수 있을까? 이러한 의문은 인간의 본성에 대한 질문으로 되돌아가게 한다. 인간의 본성에 부여된 도의는 '사람이 마땅히 해야 할 도리'이지만, 경우에 따라서는 착함善이나 신의信義보다 먼저 지켜야 할 덕목이 된다. 공자는 이점에 대해 다음과 같이 말한다. "선한 것을 보면, 마치 거기에 미치지 못할 듯이 열심히 노력하고, 선하지 않은 것을 보면, 마치 끓는 물에 손을 댄 듯이 빨리 피해야 하는데, 나는 그런 사람을 보았고, 그런 말도 들었다. 숨어 살면서 그 뜻을 구하고, 의를 행하여 자기의 도를 달성해야 하는데, 나는 그런 말은 들었지만, 그런 사람은 아직 보지를 못했다見善如不及, 見不善如探湯, 吾見其人矣, 吾聞其語矣. 隱居以求其志, 行義以達其道, 吾聞其語矣, 未見其人也. 계씨:11." 이처럼 선한 사람은 많은데 상대적으로 의를 실천하는 사람은 아직 보지 못했을 정도라고 하니, 얼마나 의를 실천하기가 어려운 것인가를 짐작하게 한다. 비록 유자有子의 말이긴 하지만, "약속한 것信이 도의道義에 가까우면, 말을 번복하지 않아도 된다信近於義, 言可復也. 학이:13"는 말도, 결국 신의보다 더 중요한 것은 도의라는 것이다.

공자는 사람과 그의 처지에 따라 의를 실천해야 함을 말했다. 또한 우리는 군자의 자질로서의 도의와 그 실천의 중요성을 살펴보았다. 인仁이 중요한 것만큼이나 의도 소중한 덕목이며 도를 실행할 때, 개인은 물론 지도자의 위치에 있는 사람들의 의로운 행위가 얼마나 큰 사회적 영향력을 지니는가를 짐작할 수 있었다. 의로움의 중요성은 알지만 그것을 좋아하고 실천하는 용기에는 부단한 수련이 요구된다. 특히 공동체에서 개인의 사욕보다 먼저 의를 생각하고 의의 실천을 도모하는 것은 무엇보다 중요하다. 바로 이러한 의를 실천하기 어려운 것은, 때로는 목숨을 걸고 싸워야 하기 때문이다.

그렇다면 '예수의 의義' 혹은, 예수가 말하는 의는 어떻게 설명될 수 있을까? 우선 의인義人에 대한 사도 바울의 이야기를 먼저 들어보자. 사도 바울은 예수의 가르침과 교훈을 근거로 의인에 대하여 다음과 같은 결론적인 정의를 내린다.

"의인義人은 없나니 하나도 없으며, 깨닫는 자도 없고 하나님을 찾는 자도 없고 다 치우쳐 한가지로 무익하게 되고 선을 행하는 자는 없나니 하나도 없도다(로마서3:10-12)."

실상 사도 바울의 이 말은 '시편'의 글을 배경으로 인용한 말이 기도 하다. 시편에서는 인생들이 하나님을 몰라보고 다 그릇된 길로 가고 있다고 말한다.

"어리석은 자는 그 마음에 이르기를 하나님이 없다 하도다. 저희는 부패하고 소행이 가증하여 선을 행하는 자가 없도다. 여호와께서 하늘에서 인생을 굽어 살피사 지각이 있어 하나님을 찾는 자가 있는가 보려 하신즉, 다 치우쳤으며 함께 더러운 자가 되고 선을 행하는 자가 없으니 하나도 없다(시편14:1-3)."

시편의 이 표현에서 "선을 행하는 자가 없으니 하나도 없다"는 말을 사도 바울은 "의인은 없나니 하나도 없다"로 바꾸어 표현한다. 여기서 '의義'라는 표현은 헬라어로 '디카이오스'로서 예수가 말하는 '의'의 개념과 같은 것이다. 구약성서에서 시편 기자가 인간이 '모두 치우쳐서' 함께 더러운 자가 되었다는 것은 '올바른 인간'이 하나도 없음을 한탄한 것이다. 시편 기자나 사도 바울이 말하는 '선하지 못하고', '올바르지 못한 인간'은 모두 하나님이 없다고 부정하며 그릇된 행위를 하는 자들을 말한다. 이는 진리의 근원이 되는 실체로서의 하나님을 외면하고 사는 인간들의 행위가 오염되어 있다고 보는 것이다. 공자가 마치 하늘의 명, 곧 천명天命을 거스르지 말라고 했던 것처럼 말이다. 예수가 활동한 신약 성서 시대에도 인간이 오염되고 부패하기는 마찬가지였다. 그래서 예수 자신도 바리새인들을 향하여 말하는 가운데, 자신의 사명은 의인을 찾으려고 온 것이 아니라, 불의에 빠진 인간을 '바르게'

고치려 왔다고 선언한다.

"예수가 말했다. 건강한 자에게는 의원이 쓸 데 없고 병든 자에게라야 쓸 데 있다. 너희는 가서, 내가 긍휼을 원하고 제사를 원치 아니하노라 하신 뜻이 무엇인지 배우라. 내가 의인義人을 부르러 온 것이 아니라, 죄인을 부르러 왔다(마태9:12-13)."

예수가 이 말을 하고 있는 배경은, 로마 통치하에서 유대인을 상대로 세금을 징수하는 역할을 함으로써 사회적으로 비난의 대상이었던 세리稅吏 마태의 집에서 예수가 식사를 하는 중이었고, 그 주변에는 많은 동료 세리들과 죄인들이 예수의 다른 제자들과 함께 있었다. 이에 바리새인들이 그 광경을 보고 예수의 이러한 행동을 비난했던 것이다. 바리새인들의 입장에서 자신들은 '의인'이었고, 세리와 죄인들은 마땅히 '불의不義한 자들'이라고 생각했다. 당시의 종교 지도자들에게는 죄인이나 세리들과 식탁을 같이 한다는 것 자체가 불의한 일로 여겨졌던 것이다. 그러나 예수의 대답은 의외였다. '자칭 의롭다'고 생각하는 바리새인과 당시 종교, 정치 지도자들을 부르러 온 것이 아니라, 오히려 '죄인'을 부르러 왔다고 역설적으로 말한다. 예수에게는 자칭 의롭다고 여기는 바리새인들이나 다른 종교 지도자들과 같은 가증스런 외식주의자들보다 '죄인'들이 오히려 '하늘나라'에 더 가깝다고 생각했던 것이다.

예수 이전에는 세례 요한에 이르기까지 많은 선지자와 의인이 있었다마태13:17. 그러나 그들의 가르침보다 예수 자신은 '씨 뿌리는 비유' 등을 통하여 천국의 실재를 더 은밀히, 그리고 직접적으로 가르치고 있다. 그러면서 그 비유를 들을 수 있는 '귀 있는 자들'은 복이 있다고 말한다. 이른바 천국의 말씀을 듣고 깨달으면 바로 천국의 기쁨을 누리게 된다는 것이다^{마태13:17-19}. 예수 이전의 '의인'의 반열에 서 있는 자로는, 아담의 아들 카인에게 죽임을 당한 인류 최초의 형제 살해의 피해자 아벨^{마태23:35}과 노아와 아브라함, 욥 등을 포함하여, 예수 직전의 인물, 즉 예수의 스승이었던 세례 요한이 있다. 그 모든 선지자와 의인들 가운데서 예수는 세례 요한이 가장 큰 사람이라고 말한다. "내가 진실로 너희에게 말한다. 여자가 낳은 자 중에 세례 요한보다 큰 이가 일어남이 없다. 그러나 천국에서는 극히 작은 자라도 저보다 크다^{마태11:11}." 세례 요한은 출생부터 '하나님 앞에 의인'이라고 평함을 받은 부모들에게서 태어났다. 아버지는 제사장 사가랴였고 어머니는 아론의 후손 엘리사벳이었다^{누가:15-6}. 그러나 이러한 의로운 가문의 배경을 지니고 탄생하여, 의로운 일을 외치다가 헤롯 왕에게 목 베임의 참극을 당하는 의義의 인물이지만, 예수는 오히려 지극히 작은 자라도 천국에서는 세례 요한보다 더 크다고 말한다.

　　바울은 "의인은 없나니 하나도 없다"고 했는데, 어째서 아벨로부터 세례 요한에 이르는 의인은 인정되고 있는 것일까 하는 의문이 생긴다. 그것은 다름 아니라 '하나님 앞에 의인'이라는 칭함을 받은 것일 뿐이다. 이때 하나님에게 의인이라는 칭함을 받을 수 있는 신학적, 혹은 성서적 근거는 "믿음으로 의롭다 함을 받는다"는 '이신득의以信得義'의 성서적 진술에 따른 것이다. 이러한 내용을 사도 바울이 가장 잘 체계화해 놓고 있는 부분이 로마서^{3장-6장}이다.

가장 핵심적인 진술은 다음과 같다.

"이제는 율법 외에 하나님의 한 의義가 나타났으니 율법과 선지자들에게 증거를 받은 것이다. 곧, 예수 그리스도를 믿음으로 말미암아 모든 믿는 자에게 미치는 하나님의 의니 차별이 없다. 모든 사람이 죄를 범하였으매, 하나님의 영광에 이르지 못하더니 그리스도 예수 안에 있는 구속으로 말미암아 하나님의 은혜로 값없이 의롭다 하심을 얻은 자 되었다(로마서 3:21-24)."

예수를 믿음으로 얻는 그리스도교의 의義의 개념은 동양정신에서 말하는 의義의 개념과 참으로 만나기 어려운 접점 가운데 하나다. 그리스도교의 '믿음'의 세계와 동양사상에서 말하는 인간 '본성'의 세계는 분명히 구별되고 동질화될 수 없는 신념의 체계다. 그러나 여기서 한 가지 좀 더 면밀하게 생각해 볼 것은 '하나님' 개념에 대한 근본적인 발상의 전환이다. 예수를 믿는다는 것과 하나님을 믿는다는 것이 그리스도교에서는 동질화되어 있다. 예수 자신이 "나는 아버지 안에 있고, 아버지는 내 안에 계신 것을 네가 믿지 아니하느냐요한14:10"라고 했고, 더 결정적인 진술은 "본래 하나님을 본 사람이 없으되 아버지 품속에 있는 독생獨生하신 하나님이 나타내셨다요한1:18"는 점이다. '아버지의 품' 속에 홀로 존재하던 자가 아버지의 품 밖으로 나왔다. 그 안에 생명이 있었고, 이 생명은 사람들의 빛이었다. 이 빛이 어둠에 비춰었지만, 어둠이 깨닫지 못했다요한1:4-5. 이 빛으로 온 예수 그리스도를 영접하고 믿는 자는 '하나님의 자녀'가 되고요한1:12, 영생을 얻는다요한3:16는 것이다. 결국 바울의 표현대로 하면 예수 그리스도를 믿는 자는 '의롭다 함을 얻어' 하나님의 자녀로서의 영광을 획득하게 된다는 요지다.

여기서 우리가 한 걸음 더 나아가 생각해 보아야 할 것은 『성서』의 문자적 해석을 넘어, 그 상징성이 주는 의미에 귀를 기울인다면 대화가 전혀 불가능한 것도 아니다. 상징성이 주는 의미를 다시 천착해 보면, '하나님'이나 '하늘' 혹은 '천天'에 대한 새로운 이해다. 하나님의 품속에서 나타난 예수를 우리는 '하늘의 품속'에서 하늘의 명령을 기다리고 순종하려고 했던 공자의 사상과 비교하여 생각하는 것이다. 역천자逆天者 망하고 순천자順天者 흥하리라는 표현이 그것을 잘 말해 주듯이, '하늘' 무서운 줄 모르고 날뛰는 불의한 자들에게 '하늘의 뜻'을 거역하지 말고 살라는 공자의 천명 개념을 다시 생각하게 한다. 하늘의 뜻에 부합하여 살고자 했던 공자와 그의 제자들은 눈앞의 사리사욕보다는 '마땅히 행해야 할 도리'로서의 '의義'를 겸허하고도 용감하게 실천하기를 구했던 것이다. 역사의 거울, 곧 하늘의 거울 앞에 서듯이 말이다.

실로 '하늘의 뜻'을 구한다는 것은 쉽지 않을 것이다. 철학자 들뢰즈Gilles Deleuze의 표현처럼 다른 것으로 대치하거나 환원될 수 없는 '단독적인 기호'를 읽어내야 하기 때문이다. 그 단독적인 기호는 '신의 기호'라고 말할 수 있으며, '하나님의 뜻'은 이처럼 인간에게 향한 '신의 기호'를 읽어내는 작업과도 같다. 신의 기호를 정상적으로 해독하는 자에게만 '올바른 행위'의 기준이 서게 마련이다. 그렇다면 어떤 것이 '신의 기호'가 될 수 있고, 또 그것을 바르게 해석했다고 평가할 수 있는 근거는 무엇일까? 이 부분에 대해서는 예수의 '의義' 개념을 분석해 보면 도움이 될 것이다. 예수에게서 '하나님의 뜻'은 '아버지의 뜻'이었다. '하늘' 개념이 그만큼 친숙해진 것이다. 구만리 장천의 아득한 곳에 계시는 하나님이 아니라, 바로 '내 안에 거하는' 아버지였다. '아버지가 내 안에, 내가 아버지 안에' 있었고, 그 내 안에 있는 아버지의 뜻을 찾는 것이 예수의 일생의 과업이었다.

예수가 끊임없이 질문했던 것은 아가페-사랑에 못지않은 의義의 실천이었다. 예수가 말했듯이, 천국에 입성할 수 있는 자는 입만 가지고 떠벌리며, 주여 주여 하는 자가 아니라, 하늘에 계신 내 아버지의 뜻대로 행하는 자다^{마태7:21}. 예수가 말하는 천국의 실체와 개념이 공자의 이상국가와 전혀 다른 것이라 해도, 이를 비교해 본다면, 하늘天의 뜻을 실현하는 자만이 이상국가의 군자가 될 수 있다는 것이다. 이때 하나님의 아들聖徒과 군자君子의 비교가 가능해진다. 그렇다면 이제 하나님의 뜻이 과연 무엇일까? 크게는 '구원과 심판'이라는 주제로 분류될 수 있다. 성서에 나타난 하나님의 뜻 전체를 고려해 본다면, 수없이 열거할 수 있기 때문이다. 그러므로 여기서는 아버지의 뜻을 의義와 관련하여 제한적으로 생각해 볼 수밖에 없다. 아버지의 뜻과 그 뜻을 이루려는 의로운 용기의 결정적 진술을 우리는 예수의 겟세마네 동산에서의 기도를 통해 알게 된다.

"예수가 제자들과 함께 겟세마네라 하는 곳에 이르러, … 고민하고 슬퍼하며, 조금 나아가사 얼굴을 땅에 대고 엎드려 기도하여 말하기를, '내 아버지여, 만일 할만하시거든 이 잔을 내게서 지나가게 하옵소서. 그러나 나의 뜻願대로 마시고 아버지의 뜻願대로 하소서(마태26:36-39)."

십자가의 죽음을 앞에 둔 예수의 장엄하고도 비장한 결의를 보게 된다. "심히 고민하여 죽게 되었다마태26:37"고 그때의 상황을 마태가 전하고 있다. 그 상황에서 죽음이 두려워 회피하고 싶었지만, 아버지의 뜻을 따르고자 하는 의로운 용기가 잘 나타나고 있다. 이미 십자가에 못을 박는 당시의 처형 방식을 잘 알고 있었던 예수로서는 더욱 견디기 힘든 선택이었을 것이다. 그러나 한 사람 예수의 의로운 행동은 2000년이 지나는 오늘날에도 모범적인 행위가 되고 있다. 지금도 예수는 자신을 따르고자 하는 제자들에게 말하고 있다.

"자기 십자가를 지고 나를 좇지 않는 자도 내게 합당치 않다. 자기 목숨을 얻는 자는 잃을 것이요, 나를 위하여 자기 목숨을 잃는 자는 얻으리라(마태11:38-39)."

이 한마디 말 속에서 '예수의 의義'의 표현은 절정에 달한다. '자기 십자가'는 무엇인가? 시대마다 각자에게 주어진 사명이 있다. 그 사명을 개인의 사사로운 이욕 때문에 의를 저버리지 말고見得思義, 사회와 공동체, 나아가 세계와 인류의 평화를 위해 의로운 십자가를 져야 할 것이다. 예수가 '나를 위하여' 자기 목숨을 버릴 수 있다는 말은 또 무엇인가? 이 말에서 우리는 "나는 길이요, 진리요 생명이라요한14:6"는 예수의 말을 생각해 보게 된다. 결국 '길과 진리와 생명'을 위해 죽을 수 있다는 말이니, 가히 "아침에 도를 들으면 저녁에 죽어도 좋다^{朝聞道 夕死可矣}"는 경지일 것이다. 도^道, 즉 길은 '진리'와 통하고, '생명'과 통하는 법이다. 길은 곧 진리며 생명이기 때문이다. 그런 점에서 의의 길은 생명의 길이며, 영생의 길이기도 하다. 이제 '의의 하늘'을 바라보자. 먹구름이 지나면, 푸른 창공이 드러날 것이기 때문이다.

● 예^禮와 하나님 앞에서의 인간 – '산 제사'

공자의 예^禮는 공자사상의 핵심인 인^仁을 실천하는 모습일 뿐만 아니라, 과거의 전통과 현재의 혁신이라는 시간적인 차이에서 빚어지는 보수와 진보가 마찰하는 대표적인 사례가 되기도 한다. 예^禮를 논한 공자의 입장을 극단적으로는 보수주의적 지배 이데올로기를 제공한 원인으로 비판하기도 하지만, 당시에 공자는 혁신적 인물로 추앙받았었다. 우리는 공자가 살았던 시대적 상황을 고려했을 때, 전통에 대해 온건하면서 시대적 모순을 인과 예로 풀어보려고 한 개혁적 인물로서의 공자가 말한 예를 이해해야 한다. 공자의 예는 그의 제자들과 나눈 담화에 잘 나타나 있다. 그렇다면 공자는 예^禮에 대해 어떻게 말하고 있을까? 『논어』에 나타난 예의 담론을 살펴보면, 제사와 관련된 이야기부터 효와 형제 공경, 나라를 다스리는 위정자의 입장과 신하와 백성의 도리로서의 예 등으로 구분된다. 이를 종합하면 '약지이례^{約之以禮}'라는 표현으로 압축될 수 있다. 공자의 사상은 인^仁을 기초로 하지만 예^禮로써 요약된다는 것이다.

공자가 이상적 인간으로 내세운 군자가 도리에 어긋나지 않는 삶을 살기 위해서는 "글을 널리 배우고 예로써 단속할 것博學於文, 約之以禮. 옹야:25"을 말한다. 여기서 '예로써 단속한다'는 '약지이례'는 예로써 요약하거나 예로 집약된다는 뜻이 있다. 이를 다시 설명하면, 군자의 길은 학문과 예의로 요약된다는 것이다. 여기서의 학문은 철학적이거나 자연과학적인 의미의 학문만을 뜻하는 것이 아니라, 일반적으로 모든 배움의 수련을 의미한다. 배우고 익히는 일과 그 배움을 실천함에 있어서 예를 갖춘다면 가히 군자의 모습이라 할 수 있을 것이다. 군자의 길이 배움의 길 외에 예로써 요약되는데, 과연 그 예禮의 실상은 무엇일까? 세간에는 공자가 봉건사상의 이데올로기를 조장함으로써 지배와 피지배의 구조를 강화시켰다는 비난과 함께, '공자가 죽어야 나라가 산다'고 할 정도로 극심한 비난이 유행어처럼 떠돈 적이 있다. 아직도 그러한 편파적인 사고의 여진이 남아있는 것도 사실이지만, 공자가 살았던 당시의 시대를 먼저 이해한다면 그러한 극단적인 사고는 쉽게 교정할 수 있을 것이다.

공자가 예禮를 강조한 것은 봉건적 지배체제의 강화에 목적이 있는 것이 아니라, 오히려 군주君主에게 백성을 받들어 섬기는 예를 요구했을 정도로, 예의 상호성과 이성주의에 기초한 것이었다. 공자가 살았던 주대周代 이전에는 동물의 희생을 제의에 올리거나, 임금이 죽으면 주변사람들을 함께 매장하는 순장殉葬의 풍습이 있었다. 이런 환경에서 공자는 절대적인 권한을 지닌 군주를 향하여 백성들에 대한 예를 강조했을 뿐만 아니라, 예의 정신적 가치를 소중히 여겼다. 백성을 다스림에 있어서 예를 중시해야 한다고 한 내용을 살펴보자.

"공자가 말했다. 백성을 정치적 법제와 금령으로 인도하고 형벌로 다스리고자 하면, 백성이 그것을 면하려고만 하고 부끄러워할 줄 모른다. 그러나 덕으로써 인도하고 예로써 가지런히 하고자 하면 부끄러워할 줄 알고 또한 잘못을 바로 잡는다(子曰, 道之以政, 齊之以刑, 民免而無恥. 道之以德, 齊之以禮, 有恥且格. 위정:3)."

위의 내용에서는 덕치德治와 예치禮治의 중요성을 말하고 있다. 나라를 다스리는 데 있어서 중요한 예禮에 대해 공자는 다음과 같이 또 말하고 있다. "예와 겸양으로 나라를 다스릴 수 있다면 무슨 문제가 있겠는가? 예와 겸양으로 나라를 다스릴 수 없다면 예가 무슨 소용이 있겠는가?能以禮讓爲國乎. 何有. 不能以禮讓爲國, 如禮何. 이인:13 " 정치에도 예의가 얼마나 중요한가를 단적으로 말해주는 대목이다. 한번은 노魯나라 임금 정공定公이 공자에게 물었다. "임금이 신하를 부리고 신하가 임금을 섬기는 일은 어찌해야 합니까?" 그러자 공자는 다음과 같이 말했다. "임금은 예禮로써 신하를 대하고, 신하는 충忠, 진실한 마음으로써 임금을 섬겨야 합니다君使臣以禮, 臣事君以忠. 팔일:19 " 이처럼 임금이 신하나 백성을 대할 때 예의로써 대해야 한다는 내용은 더 이상의 논의가 필요 없다. 물론 신하나 백성이 임금을 대할 때는 진실한 마음의 충忠과 더불어 예를 갖추어야 함事君盡禮. 팔일:18도 두 말할 필요가 없다.

한편, 공자가 제사의 희생양보다 예를 더욱 소중히 한 사례는 『논어』의 여러 곳에서 찾아 볼 수 있다. 제자 자공이 매월 초하루에 지내는 곡삭제告朔祭에서 양羊을 희생으로 바치는 예를 없애려 하자, 공자는 말했다. "사賜야, 너는 그 양을 아끼고 사랑하지만 나는 그 예를 사랑한다子曰 賜也. 爾愛其羊, 我愛其禮. 팔일:17." 동물 희생 제의는 고대 사회에서 인신人身 희생 제의의 폐단 이후에 나타난 풍습이다. 그러나 제자 자공의 눈에는 희생양이 측은해 보였던 것인지, 아니면 재물의 낭비라고 생각했는지는 모르지만 어쨌든 동물 희생이 하나의 폐단으로 보였던 것이다. 물론 공자가 동물 희생의 폐단을 모를 리가 없었겠지만, 이는 인간이 지녀야 할 예의가 더 중요한 가치의 대상이었다는 것을 말하고자 한 것이다.

이제 우리는 임금과 백성들이 모두 갖추어야 할 자세로서, 또는 군자가 갖추어야 할 이상으로서의 예禮의 바탕이 무엇인지를 살펴보아야 한다. 예의 바탕이란 예의 본질을 말한다. 그것은 인仁을 바탕으로 하는 것이다. 다시 말하면, 예의 본질은 인이고 인의 형식은 예라는 것이다. 인이 본질적이고 일차적인 성질을 지닌다면, 예는 형식적이고 이차적인 성질을 지니고 있다. 그러나 인과 예는 분리되어 나타나지 않으며, 본래적인 사랑의 어진 마음이 밖으로 형식화되어 나타난다. 이렇듯 인은 내재적이고 예는 표면적이고 형식적이지만, 인과 예는 둘이 아니라 하나인 것이다. 그런데 형식성이 내재적 인의 본질을 떠나 지나치게 가식적이거나 율법화될 때, 사회적 문제와 병폐를 초래하게 된다. 예禮의 문제가 지나치게 형식화된 경우는 조선시대의 예송禮訟논쟁을 통해 잘 알 수 있으며. 특히 『허생전許生傳』에서의 양반의 허례허식虛禮虛飾은 예의 극단적 폐단을 보여주고 있다. 호사스런 장례나 혼례를 포함한 이러한 극단적인 폐단의 예들은 실제로 공자가 말하고 추구했던 예와는 거리가 멀다. 왜냐하면 모두가 인을 바탕으로 한 예가 아니기 때문이다.

  인仁과 예禮의 관계를 아주 잘 보여주는 사례가 있다. 자하가 『시경詩經』의 한 구절을 들고 공자에게 물었다. "고운 웃음 예쁜 보조개여, 아름다운 눈동자의 선명함이여, 하얀 바탕에 채색을 더하였구나! 라고 한 말은 무엇입니까?巧笑倩兮, 美目盼兮, 素以爲絢兮, 何謂也.." 이에 대해 공자는 "그림 그리는 일은 하얀 바탕이 있고 난 다음이다繪事後素. 팔일:8"라고 대답하였다. 그러자 자하가 또 다시 "예는 나중의 일이라는 것입니까?禮後乎"라고 묻는다. 이에 공자는 자하를 칭찬하고 비로소 더불어 시를 논할 수 있다고 대답했다. 이 대화는 인의 하얀 바탕이 먼저 있고 그 위에 예로써 아름답게 채색을 가한다는 인과 예의 선후 관계를 『시경詩經』의 언어를 빌어 시적으로 표현한 것이다. 인과 예의 구분이 본질과 형식의 구분이라는 점을 생각할 때, 하얀 바탕과 같은 어진 마음이 없는 예는 한낱 거짓 꾸밈에 불과할 뿐이지만, 하얀 바탕을 이루고 있는 순수한 사랑을 기초로 한 것이라면 그 예의 나타남이 얼마나 아름다울까? 그래서 공자는 인과 예의 관계를 다음과 같이 짧은 말로 요약하여 설명한다. "사람이 어질지 못하면 예를 지킨다 한들 무엇하겠으며, 사람이 어질지 못하면 음악을 해서 무엇하겠는가?人而不仁, 如禮何, 人而不仁, 如樂何. 팔일:3." 여기서 악樂은 노래와 춤 등의 온갖 즐거움을 뜻하는데, 어질지 못하고 사랑에 기초하지 못한 즐거움은 무익하다는 것이다. 사랑 없는 예와 음악의 부정적 측면을 꼬집은 것이다.

  이제 공자가 말하는 예禮의 다양한 사례를 살펴보자. 그는 임금과 신하 혹은 백성의 관계에서의 예와, 부모와 자녀 사이의 예, 상례喪禮, 제례祭禮와 같은 생활 속의 예, 검소한 예복의 예법, 향당鄕黨과 조정에서의 예 등을 상세히 말하고 있다. 『논어』에서 공자는 예의 중요성과 몇 가지 원칙을 말하고 있지만, 송나라의 주자가 가례家禮를 집대성한 것만큼 복잡하지는 않다. 이미 공자는 춘추시대의 말기를 살면서 당시에 전해져 내려오던 『시경』과 『춘추좌씨전春秋左氏傳』─혹은 『좌전左傳』이라고도 함노나라의 역사를 기록한 『춘추』를 주석한 글─에서 전개되는 시대적 풍속을 알고 있었고, 『시경』에서 강조하는 제례로서의 예법보다는 예에 대하여 새롭게 해석한 『좌전』의 내용도 익히 알고 있었다. 『좌전』에서 예는 단순한 의식儀式이라기보다는 인간 생활의 전체적인 틀을 규정하는 사회적 규범으로써 자리매김하고 있다. 『좌전』에 따르면, 효孝는 예의 시작이고문공 2년, 경敬은 예를 싣는 수레다희공 11년. 충忠과 신信은 예를 담는 그릇이 되고, 겸양謙讓은 예를 실천하는 으뜸이다소공 2년. 이로써 당시에 예는 모든 덕의 지침이 되는 역할로써 이해되고 있었다. 그러나 『좌전』은 왕도정치王道政治보다 힘으로 통치하는 패도정치覇道政治를 선호함으로써, 공자의 덕치(德治)사상에는 미치지 못하고 있다. 따라서 공자의 사상을 계승한 맹자가 왕도정치를 강조한 것은 자연스런 귀결이라 할 수 있다.

공자가 『시경』이나 『좌전』의 내용보다 더 높은 인仁의 실천적 측면으로서 제시한 예를 어떻게 설명하고 있는지, 『논어』의 본문에서 구체적으로 살펴보자. 예禮가 인仁의 실천적 차원으로 드러나는 사례에는 우선 효孝가 가장 깊은 관계에 있다. 공자의 제자인 유자有子가 다음과 같이 말했다. "군자는 근본에 힘써야 하고 근본이 서야 도道가 생겨난다. 효도와 형제 우애야말로 인仁의 근본이다君子務本, 本立而道生. 孝弟也者, 其爲仁之本與. 학이:2." 유자는 공자의 인을 효도와 형제 우애로 풀어 설명하면서 효도와 형제 우애를 인의 실천에 최우선하는 근본으로 생각했던 것이다. 공자의 가르침을 받은 유자의 생각은 공자의 의도와 크게 다르지 않은 것이며, 따라서 『논어』의 〈학이〉편에 이 내용이 편집될 수 있었을 것이다. 공자가 "젊은이들이 집에 들어가서는 부모님에게 효도하고 집을 나가서는 어른들을 공경하라弟子入則孝, 出則弟. 학이:6"고 했던 말이 이를 뒷받침한다.

부모님이 살아계실 때나, 돌아가신 후에도 예를 갖추어야 한다고 강조한다. 아버지가 살아계실 때는 그 뜻을 살피고, 돌아가셨을 때는 그 행동을 살펴서 아버지의 도를 적어도 3년은 추종해야 그것이 효라고 공자는 말했다父在, 觀其志 父沒, 觀其行 三年無改於父之道 可謂孝矣. 학이:11. 물론 3년이라는 숫자는 형식적인 숫자이지만, 적어도 그 정도는 올바른 마음가짐으로 지속하는 것이 최소한의 예라 할 수 있다는 것이다. 한번은 노나라의 대부 맹의자孟懿子가 공자에게 효에 대하여 물었을 때, 공자는 "어기지 말아야 한다無違"고 말했다. 이에 제자 번지樊遲가 그 뜻을 다시 묻자, 공자는 대답했다. "살아 계실 때, 예로써 섬기기를 다하고, 돌아가신 후에는 장례와 제사로써 예를 다하는 것이다生事之以禮, 死葬之以禮, 祭之以禮. 위정:5." 부모님에게는 살아 계실 때나 돌아가셨을 때나 늘 효로써 예를 잃지 말아야 함이 마땅하다고 역설하고 있는 것이다.

대체로 부자가 교만하지 않고 예의를 갖추기란 여간 수양이 되지 않고는 힘들 것이다. 제자 자공이 공자에게 "가난하면서도 아첨하지 않고, 부유하면서도 교만하지 않으면 사람됨이 어떠하겠습니까?貧而無諂, 富而無驕, 何如."라고 묻자, 공자는 다음과 같이 대답했다. "괜찮은 사람이다. 하지만 가난하면서도 즐거워하며, 부유해도 예를 좋아하는 자만큼은 못하다可也. 未若貧而樂, 富而好禮者也. 학이:15." 이와 같은 교훈을 듣고 자공이 『시경』의 한 구절을 들어, 돌이나 보물을 자르고 조각하는 정교한 기술로서의 '절차탁마切磋琢磨'에 예禮를 비유하자, 공자는 자공을 칭찬하며 비로소 더불어 시를 말할만하다고 했다. '절차탁마'란 얼마나 어려운 기술인가! 하나의 아름다운 옥구슬을 만들기 위해서는 큰 돌을 자르고 쪼개어 다듬고, 다시 갈고 닦는 정교하고도 예리한 기술이 필요하다. 예를 행하는 이치도 이와 같다는 것이다. 부모를 대하거나 바깥에 나가서 어른을 공경하는 행위는 인간이 지켜야 할 마땅한 도리임을 모두가 아는 듯하지만, 오늘날 예가 무너지고 있는 모습을 보면 슬프지 않을 수 없다.

그럼에도 우리가 아직 절망하지 않는 까닭은, 동아시아의 유교적인 전통 속에는 효孝사상이 아직도 자리하고 있기 때문이다. KBS 유교 제작팀이 〈유교, 아시아의 힘〉이라는 제목으로 방송한 다큐멘터리가 있다. 그 내용 가운데, 중국 흑룡강 방송국이 방영한 〈세 바퀴 자전거의 여행〉의 내용은 74살 노인이 세 바퀴 달린 자전거에 100세를 앞둔 어머니를 태우고, 중국 전역을 돌아보고자 했던 어머니의 소원을 풀어 주었다는 이야기다. 산을 넘고 물을 건너며 자전거에서 밥을 해먹고 자전거에서 지새웠던 숱한 고난의 여정 속에서도 아들은 어머니를 모시고 성공적으로 구경을 시켰다. 한국에서도 이와 비슷한 이야기가 있는데, 41세의 아들이 92세의 아버지를 지게로 업고 금강산을 여행했다는 내용이다. 15kg

의 지게에 60kg의 아버지를 업고 험한 금강산 곳곳을 누비고 다녔으니, 얼마나 어깨가 아프고 고단한 일이었을지는 짐작이 가고도 남는다. 일본에서는 모 국회의원이 치매에 걸린 노모를 7년간이나 기저귀를 직접 갈아주고 1200km나 되는 먼 거리를 매주 찾아와 어머니의 병간호를 했다는 이야기가 있다. 모두가 효심이 없이는 할 수 없는 일이다. 물론 숨어있는 효의 사례들은 얼마든지 있을 것이다. 이렇듯 효는 인간 존재의 시작이요, 희망의 출발이다. 효가 예와 밀접한 관계를 갖는 것은 인간으로서의 가장 기본적인 도리이기 때문이다. 『성서』의 십계명에서도 인간을 향한 계명으로써 첫 번째 계명이 '네 부모를 공경하라'는 것이다.

이제 효 이외에 예禮가 가지는 또 다른 기능에는 무엇이 있는지 살펴보자. 유자는 예의 기능은 조화에 있다고 말한다. "예의 기능은 조화를 귀하게 하는 데 있다禮之用, 和爲貴." 계속해서 그는 말한다. "조화를 알아 조화하기에 힘쓰지만, 예로써 절제하지 않으면 안 된다知和而和, 不以禮節之, 亦不可行也. 학이:12." 조화, 즉 평화를 위해 예禮가 필요하지만, 예가 없이는 평화도 불가능하다는 것이다. 왜냐하면 예는 형식이자 내용이기 때문이다. 공자가 말한다. "사람들이 예禮 예禮 하지만, 그것이 옥玉이나 비단만을 말하는 것이 아니고, 음악音樂 음악音樂 하지만, 그것이 종鐘과 북만을 뜻하는 것이겠는가禮云禮云, 玉帛云乎哉, 樂云樂云, 鐘鼓云乎哉. 양화:11." 옥이나 비단은 예를 행함에 있어서 소중한 도구다. 음악에서는 쇠북鍾과 북이 아주 중요한 도구이듯이. 그러나 궁중제례악宮中祭禮樂이나 기타의 예를 행함에 있어서 가장 중요한 것은 이들 도구가 아니라, 그 예의 내용이라는 것이다. 바로 그것은 공경하는 마음이다. 모든 예의 기본과 형식에는 공경함이 먼저 따라야 한다. 공경하는 마음이 있어야 서로 간에 조화가 있는 법이다. 그러나 공경하는 마음이 있어도 예가 없으면 수고로울 뿐이라고 공자는 말한다.

"공손하지만 예가 없으면 수고로울 뿐이고, 신중해하면서도 예가 없으면 두려워하게 되며, 용감하면서도 예가 없으면 혼란스러우며, 정직하지만 예가 없으면 조급해진다(恭而無禮則勞, 愼而無禮則葸, 勇而無禮則亂, 直而無禮則絞. 태백:2)."

예禮가 없으면 그만큼 수고롭고勞, 두렵고葸, 혼란스러우며亂, 조급해질絞 뿐이다. 공자는 중국 고대국가인 하夏, 은殷, 주周나라의 예법을 존중했다. 제자 자공이 향후 열 세대十世代에 걸친 예절이 어떠하겠는가를 물었을 때, 공자는 다음과 같이 말했다. "은나라가 하나라의 예절을 이어받았으니 거기에서 더하거나 뺀 것을 알 수 있고, 주나라는 은나라의 예절을 이어받았으니 거기에서 더하거나 뺀 것을 알 수 있다. 혹 누군가 주나라를 계승하는 자가 있다면 비록 백 세대 이후의 일이라도 알 수 있을 것이다殷因於夏禮, 所損益 可知也. 周因於殷禮, 所損益 可知也. 其或繼周者, 雖百世 可知也. 위정:23." 하나라와 은나라의 예절과 법도는 문헌에도 나와 있고 어진 사람들의 행적을 통해서도 알 수 있었지만, 하나라의 자손인 기杞나라나, 은나라의 자손인 송宋, 후대의 송과는 다름나라는 예절이 기록된 문헌도 없고 어진 사람들의 기록도 없었기 때문에, 이 두 나라에 대해서는 공자도 예가 없음을 안타깝게 생각했다夏禮吾能言之, 杞不足徵也. 殷禮吾能言之, 宋不足徵也. 文獻不足故也, 足則吾能徵之矣. 팔일:9. 참으로 공자가 살던 시대는 주나라의 예절이 무너지고 춘추전국 시대가 도래한 만큼, 정치적 혼란이 극에 달했던 것이다. 그래서 공자는 주유열국周遊列國하면서 예를 일으켜 예치禮治와 덕치德治를 그토록 실현하고자 했던 것이다.

공자 당시에 예법이 무너진 대표적인 사례를 하나 들면, 『논어』〈팔일八佾〉편에서 찾아볼 수 있다. 노나라의 대부 계씨는 그의 막강한 세력을 자랑이라도 하듯이, 제삿날에 춤을 추는 문묘일무文廟佾舞 가운데 천자天子, 즉 왕에게 제사 지낼 때 추는 팔일무八佾舞를 자신의 집안에서 춤추도록 하였다. 당시의 풍속으로는 왕은 팔일무8명씩 8짝으로 64명, 제후는 육일무六佾舞, 6명씩 6짝으로 36명, 대부는 사일무四佾舞, 4명씩 4짝으로 16명를 각각 추도록 되어 있었다. 이를 어기고 대부 계씨는 왕에게 제사하게 하는 춤을 추게 하였으니, 그 예가 얼마나 땅에 떨어진 것인가를 공자는 한탄했던 것이다. 그래서 공자는 이같이 말한다. "뜰에서 왕처럼 팔일무를 추게 하다니, 이것을 인정한다면 세상에 못할 짓이 무엇이 있겠는가八佾舞於庭, 是可忍也, 孰不可忍也. 팔일:1." 이로써 공자는 그나마 주나라의 전통을 이어받았다고 믿었던 노나라마저 예가 무너지고 타락한 것을 보고 상심하여 여러 나라를 전전하면서 예의 회복을 위해 남은 생을 바치고자 했다.

예가 무너진 경우는 노나라 대부 계씨뿐이 아니라, 제나라의 대부 관중管仲도 마찬가지였다. 관중은 제나라 환공을 도와 여러 제후의 으뜸이 되게 했는데, 성현의 도를 알지 못했기에 임금을 왕도에 이르지 못하게 하였고, 검소하지도 못하였을 뿐 아니라, 병풍으로 문을 가리는 등의 임금이 행하는 예식禮式을 자기가 함부로 행했으니 무례하기는 마찬가지였다. 이를 두고 공자는 말했다.

"관중은 그릇이 작다管仲之器小哉."고 하면서, "관중이 예를 안다면 누가 예를 모른다고 하겠는가?管氏而知禮, 孰不知禮. 팔일:22." 이처럼 모든 나라가 대부로부터 시작하여 제후나 관료들이 한결같이 무례한 행위를 일삼고 있었다. 예가 무너진 것도 그렇지만, 예를 행하는 자들의 자세 또한 문제가 많았다. 한번은 제자 임방林放이 예의 근본이 무엇이냐고 물었을 때, 공자는 그 질문을 칭찬하고 대답했다. "예는 사치奢侈하기보다는 차라리 검소한 것이 낫고, 상례喪禮에서는 형식적인 차림보다는 차라리 슬퍼하는 것이 낫다禮, 與其奢也, 寧儉. 喪, 與其易也, 寧戚. 팔일:4." 형식보다는 예의 내용이 중요하다는 것이다. 그 내용은 바로 공경심이다. 예에 공경심이 빠지면 사람으로서의 도리가 아니다. 공경심은 아랫사람이 윗사람에게만 공경하라는 것이 아니다. 오히려 윗사람이 아랫사람을 너그럽게 생각하는 예를 갖추어야 한다. 이른바 상호공경이다. 공자는 말한다. "윗자리에 있으면서 관용을 베풀지 못하고, 예를 행함에 있어서 공경하지 않고, 상을 당하여서 슬퍼하지 않으면 내가 무엇으로 그 사람을 인정해 주겠는가?居上不寬, 爲禮不敬, 臨喪不哀, 吾何以觀之哉. 팔일:26." 예를 행함에 있어서 공경스러움이 결여된다면 그 사람을 인정할 수 없다는 이야기다.

　공자는 『논어』에서 무려 75회나 언급할 정도로 평소에 늘 예에 대해 말하기를 주저하지 않았고, 『시경』, 『서경』우(虞), 하(夏), 상(商), 주(周) 4대의 역사와 사상을 기록한 오경 중의 하나과 함께 예禮의 실천을 강조했다子所雅言 詩書執禮. 술이:17. 특히 순수한 감성의 발로인 "시를 통해서 감흥을 일으키고, 예를 기초로 하여 일어서며, 음악혹은 즐거움에서 인생을 완성한다興於詩, 立於禮, 成於樂. 태백:8"고 공자는 말한다. 시란 무엇인가?

모든 학문적 감흥의 기초가 아닌가? 그런데 그 학문을 학문되게 하는 것은 예로써 서야 가능하다. 이 예가 선 연후에는 소리의 장단과 고저에 따르는 음악이 그러하듯이 조화롭고 즐거운 인생살이가 완성될 수 있다는 것이다.

또한 예절도 시대에 따라 변할 수 있음을 공자 자신도 인정하고 있었다. "삼베로 만든 관이 예법에 맞는 것이지만, 지금은 명주로 만든 것을 사용한다. 그것이 검소하기 때문이다^{麻冕, 禮也, 今也純, 儉, 吾從衆.}." 삼베보다 명주로 만들기가 쉽기 때문에 검소하다고 하면서 전통적인 예법을 따르지 않고 대중적인 예법을 따른다는 것이다. 그 기준은 검소함에 있었다. 그리고 임금에게 절을 하는 경우에는 교만하게 임금이 계신 마루에서 절하지 않고, 자신은 마루 아래에서 절하겠다고 말한다^{자한:3}. 이렇듯 공자는 예절이 시대에 따라 바뀌는 것을 부인하지 않았으나 그 기준이 어디에 있는 것인가를 물었으며, 공경심이나 검소함이 기준이 되어야 함을 강조했던 것이다. 공자의 공경심과 예절은 언어에서도 분명했다. "그는 향당^{鄕黨}과 같이 부형이나 종족이 모인 곳에서는 말을 못하는 사람처럼 두려워하듯 말을 잘 하지 않았고, 종묘와 조정에서는 말을 분명하게 하되 신중히 했다^{孔子於鄕黨, 恂恂如也, 似不能言者, 其在宗廟朝廷, 便便言, 唯謹爾. 향당:1.}" 어른들 앞에서와 조정에서의 태도가 분명했던 것이다. 이 밖에도 공자는 복장에 관련된 예복이나, 제사, 음주의 태도, 잠자리, 상례, 임금과의 조우, 마을 사람들과의 관계, 수레를 탈 때 등에 관하여 〈향당〉편에서 자세히 언급하고 있는데, 모두가 한결같이 공경과 검소함을 기초로 하는 것들이었다. 공자는 "예와 음악에 있어서 옛 선진들이 즐겨하던 것처럼, 그리고 야인처럼 질박한 것을 원했다先進於禮樂, 野人也. 後進於禮樂, 君子也. 如用之則吾從先進. 선진:1." 군자 같은 우아한 형식미보다는 예와 악에 관한 한, 야인처럼 질박한 검소함을 택하겠다는 공자의 의지를 볼 수 있다.

"자기의 사사로운 이기심을 극복하고 예로 돌아가는 것이 인克己復禮爲仁"이라고 했던 공자가 인의 구체적인 실천 방법을 묻는 제자 안연에게 다음과 같이 말했던 것을 기억할 것이다. "예가 아니면 보지도 말고, 예가 아니면 듣지도 말고, 예가 아니면 말하지도 말고, 예가 아니면 행동하지 말라非禮勿視, 非禮勿聽, 非禮勿言, 非禮勿動. 안연:1." 인간의 생각을 포함한 일체 모든 감각적 행위 자체가 예에서 조금도 벗어나지 말아야 할 것을 경고한 것이며, 인간의 매사가 모두 예를 떠나서는 행위가 불가능함을 말하고 있는데, 마치 불교에서 세 가지 독毒이 되기 쉬운 신身, 구口, 의意의 행위를 조심하라는 것과도 같다. 이렇듯 일체 모든 인간관계의 처음과 끝이 예에서 시작되고 예에서 마쳐야 한다는 것이다. 이상에서 우리는 공자가 『논어』에서 말하고자 한 예에 관한 총체적인 대의를 살펴보았다. 이를 예수의 경우와 비교하여 살펴보도록 하자.

예수에게서 예禮는 무엇일까? 예수의 예는 일차적으로 '하나님 공경'이다. 그것이 다시 이웃 공경으로 나타난다. 예수가 가장 중시했던 사상은 '하나님을 사랑하고 네 이웃을 네 몸 같이 사랑하라누가10:27'는 것이었듯이, 예수의 자비의 행위는 하나님 사랑과 이웃 사랑에 초점이 맞춰진다. 공자가 인에 근거하여 예를 실천하듯이, 예수는 아가페-사랑에 근거하여 하나님 사랑과 이웃 사랑, 또는 이웃 섬김이라는 예를 실천한다. 물론 이웃 사랑 이전에 십계명에 기록된 것과 같이 "네 부모를 공경하라"고 한 것을 함께 강조한다. 그러나 예수에게서 부모에 대한 개념은 당시의 전통적인 상식을 뒤엎는, 가히 혁명적이라 할 만큼 개념적 발상을 전환시키고 있다. "내 아버지의 뜻대로 하는 자가 내 부모요 형제라"는 것이다. 그렇다면 '아버지의 뜻'이란 무엇일까? 사도 바울은 그것을 '하나님이 기뻐하시는 일'이라고 했다. "너희 몸을 하나님이 기뻐하시는 거룩한 산 제사로 드리라. 이는 너희가 드릴 영적 예배다로마서 12:1." 바울의 표현을 따라, '산 제사'라는 말에 우리가 주목할 필요가 있다.

바울은 그리스도인의 행동강령을 '산 제사'라는 말로 요약한다. 마치 공자가 군자의 도리를 '약지이례約之以禮라는 말로 요약했듯이 말이다. 예수 이전의 구약성서 시대에는 하나님에게 양을 포함한 온갖 동물을 속죄의 제물로 바쳤다. 그러나 예수가 십자가에 달려 죽음으로써 성소에서 휘장이 찢어졌다는 표현과 함께 동물 희생 제의는 그 의미를 상실하고, 예수 자신이 하나의 속죄양이 됨으로써히브리서9:26, 하나님께 드리는 동물 제사는 중단되었다는 것이 성서적, 혹은 신학적 해석이다. 바울에게서 '산 제사'는 악한 세대를 본받지 않고 오직 마음을 새롭게 함으로써 변화를 받아, '하나님의 선하시고 온전하신 뜻'이 무엇인지를 분별하는 일로마서12:2이다. 그 분별력의 기초가 되는 것으로 '마땅히 생각할 그 이상을 욕심내지 않는 절제節制'와 '하나님이 주신 믿음의 분량을 헤아리는 절도節度'가 필요했다. 이를 다시 말하면 생각에서의 절제와 믿음의 절도다. 이것이 그리스도인의 예절이라는 것이다.

사람들은 모두가 생활 속에서의 직분이 다르고, 공동체 내에서의 다양한 직책이 있다. 바울의 표현대로, "우리가 한 몸에 많은 지체를 가졌으나, 모든 지체가 같은 직분을 가진 것이 아니다. 많은 사람이 그리스도 안에서 한 몸이 되어 서로 지체가 되었다로마서 12:5." 공자가 예禮의 실천을 통하여 저마다 맡은 직분 속에서 평화롭고 조화로운 공동체를 꿈꾸었듯이, 바울도 그리스도 안에서 모든 사람이 조화로운 공동체가 되기를 바랐다. 그 공동체의 실현은 받은바 은사恩賜에 따라 섬기는 봉사의 일이나, 가르치는 일, 권면하는 일, 구제하는 일, 다스리는 일, 자선을 베푸는 일 등을 절도 있게 성실히 실천함으로써 가능하다고 말한다로마서12:8. 이러한 그리스도인의 생활규범은 공자가 "집에 들어가면 효도하고 집을 나서면 어른을 공경하라"고 했던 것처럼, 형제 사랑에 기초한 것이어야 하고 서로 우애하고 존경하기를 서로 먼저 해야 한다는 것이다로마서12:10.

예는 나를 낮추고 나보다 남을 낮게 여기는 데서 출발한다. 바로 이러한 공경심에서 이웃을 내 몸 같이 사랑하는 일이 가능하다. 유교에는 삼강오륜과 같은 윤리적 예절규범이 있듯이, 그리스도인의 생활 규범으로서는 대표적으로 '십계명'이 있다. 이러한 십계명을 종합하면 예수가 말한 것처럼 '하나님 사랑과 이웃 사랑'이며, 바울의 말처럼 "그 외에 다른 계명이 있을지라도 '네 이웃을 네 자신과 같이 사랑하라'고 하신 말씀 가운데 다 들어 있다로마서 13:9." 그 이유에 대해서 바울은 다음과 같이 말한다. "사랑은 이웃에게 악을 행하지 않는다. 그러므로 사랑은 율법의 완성이다로마서 13:10." '사랑은 율법의 완성이다'라고 하는 이 짧은 표현 속에서 바울은 예수의 사랑의 사상을 한마디로 집약한다. 모든 구약의 율법을 완성한 행위자로서의 예수에게 그 길이 가능했던 것은 사랑의 수행자였기 때문이다. 공자가 『시경』과 『서경』에 통달하고 그것이 요구하는 예의 실천을 강조했지만, 엄격한 제식주의적인 예식보다 예의 의미를 더욱 중요시하여 인仁에 기초한 예禮를 새롭게 부각시켰던 것처럼, 예수도 구약성서 시대의 히브리 시와 전통의 풍속도가 고스란히 배어있는 '시편'에 통달하여 자신의 고유한 육성으로 하나님 앞에서의 삶의 자세를 사랑에 근거하여 새롭게 고취시켜 나갔던 것이다. "너희가 비판정죄의 의미하는 그 비판으로 너희가 비판을 받을 것이요, 너희가 헤아리는 그 헤아림으로 너희가 헤아림을 받을 것이다마태7:2."

바울이 역설적으로 말했던 '산 제사'와 같은 희생적 삶을 사는 그리스도인의 자세는 무엇인가? 다시 말해서 예수가 말하는 그리스도인의 예절 생활은 과연 무엇일까? 하나님 앞에서와 인간 앞에서 그리스도인이 취해야 할 자세는 산상수훈마태5-7과 팔복八福)설교에 잘 나타나고 있다. 팔복을 요약하면, 마음이 가난하고 청결하여 겸손하고 온유한 자로서 의義를 실천하는 자다마태5:1-12. 다시 말하면 그리스도인의 예절의 출발은 마음이 가난한 자, 곧 마음의 욕심을 비우고 사는 청결한 자라는 뜻이다. 마음이 청결한 자만이 하나님을 보고 이웃을 바로 볼 수 있는 면목이 있게 된다. 예수는 구약의 율법을 결코 무시하지 않았다. 오히려 그 "율법이나 선지자를 폐하러 온 것이 아니라, 완전케 하려고 왔다마태5:17"고 말한다. 공자도 하, 은, 주나라로 이어지는 선진 시대의 예법을 결코 무시하지 않았고, 다만 시대와 풍속에 걸맞게 인仁과 검소함으로 보충하고 수정해 갔다.

예수의 예절 교육은 형제 화목에도 있었다. 예물을 제단에 드리는 문제를 놓고 형제간에 불화하면 옳지 못하니 먼저 화해한 이후에 예물을 바치라고 말한다^{마태5:23-24}. 그러나 동시에 예수는 "내가 너희에게 화평을 주려고 온 것이 아니라, 검을 주려고 왔다^{마태10:34}"고 말함으로써 전투적인 긴장감을 갖게 하는 말을 한다. 그러나 그것은 영적 각성을 위한 '화두'로 이해함이 옳을 것이다. 겉으로만 화목한 척하며 사는 거짓 평화보다는, 오히려 검으로 찌르는듯한 비수 같은 아픔과 각성을 통하여 본래의 자리로 돌아가게 함이 예수의 목적이었다. 이 말은 이어지는 본문에서 구체화된다.

> "내가 온 것은 사람이 그 아비와, 딸이 그 어미와, 며느리가 시어머니와 불화하게 하려 함이라. 사람의 원수가 자기 집안 식구리라. 아비나 어미를 나보다 더 사랑하는 자는 내게 합당치 아니하고 아들이나 딸을 나보다 더 사랑하는 자도 내게 합당치 아니하고 또 자기 십자가를 지고 나를 좇지 않는 자도 내게 합당치 아니하다. 자기 목숨을 얻는 자는 잃을 것이요, 나를 위하여 자기 목숨을 잃는 자는 얻을 것이다(마태10:35-39)."

화평을 전하는 예수가 불화를 조장한다는 것은 역설이 아닐 수 없다. 그러나 무엇을 위한 불화일까? '나를 위한', 즉 진리를 위한 일시적 불화의 조장이다. 독감을 예방하기 위한 예방접종을 하듯이, 진리를 위한 일침의 검을 맞을 뿐이다. 아버지의 죽음을 맞이한 아들에게 있어서의 '장례' 문제도 같은 맥락에서 이해할 수 있다. 예수는 아버지의 장례를 치른 뒤에 예수를 따르고자 한 제자를 향하여, "죽은 자들로 하여금 장사 지내게 하고 너는 나를 따르라^{마태8:21-22}"고 선언한다. 공자의 경우에 비춰보면 천하에 불효막심한 일이다. 공자의 경우는 아버지께서 돌아가시면 3년 동안 아버지의 유훈을 기리며, 그 뜻을 좇아 행해야 한다. 그러나 예수의 경우는 당장 그 자리에서 장례 문제를 타인에게 맡기고 예수를 오직 따르기만을 강조한다. 예수가 과연 불효를 몰랐을까? 사랑을 그토록 강조한 예수가 제자의 육친인 아버지의 죽음을 외면할 정도로 비정하고 무례한 자였을까? 그러나 전체적인 문맥을 보면 예수의 사상과 정신을 이해할 수 있게 된다. "내가 세상에 화평을 주러 온 것이 아니라, 불을 지르러 왔다"는 표현도 같은 맥락이다. 이 모두가 보다 더 크고 근원적인 문제에 집중하게 하는 선문답 같은 '화두'로 이해해야 한다.

더 크고 근원적인 문제란 무엇일까? 그것은 '진리' 곧 '아가페-사랑'의 실천이다. 예수를 따르고자 하는 자는 적어도 사사로움에 얽매어서는 안 되며, 경우에 따라서는 사랑의 실천을 위해서 집과 부모와 아내와 자식까지 떠날 각오가 되어있어야 한다. 더 큰 대의大意, 즉 크고도 긴박한 전 지구적, 혹은 우주적 요청의 부르심에 응할 자세가 되어 있어야 한다는 것이다. 그것이 신神의 부르심이고, 천명天命이다. 누군들 아버지의 장례를 외면할 자식이 있을까? 그러나 그것보다 더 큰 대의라면, 한 번 더 생각해 보아야 한다. 잠시 생각을 바꾸어 보자. 이미 전쟁이 일어난 위급한 나라의 부름을 받은 군인이 전쟁터에 나간다고 할 때, 아버지의 장례 때문에 전쟁터에 나가는 것이 지연될 수 있을까? 이처럼 예수의 부름도 전쟁터에 나가는 군인과 같은 상황이다. 예수를 추종하고자 하는 자들은 당시에 아가페-사랑으로 세상을 정의와 평화의 무대로 변화시키고자 하는 혁명적 전사에 다름없는 위급한 상황인식이 있었던 것도 사실이다. 임박한 하나님 나라의 도래에 대한 종말론적인 인식이 그것이다.

예수는 헛된 맹세를 하지 말 것이며, 언어의 사용에도 신중할 것을 요청한다. "도무지 맹세하지 말라. 하늘로도 말라. 이는 하나님의 보좌다. 땅으로도 말라. 이는 하나님의 발등상이다. 예루살렘으로도 말라. 이는 큰 임금의 성이다. 네 머리로도 말라. 이는 네가 한 터럭도 희고 검게 할 수 없기 때문이다. 오직 너희 말은 옳다, 옳다, 아니다, 아니다 하라. 이것에서 지나치는 것은 악으로 좇아 나는 것이다^{마태5:34-37}." 언어의 예절을 이보다 분명하게 가르치고 있는 경우는 드물 것이다. 공자가 "예가 아니면 말하지 말라 非禮勿言"고 했던 것을 생각나게 하는 대목이다. 공자가 제사의 예절을 강조했듯이, 예수는 '산 제사'의 일환으로 기도의 자세를 강조했다. 바로 그 기도는 '골방의 기도'였다. 공자 이전과 그 시대의 대부분의 제사는 신에게 복을 비는 제의였다. 그렇기 때문에 엄격하고도 엄숙한 절차에 따라 순조롭게 진행되어야 했다. 그렇다면 예수의 제사란 무엇인가? 그것은 신에게 신의 뜻을 묻고 응답하는 기도다. 그러므로 기도에도 일정한 예절과 방식이 필요했다. 그것은 남들이 거리에서 볼 수 있도록 자랑스럽게 떠들어대는 기도가 아니라, 골방에 들어가서 "은밀한 중에 보시는 아버지께 기도하라. 그러면 은밀히 보시는 아버지께서 갚으시리라^{마태6:6}"는 것이다.

'산 제사'란 죽은 정신이 아니라 '산 정신으로 드리는 마음과 몸의 제사'라는 의미다. 일체의 모든 선한 생각과 행위로 생활 속에서 하나님께 올바른 제사를 드린다는 뜻이다. 그러므로 '산 제사'는 우리의 감각기관 전체를 통한 살아있는 제사 행위다. 그 구체적인 실천이 바로 사랑을 바탕으로 한 절도있는 규범으로서의 예절로 나타나는 것이다. 아름다운 그리스도인으로서의 예절을 키우고 가꾸기 위해, 산상수훈에 나타난 예수의 가르침을 보다 깊게 성찰할 필요가 있다. 금식을 행하는 규정도 "외식外飾하는 자들처럼 슬픈 기색을 보여서도 안 된다. 사람에게 보이려고 일부러 얼굴을 흉하게 하지 말라. 오히려 금식할 때에 머리에 기름을 바르고 얼굴을 씻으라. 오직 은밀한 중에 보시는 네 아버지께서 갚으실 것이다마태6:16-18." 성서 시대에 금식과 같은 규정은 의무 조항이었다. 율법적 의무를 수행하면서 이를 자랑하듯 해서는 안 된다는 것이다. 공자도 상례나 혼례, 제례 등을 치를 때의 외식적 행위를 비판했다. 모든 기도와 제의의 기본은 '아버지의 뜻', 곧 '신의神意'에 충실한 것인가 아닌가를 묻는 것이어야 한다. 왜냐하면 그것은 내면의 은밀하고 세미한 음성으로 들려오는 것이지, 겉으로 드러나는 치장에서 나오는 것이 결코 아니기 때문이다.

공자나 예수 모두 예절을 바르게 하여야 한다는 점에 대해서는 한결같았다. 그러나 누구에 대해 어떤 예절을 바르게 해야 할 것인가 하는 점에서는 시대적 상황과 처지에 따라 다를 수밖에 없었다. 그러나 이들은 모두 '하늘'에 대한 공경과 경외심으로 가득하여 '하늘의 뜻'을 따라 부모와 형제 사랑은 물론이고, 인간을 사랑하고 존중하는 예를 강조한 것은 동일하다. 특히, 제사의 행위에 있어서 공자는 그 절차의 외면적 장엄함보다는 질박하고 검소함을 중시하고 내용면에서는 공경심이 중요하다고 한 것은, 마치 예수가 제사보다는 긍휼을 중요시했던 점과 본질적인 면에서 상통한다. 예수는 말한다. "너희는 가서 내가 긍휼을 원하고 제사를 원치 아니하노라고 한 뜻이 무엇인지 배우라[마태9:13]." 예수는 제사의 행위 그 자체보다는 인간 사랑이 우선이었다. 안식일에 배가 고파서 밀밭 사이에서 제자들이 이삭을 잘라 먹을 때, 이를 비난하는 바리새인들을 보고 예수는 이들에게 이르기를, "나는 자비를 원하고 제사를 원치 않는다"고 말하면서, "무죄한 자를 정죄하지 말라"고 한다[마태12:7]. 예수나 공자가 근본적으로 원했던 것은 제사 행위 그 자체보다 사랑의 정신에 입각한 올바른 예절 행위였다. 그래서 공자는 "어질지仁 못하다면 예禮는 해서 무엇 하겠느냐?[人而不仁 如禮何. 팔일:3]"라고 반문한 것이다. 사랑에 입각한 예절, 그것은 '하늘'에 대해서든 사람에 대해서든 마찬가지였다.

이를 보면서 우리는 니체[Niefzsche Fridrich]가 "신은 죽었다"라고 외치면서 그리스도교의 폐단을 비판했던 점을 떠올리게 된다. 마치 조선시대 여성억압의 유교적 폐단이었던 '삼종지도三從之道 : 결혼 전에는 아버지의 말씀을 따르고, 결혼해서는 남편의 말을 따라야 하며, 남편이 죽은 뒤에는 아들의 말을 따라야만 한다'와 같이, 니체는 그리스도교 전통의 폐단들이었던 마녀사냥 형식의 인권유린 행위를 비난했던 것이다. 유교나 그리스도교뿐만 아니라, 모든 종교가 억압의 이데올로기로 작용한다면 그것은 분명 제거되어야 할 그 무엇이다. 그런 점에서 니체가 주장한 것처럼 '시대에 내재하는 불만'을 갈파하는 '반反시대적 성찰'이 필요하다. 그럼에도 유교나 그리스도교의 원시적 출발은 언제나 공자나 예수의 육성肉聲에 기초하여 분석해야 하는 것인 만큼, 그들의 '사랑에 기초한' 예의 절도는 우리가 귀담아 들어야 할 소중한 정신적 유산인 것이다. 자기를 극복하고 예로 돌아가자는 공자의 외침이나, 나를 위하여 자기 목숨을 잃는 자는 얻으리라는 예수의 목소리는 그래서 하나로 들린다. 그것이 '하늘'과 '땅'과 '사람'에 드리는 '산 제사'일 것이기 때문이다.

● 지知와 '진리眞理를 알지니'

공자에게서 지知, 곧 앎은 무엇일까? 그에게서 지는 크게 '생이지지生而知之'와 '학이지지學而知之'로 구분된다계씨:9. '생이지지'란 태어날 때부터 알 수 있는 능력을 말하고, '학이지지'란 글자 그대로 배워서 아는 지식을 말한다. 이렇게 태어나면서부터 알 수 있는 능력은 서양 철학자 칸트Immanuel Kant가 말하는 인간에게 선천적으로 주어진 선험적 인식 능력이라고 할 수 있다. 그렇다면 학습을 통해서 얻어지는 지식인 학이지지를 칸트의 인식론을 통해 설명하면, 감각感覺기능과 오성悟性의 작용을 통해 얻어지는 이성理性적 인식이라고 할 수 있을 것이다. 공자에게서 학이지지는 단순한 이성적 정보에 국한되는 지식이 아니라 삶을 위한 철학적 인식이라는 점에서 도덕적 지식이며, 수양의 학문으로서의 독특한 특성을 지닌다. 이것은 칸트의 『실천이성비판』에서 논의되는 것처럼, 자유와 행복 등을 다루는 도덕철학으로서의 실천적 지식에 속하는 것이다. 그런 점에서 공자의 지식은 어진 삶을 위한 지혜와 지식이며, 인격 수양을 위한 학문적 깨침의 성격을 지니고 있을 뿐만 아니라, 도道를 이루기 위한 내면의 겸허한 성찰이기도 하다.

동서고금을 막론하고 지知는 무지無知를 극복하기 위한 전제이자 관문이다. 그리고 지知는 깨달음의 과정이기에 지혜와 상통한다. 이러한 실천적 지식으로서의 지혜는 때와 시대의 구분 없이, 그 시대와 인간의 폐쇄성을 극복하고 생성적인 미래를 열어가는 원동력이 되어왔다. 그러므로 참된 지식으로서의 지는 단순히 계몽적 성격을 넘어서 해방과 실천의 성격을 가지고 있으며, 그것이 종교성과 결부될 때는 구원론적 지식, 또는 지혜로서의 깨달음으로 작용하는 것이다. 지知의 출발이 인식認識의 영역에서 비롯되기는 하지만, 모든 인간 행위의 도덕적, 실천적 해방을 위한 학문으로써 기능할 때, 지는 인간 해방의 소중한 수단이 되는 것이다. 그렇다면 공자가 『논어』에서 말하는 이상적인 인간상의 실현을 위해 반드시 요구되는 지와 학문은 과연 무엇일까? 공자가 말하는 지로서의 학문, 곧 '배움'은 지혜와 별개로 생각할 수 없기 때문에, 가급적 『논어』에서 말하는 지와 학문을 총괄적으로 언급하려고 한다.

공자는 그의 제자들과의 대화를 통해, 상황에 따라 다양하게 지 또는 학문을 언급하고 있다. 우선 지의 정치 철학적인 의미부터 살펴보자. 한번은 제자 번지가 '앎知'에 대해 묻자, 공자는 다음과 같이 대답한다. "사람이 지켜야 할 의로움을 위해 힘쓰고, 귀신에 대해서는 공경하면서도 멀리하면 지혜롭다 할 것이다務民之義, 敬鬼神而遠之, 可謂知矣. 옹야:20." 여기서 사람이라는 의미의 '민民'을 '백성'으로 해석하면, 백성의 정의를 위해 힘쓰는 것이 지혜知慧라는 뜻이 되며, 이때의 지는 다분히 정치 철학적인 의미를 지니게 된다. 이는 공자와 제자 번지의 다른 대화에서 더욱 분명해진다. 공자가 "지는 사람을 아는 것知人이다"라고 하자, 번지가 선뜻 이 말을 알아듣지 못하고 다시 되물었다. 이에 공자는 다음과 같이 말한다.

"바른 사람을 등용하여 잘못된 사람 위에 두면, 잘못된 사람을 바르게 할 수 있는 것이다擧直錯諸枉, 能使枉者直. 안연:22." 여기서 안다는 의미의 '지'는 정치적 인물의 등용과 관계된다. 그것은 인간의 바른 삶을 제도화하기 위해, 바른 인간을 정치적 위치에 등용하는 식별 능력의 의미로 쓰였다. 이처럼 사람을 알아보는 것도 '지知'이지만, 더 나아가 사람뿐 아니라 사물을 분명하게 식별할 수 있는 능력으로서의 현명함에 대해서도 공자는 말하고 있다. "서서히 녹아들게 하는 교묘한 참소와 피부에 와 닿는 듯한 간절한 하소연에도 잘못 넘어가지 않는 것이 현명한 것이다浸潤之譖, 膚受之愬, 不行焉, 可謂明也已矣. 안연:6."

무엇보다도 공자가 말하는 지知의 기능에는 미혹에서 벗어나기 위한 실용적인 교훈이 담겨있다. 그것은 "지자불혹知者不惑. 자한:28"이라는 공자의 표현에 잘 나타나 있다. 그렇다면 무엇을 일러 미혹됨이라 할까? 이것은 여러 가지로 예측할 수 있는데, 자장이 공자에게 미혹을 분별하는 일에 관하여 물었을 때, 공자는 이렇게 대답한다. "사랑할 때는 살기를 바라다가, 미워할 때는 죽기를 바라는 마음이 미혹이다愛之欲其生, 惡之欲其死, 旣欲其生, 又欲其死, 是惑也. 안연:10." 미혹의 마음은 사랑과 증오의 감정 사이에 놓여있으며, 인仁의 감정을 떠날 때 우리는 미혹에 빠지게 된다. 또한 이러한 미혹에서 벗어난다는 것은 분노를 극복하는 것이기도 하다. 이번에는 번지가 분노를 극복하는 방법에 대해 공자에게 물었다. 이에 대해 공자는 "하루아침의 분노로 자기 자신을 잃고 그 화가 부모에게까지 미치게 하는 것이 미혹이 아닌가?一朝之忿, 忘其身, 以及其親, 非惑與. 안연:21"라고 말했다. 결국 지혜로운 자는 증오와 분노의 감정과 같은 일체의 미혹에서 벗어나야 올바른 판단을 할 수 있다는 것이다.

특히, 지도자가 점을 치는 행위에 대해서도 공자는 어리석다고 비판한다. 노나라의 대부 장문중臧文仲이라는 사람이 거북점을 치는 행위를 두고 공자는 "어떻게 그가 지혜롭다고 하겠는가?何如其知也. 공야:17"라고 반문한다. 지도자는 많은 사람들의 안위에 영향력을 행사하는 자이므로 생각하는 일 하나하나에 신중을 기하지 않으면 안 된다. 그래서 공자는 말했다. "군자는 도리에 어긋난 생각을 하지 않는다君子, 思不出其位. 헌문:28." 이 말은 군자가 생각할 때는 자기 자신의 위치를 알고 그 범위를 벗어나지 않는다는 말이다. 과연 지도자가 정치를 행함에 있어서 자신의 직무를 올바로 파악한다는 것은 대단히 중요하다. 치우침이 없어야 하고, 사리사욕에 얽매어서도 안 된다. 그리고 무엇보다 모든 일을 처리함에 있어서 때를 놓치지 않는 지혜가 중요하다고 공자는 말한다. 한번은 노나라에서 패권을 장악하고 있는 계씨季氏의 가신家臣으로서 노나라 국정을 좌지우지했던 양화陽貨가 공자를 만나, "정치에 종사하기를 좋아하면서, 자주 때를 놓친다면 지혜롭다고 할 수 있겠습니까?好從事而亟失時, 可謂知乎"라고 묻는다. 이에 대해 공자는 "지혜롭다고 할 수 없지요不可"라고 대답한 후에, 공자 자신도 "장차 벼슬을 하겠다吾將仕矣. 양화:1"고 말한다. 때에 걸 맞는 행위를 한다는 의미의 '시중時中' 사상이 유가儒家 전통의 핵심 가운데 하나이고 보면, 공자의 지혜사상에서도 때에 적합한 행위와 지위에 걸 맞는 행동 모두가 지知를 이루는 근간이라고 볼 수 있다.

공자의 지혜는 학문배움과 밀접한 관계가 있으므로 널리 열심히 배운 자와 그렇지 못한 자 사이에는 구별이 있게 된다. 물론 지혜는 반드시 많은 것을 배우고 익혀야만 얻어지는 것은 아니다. '생이지지'와 같이 타고난 지혜가 있기도 하다. 또한 수준 높은 학문을 배워야만 지혜롭다고 할 수 있는 것도 아니다. 안회와 같이 "하나를 배우면 열을 아는^{聞一以知十. 공야장:8}" 지혜로운 자가 있는 것처럼, 생활 속에서 얼마든지 지혜를 터득하는 경우도 있다. 지혜는 널리 배울수록 더 깊고 넓어지게 마련이다. 공자에 따르면, 그 지혜나 지식에도 높은 지식과 지혜로서의 '상지^{上智}'가 있고, 낮은 어리석음^{下愚}이 있다. 그래서 "가장 높은 지혜를 지닌 사람과 가장 어리석은 사람은 변하지 않는다^{唯上知與下愚不移. 양화:3}"고 할 정도로 지혜자와 우매자의 구별은 극단적이다. 가장 지혜로운 자는 그 지혜로움에 의해 흔들림이 없는 데 비해, 가장 어리석은 자는 그 교화되지 못함에 있어서 소통이 불가능할 정도로 끄떡없이 변하지 않는다는 것이다. 다시 말하면 고집불통에 꽉 막혀 있다는 이야기다. 지혜자와 우매자의 구별은 동서를 막론하고 모든 고전에 등장한다. 『성서』의 잠언^{箴言}과 같은 지혜서^{智慧書}에는 지혜자와 우매자의 차이에 대한 비유가 가득하다.

이상에서 살펴본 것처럼, 정치 철학적인 도의를 실현하기 위해 필요한 지혜의 경우 외에도, 스스로의 인격을 완성하기 위한 학문으로서의 지식도 공자에게는 소중한 지혜의 일면이다. 이제 학문과 지식 또는 지혜와의 관계를 생각해 보자. 공자는 인격 수양에 있어서 가장 우선시한 것이 학문, 곧 배움이었다. "배우고 때때로 익히는 즐거움^{學而時習之, 不亦說乎}" 외에도, "사람이 알아주지 않아도 화를 내지 않는다^{人不知而不慍. 학이:1}"는 군자다운 이상의 출발점이 배움에 있었던 것이다. 공자보다 나이는 46세나 어린 제자이지만 공자의 사상을 잘 계승하고 있는 증자曾子는 하루에 세 번씩 자신을 반성한다는 '삼성三省'을 실천하였다. 그 내용으로는 이웃에 대한 충실忠, 벗과 사귐에 있어서의 신실함信, 그리고 배운 내용을 잘 익혔는가習 하는 것이다. 인仁을 강조한 공자는 "인을 실천하고도 여력이 남아 있거든 학문을 하라行有餘力, 則以學文. 학이:6"고 할 정도로 배움은 인격 수양과 사랑의 실천 과정에서 필수적인 것이었다. 공자의 제자 자하子夏는 "어진 사람을 존경하고 부모에게 힘을 다해 공경하며, 임금에게 목숨을 다해 섬기고, 벗에게 신의를 다한다면 비록 학문이 없어도 그는 배운 사람이다학이:7"라고 말한다. 이렇듯 유가儒家적 전통에서의 배움에는 학문적인 과정을 반드시 거쳐야 하는 기술적인 문제보다 인격의 성숙이 더욱 중요했음을 알 수 있다.

아는 것과 행하는 것에는 분명 차이가 있다. 학문적 지식을 아무리 쌓아도 인의예지仁義禮智나 충忠, 효孝, 신信, 경敬 등의 덕목을 실천하는 예절이 없다면 그것은 아는 것이 아니다. 공자의 제자로서 13세 연하인 유자有子가 말하기를 "화합하는 것이 좋은 줄 알고 화합하기를 힘쓰되, 예절로써 절제하지 않으면 또한 유익이 없다知和以和, 不以禮節之, 亦不可行也. 학이:12"고 했다. 아는 것과 예절을 지켜 행하는 것과의 차이를 보여주는 대목이다. 이처럼 배움은 끊임없는 자기 교정矯正의 과정이다. 공자가 말하는 '배움'이 있다고 인정하는 경우의 예를 살펴보면, "군자로서 먹는 일에 배부름을 구하지 않고, 거처하는 일에 있어서도 평안을 구하지 않으며, 부지런히 일하고 말에는 신중하며, 도道에 비추어 자기를 바로 잡는다면, 가히 배움을 좋아한다고 할 수 있다可謂好學也. 학이:14"는 것이다. 그러한 '배움'

의 사람은 "자신의 무능함을 걱정할 뿐患其不能. 헌문:32" 아니라, "남이 자기를 알아주지 않는다고 해서 걱정하지 않고, 도리어 남을 알아주는 사람이다不患人之不己知, 患不知人也. 학이:16."

　이제 배우고 익히는 문제와 생각의 능력, 다시 말하면 학문과 사고思考의 관계에 대해 공자는 어떻게 말하는지 살펴보자. 사고思考는 사색思索의 기술이다. 사색은 배움의 깊이와 넓이를 더해줄 뿐만 아니라, 옳고 그름을 가리는 시비是非의 기준을 찾아가는 과정이다. 그래서 공자는 "배우되 사색하지 않으면 막연하여 얻는 것이 없고, 사색하되 배우지 않으면 위태롭다學而不思則罔, 思而不學則殆. 위정:15"고 했다. 이는 학문과 사색의 균형을 말하고 있는 것인데, 문제는 학문과 병행하는 사색도 방법이 중요하다는 것이다. 이른바 사색의 방법이다. 이에 대해 공자는 일언지하의 교훈을 던진다. "사색함에 있어서 사악함을 물리치라思無邪. 위정:2." 이 말은 공자가 『시경』 300편의 내용을 한마디로 압축하여 설명한 것인데, 생각함에 있어서 간사함을 버리라는 뜻이다. 간사奸邪함은 도리에 어긋난 생각과 계획이다. 이제 자연스럽게 도리道理란 무엇인가 하는 문제로 귀결된다. 공자의 지와 학문에 관한 모든 논의가 바로 이 도리의 실천을 위함이다.

　공자는 사색의 문제에서 각별히 군자가 지녀야 할 아홉 가지 생각을 제시했다. "군자는 늘 아홉 가지를 깊이 생각해야 한다. 볼 때는 밝게 볼 것과, 들을 때는 총명하게 들을 것을, 안색은 온화하게 하고, 몸가짐은 공손하게 할 것과, 말할 때는 충실하게, 일할 때는 공경스럽게, 의심스러울 때는 묻는 일에, 화날 때는 어려움을 겪을 것에 대해, 그리고 이득 될 만한 일을 보면 의로움에 대하여 각각 생각하라視思明, 聽思聰, 色思溫, 貌思恭, 言思忠, 事思敬, 疑思問, 忿思難, 見得思義. 계씨:10 "
군자가 생각해야 할 일이 아홉 가지 뿐만은 아니겠지만, 보고 듣고
말하고 일하며 행동하는 일체의 몸가짐에 있어서, 깊은 사색을 한
후에 신중하게 행동하라는 공자의 행동철학을 말해주고 있다. 특
히 "지혜로운 자는 사람을 잃지도 않지만, 그 말도 잃지 않는다知者
不失人, 亦不失言. 위령:7"고 한 공자의 말에 비추어 보더라도, 언행의 신중
함은 인간관계의 가장 중요한 덕목임에 틀림없다.

실로 공자의 제자 자하가 말했듯이 "널리 배우고 뜻을 돈독하
게 하며, 간절하게 묻고 가까이 생각하면 인仁이 그 가운데 있다博
學而篤志, 切問而近思, 仁在其中矣. 자장:6"고 한 것처럼, 절실한 사색과 탐색으
로서의 배움에는 반드시 사랑, 곧 인仁의 이룸이 있을 것이다. 그
렇기 때문에 군자라면 깊은 사색을 통해 명命과 예禮와 언言을 알아
야 한다는 것이다. 공자는 다시 말한다. "명을 모르면 군자가 될
수 없고, 예를 모르면 일어설 수 없고, 말을 모르면 사람을 알 수
없다不知命, 無以爲君子也. 不知禮, 無以立也, 不知言, 無以知人也. 요왈:3 ." 명을 안다는
것은 하늘이 부여한 자신의 소명을 안다는 것이고, 예를 안다는
것은 일체의 행동에 신중함을 기하는 것이며, 말을 안다는 것은
언어 속에 사람의 진실과 거짓의 여부가 드러난다는 것이다. 이와
같이 명과 예와 언어에 분별력이 생기면 하늘의 지혜인 도에 통달
할 것이다.

사고와 반성으로서의 학문을 좀 더 구체화하기 위해, 공자는 두
가지 지침을 준다. "어진 이를 보면 그와 같아지기를 생각하고, 어
질지 못한 이를 보면 자신이 스스로 그러하지 않기를 반성해야 한
다見賢思齊焉, 見不賢而內自省也. 이인:17 ." 여기서 '견현사제見賢思齊'라고 할

때의 '제齊'는 '고르게 한다'는 뜻으로, 생각을 바르게 한다는 의미가 있다. 옳은 것을 보고 따르며, 불의한 것을 보고 스스로 반성한다면 가히 모든 생각에 있어서 중심을 잃지 않게 될 것이다. 이는 공자가 "세 사람이 걸어갈 때 반드시 자신의 스승이 될 만한 이가 있기 마련이다. 그 가운데 좋은 점은 가리어 본받고, 나쁜 점으로는 내 자신을 바로 잡으면 된다三人行, 必有我師焉, 擇其善者而從之, 其不善者而改之. 술이:21"고 말한 것과 맥락이 같다. 또한 공자는 다음과 같이 말한다. "사람의 허물이 각기 그 종류대로 있으니, 그 허물을 관찰해보면 이로써 인仁을 알 수 있다人之過也各於其黨, 觀過, 斯知仁矣. 이인:7." 그러나 "실로 사람이 자기의 허물을 반성하는 자는 드물다吾未見能見其過而內自訟者也. 공야장:26"고 공자는 말한다. 이는 공자에게서의 행위의 근간은 어질고 어질지 못함으로 요약된다는 것을 알 수 있다. 그것은 사랑과 관용, 즉 공자의 사상이 충忠과 서恕로 요약되는 이치와도 상통한다. 이로써 공자가 "지혜로운 자는 그 인仁을 이롭게 한다知者利仁. 이인:2"고 한 말도 이해할 수 있을 것이다. 지혜로운 자는 타인의 어질고 어질지 못함을 잘 판단하여 자기 인격 수양의 거울로 삼으며, "지혜로운 자는 그래서 그가 처하는 장소도 어진 마을을 골라서 산다擇不處仁, 焉得知. 이인:1."

안다는 것知은 새로운 것을 계속 알아가는 것知新과도 관계가 있다. 새로운 것을 안다는 것은 새로움을 만들어 간다는 것이기도 하다. 이른바 창조적 지식이다. 그것은 시대와 환경에 따라 요청되는 건설적인 지식이다. 물론 안다는 것은 모른다는 것을 전제로 한다. 그런데 모르는 것을 아는 체하는 행위에 대해서 공자는 비판하고 있다. "제대로 알지 못하고서 무엇을 창작하려는 사람이 있지만, 나는 그런 일을 하지 않는다蓋有不知而作之者, 我無是也. 술이:27." 이는 공자의 '술이부작述而不作. 술이:1' 정신과도 상통하는데, 예전부터 전해져 내려오는 것을 다만 전수해 줄 뿐이지, 스스로 무엇을 새롭게 만들어 내지는 않는다는 정신이다. 그럼에도 공자는 훌륭한 전통적 지식은 오늘에 이르러 새롭게 알아야 한다고 했다. 이른바 '온고이지신溫故而知新.위정:11' 이다. 그렇다면 과연 '안다' 는 것은 무엇이며, '알아간다' 는 것은 무엇일까? 우리는 이것을 '지知' 와 '지신知新' 의 관계를 통해 이해할 수 있다. 지를 깨달음의 차원에서 이해한다면, 지신은 깨달음의 사회적 운동이라 할 수 있다. 공자에게서 '지', 즉 깨달음은 홀로 독존獨存하는 데 있지 않고, 사회적이며 실천적인 의미가 있는 것이다.

공자는 정사政事에 밝은 자로子路에게 안다는 것에 대해 다음과 같이 말하고 있다. "아는 것을 안다고 하고, 모르는 것을 모른다고 하는 것, 이것이 아는 것이다知之爲知之, 不知爲不知, 是知也. 위정:17." 알고 모르는 것의 출발점에 대한 공자의 이러한 견해는 마치 서양 철학자 소크라테스가 '앎' 의 문제에 관해 말한 유명한 명제를 떠 올리게 한다. "나는 내가 모르고 있다는 사실을 안다." 소크라테스의 이 발언은 서양 철학사에서 인식론認識論의 학문적 토대 위에 최초로 오르는 계기가 되었으며, 근세 철학의 선구자 데카르트Ren Descartes 는 "나는 내가 의심하고 있다는 사실을 의심할 수 없다"고 하면서, 생각하는 자신의 주체적 객관성을 확보하고 '방법론적 회의론' 이라는 보편적 인식의 토대를 다시 마련하게 된다. 그러나 공자는 이미 소크라테스 이전에, 앎의 문제를 거칠지만 철학적으로 말했던 것이다. 앎의 문제가 대상화되고 객관화되기 이전에 자신의 내면적 성찰을 통해 분명해진 것을 '앎'이라 하고, 스스로 분명하지 못한 것을 모른다고 하는 것이 앎이라고 한 발언은 공자의 인식론의 일면을 잘 보여 주는 것이다.

이 같은 공자의 인식론인 '지식이론'은 어디까지나 실천적, 도덕적 유용성에 주안점을 두는 것으로서, 일체의 지식과 학문은 이상적 인간으로 표방되는 군자다운 삶의 실천을 위한 기초를 제공해 준다. 그러므로 공자는 자신도 "배우기에 싫증내지 않았고學而不厭. 술이:2", 제자 안회有顔回者好學. 용야:2라든가, 위衛나라의 대부 공문자孔文子와 같은 사람이 배우기를 좋아했던 점공야장:15을 칭찬하면서, 열의와 지혜를 가진 자에게는 더욱 열심히 가르쳤다. 특히 "열심을 내지 않으면 이끌어 주지 않았고, 답답함을 느끼면서 표현하려는 열의가 없는 자에게는 말해주지 않았으며, 한 모퉁이를 들어 보였을 때, 세 모퉁이를 미루어 알지 못하면 반복해서 다시 말해주지 않았다不憤不啓, 不悱不發, 擧一隅, 不以三隅反, 則不復也. 술이:8." 이 같은 열정을 가지고 이상적 인간으로서의 "군자는 널리 글을 배워야 한다君子博學於文. 용야:25"고 말하면서도, 공자 자신은 그 "배운 것을 강구하여 잘 익히지 못하는 점學之不講. 술이:3"을 스스로 겸허한 마음으로 한탄하기도 했다.

사실 공자는 배움의 문제에 있어서는 그 누구보다도 절실하고 겸허했다고 볼 수 있다. 그는 이렇게 말했다. "내가 아는 것이 있는가? 나는 아는 것이 없다吾有知乎哉, 無知也. 자한:7." 특히 계로季路가 죽음에 대해 물었을 때, 공자는 "삶도 잘 모르는데 어찌 죽음을 알겠는가?未知生, 焉知死. 선진:11"라고 답변했다. 이러한 표현은 지식의 문제에 있어서, 공자의 겸허하고 솔직한 자세를 단적으로 보여주는 것이며, 많은 사람들이 공자를 일러 모르는 것이 없다고 칭송할 때, 스스로 자신의 지식의 한계를 고백한 것이라고 볼 수 있다. 당시에 달항達港이라는 고을의 사람이 공자를 두고, "위대하도다! 공자여. 널리 배우기는 했지만 전문적인 명성을 얻지 못하였구나!大哉. 孔子. 博學而無所成名. 자한:2"라고 했을 때도, 공자는 겸허하게 "내가 무엇을 전문으로 할까? 수레 모는 일을 할까? 활쏘기를 할까? 나는 수레 모는 일을 하겠다吾何執, 執御乎, 執射乎, 吾執御矣. 자한:2"고 말한다. 당시에 여섯 가지 전문적인 재능을 일컫는 육예六藝 가운데서도 말을 모는 일이 가장 낮은 차원이었던 것이고 보면, 공자의 겸허한 태도를 다시 엿볼 수 있는 대목이다.

배움과 그 결실에는 차이가 있을 수 있다. 공자는 이를 비유하여 다음과 같이 말한다. "싹이 나지만 꽃을 피우지 못하는 것이 있고, 꽃은 피워도 열매를 맺지 못하는 것이 있다苗而不秀者, 有矣夫, 秀而不實者, 有矣夫. 자한:21." 가르침과 배움에도 분명 차이가 있다. "보통 수준 이상의 경우에 속한 사람에게는 높은 수준의 것을 말할 수 있거니와 보통 이하의 수준에 있는 경우에는 높은 수준의 것을 말할 수 없다中人以上, 可以語上也, 中人以下, 不可以語上也. 옹야:19"고 공자는 말한다. 이것은 상식적으로도 이해할 수 있는 이야기이다. 배우는 자의 기질과 성향에 따라 학문하는 방법과 자세가 다르기 때문에 학문의 결실이 다른 것은 지극히 당연한 이치일 것이다. 심지어 같은 내용으로 동문수학해도 습득하는 정도와 결실이 다른 것처럼 말이다. 공자는 다음과 같이 말한다. "함께 배울 수 있지만, 함께 도道에 나아갈 수 없고, 함께 도에 나아갈 수 있는 사람이라도 입장을 같이할 수 없으며, 입장을 같이할 수 있는 사람이라도 함께 같은 판단을 내릴 수는 없다^{可與共學, 未可與適道, 可與適道, 未可與立, 可與立, 未可與權. 자한:29}."

이렇듯 학문의 과정과 결실은 다양하게 나타나지만, 공자에게 있어서 모든 배움은 도를 이루고 실천하는 데에 그 특징이 있다. 이 말은 "군자가 도를 배우면 사람을 사랑하게 되고, 소인이 도를 배우면 남을 부리기 쉽다^{君子學道則愛人, 小人學道則易使也. 양화:4}"고 한 공자의 이야기에서도 잘 알 수 있다. 군자의 학문하는 과정과 결실이 모두 사람을 사랑하는 것과 결부된다면, 소인의 학문하는 과정과 결실은 사람을 사랑하는 데에는 미치지 못하고, 다만 예절에 따른 행위와 사람을 부리는 일에만 능해질 수 있다는 의미이다. 학문과 도를 배움에 있어서, 군자의 이상을 가지고 사람을 사랑하는 일에까지 그 배움을 밀고가야 한다. 왜냐하면 배움의 세계는 사랑의 세계에까지 미쳐야 하기 때문이다. 공자가 자신의 도는 한가지로 꿰뚫는다고 했을 때도, 이러한 사랑 곧 인^仁으로 모든 지식과 학문을 관철했던 것이다. 공자가 제자 자공에게 "너는 내가 많이 배워서 그것을 아는 사람이라고 생각하느냐?^{爲多學而識者與}"고 물었을 때, 자공이 그렇게 생각한다고 하자, 공자는 "아니다. 나는 하나의 이치로 모든 것을 꿰뚫고 있다^{非也, 予, 一以貫之. 위령공:2}"고 했다. 왜냐하면 학문은 배움이지만, 사랑은 통찰이기 때문이다.

공자는 그의 제자 자로에게 배움을 좋아하지 않는 자의 여섯 가지 폐단을 말하고 있다. 그 여섯 가지는 공자의 중요한 세 가지 덕목인 지^知, 인^仁, 용^勇을 포함하여, 오상^{五常}의 하나인 신^信과 직^直 그리고 강^剛이다. 이 여섯 가지 덕목은 누구나 좋아하지만, 부지런히 그 덕목을 실천하기 위한 배우기를 좋아하지 않는 자의 상대적 폐단을 언급하고 있다. "어진 것을 좋아하되 배우기를 좋아하지 아니하면 그 폐단으로 어리석게 되고, 지혜를 좋아하면서도 배우지 않으면 지나치게 호탕하게 되고, 믿음을 좋아하면서도 배우지 않으면 해치게 되고, 정직한 것을 좋아하면서도 배우지 않으면 박절하게 되고, 용기를 좋아하면서도 배우지 않으면 질서를 어지럽히게 되고, 굳센 것을 좋아하면서도 배우지 않으면 경솔하여 충돌을 일으키게 된다好仁不好學, 其蔽也愚, 好知不好學, 其蔽也蕩, 好信不好學, 其蔽也賊, 好直不好學 其蔽也絞, 好勇不好學,其蔽也亂, 好剛不好學, 其蔽也狂. 양화:8." 이는 아무리 훌륭한 덕목이 있다한들, 그 덕목을 지키기 위해 배움을 게을리하지 말아야 한다는 공자의 가르침을 말해 주는 것이다. 위에서 우리는 공자가 소중히 여기는 덕목 가운데 하나인 '지' 또는 '지혜'와 관련된 '배움'으로서의 학문에 관하여 그 특징들을 살펴보았다. 이제 공자의 '지'와 예수가 말하는 '앎그노시스'이 어떻게 비교될 수 있는지를 살펴보자.

요한복음에서 예수는 다음과 같이 말한다. "진리眞理, aletheia를 알지니認識, ginosko 진리가 너희를 자유自由, eleutheros하게 하리라요한8:32." 이 짧은 예수의 말은 진리와 인식과 자유라는 세 가지 요소가 함께 삼위 일체적으로 설명되고 있다. 진리의 문제는 존재의 차원이고, 인식의 문제가 깨달음의 인식론적 차원이라면, 자유는 깨침 이후에 얻어지는 가치의 문제다. 그러므로 예수의 이 선언은 존재와 인식과 가치의 문제를 모두 내포할 뿐만 아니라, 현실적 자유와 더불어 초월적, 신적 자유를 동시에 지닌다는 점에서, 예수의 '진리 인식'은 공자의 지 또는 지혜의 차원과 다른 면이 있다. 예수의 진리 인식은 현실적으로 포로 됨에서 벗어나는 자유aphesis, 누가4:18일 뿐 아니라, 율법에서의 해방eleutheros, 야고보서1:25과 일체의 모든 속박에서 자유를 얻는 것, 즉 구원soteria을 얻는 것과 결부된다.

그리스도교에서는 예수 자신이 구원자救援者, soter로 나타나기 때문에빌립보서:3:20, 진리 인식은 예수에 대한 인식이기도 하다. 그러므로 예수 자신은 자신을 추종하는 제자들에게 "너희는 나를 누구라고 생각하느냐?마태16:15"라고 묻는다. 이에 제자 베드로는 "주主, kurios는 그리스도시요, 살아계신 하나님의 아들입니다마태16:16"라고 대답한다. 예수는 베드로의 이러한 답변에 대해 칭찬하면서 이 사실을 '알게認識' 한, 혹은 '깨닫게覺' 한 이는 인간적 지식이 아니라 하늘의 아버지가 알려준 것이라고 말한다. 이른바 하늘의 계시적 지식에 속한다는 뜻이다. 예수는 구원자, 즉 메시아이며 하나님의 아들일 뿐만 아니라, 요한의 증언에 따르면 진리 그 자체라고 선포된다. "나는 길道, hodos이요, 진리眞理, aletheia요, 생명生命, zoe이다요한 14:6." 그리고 예수는 제자들에게 다음과 같이 말한다. "너희가 나를 '알았더라면' 내 아버지도 알았으리라요한14:7"고 한다. 이 말은 두 가지 측면에서 매우 중요한 의미를 지닌다. 하나는 예수를 '아는' 문제는 아버지, 즉 하나님을 아는 문제와 직결된다. 그런데 인간이 하나님을 과연 알 수 있을까? 이 문제에 대한 답변은 일반적으로 부정적이다. 그럼에도 예수가 하나님을 안다고 한 문제를 어떻게 이해할 수 있을까?

예수에 대한 인식은 진리에 대한 인식이며, 동시에 구원자에 대한 인식으로 자유를 얻는다는 신앙적 공식이 성립되고 있다. 이때, 과연 인간이 어떻게 하나님을 알 수 있는가 하는 문제에 봉착하게 되지만, 예수는 의외로 간단하게 하나님에 대한 인식, 다시 말해

하나님 이해의 지평을 풀어준다. 그 열쇠의 비밀은 물론 이성적 이해라기보다는 신앙적 이해이긴 하지만, 대단히 논리적인 일면이 있다. 문제는 예수가 하나님의 아들임을 믿느냐 하는 문제에서부터 예수가 하나님의 비밀을 보여주는 직접적인 계시자임을 믿느냐 하는 신앙적 결단이 요청된다는 점이다. 그 문제가 해결되면, 예수 이해는 곧 하나님 이해와 직결된다는 주장이 무리 없이 받아들여질 수 있다. 또한 이것은 그리스도교에서 가장 중요시하는 영생永生, aionios, zoe과도 직접적인 관계가 있다. 영생은 바로 "예수와 하나님을 아는 것요한17:3" 이기 때문이다.

『성서』와 그리스도교의 진리 체계는 이성적 요소를 갖추면서도 신앙적 이해의 틀을 지니고 있기 때문에, 어쩌면 공자가 말하는 지식인 배움이나 '앎' 의 문제를 예수의 '앎' 의 문제와 비교한다는 것은 불가능한 일인지도 모른다. 그러나 예수의 '진리 인식' 주장이나, 공자의 '배움' 에 대한 주장은 모두 '밝음' 으로 나아가게 한다는 것이다. 공자가 지혜나 배움을 주장하는 것이 '미혹' 의 세계에서 벗어나게 하고자 함에 있었듯이, 예수가 주장하는 진리 인식의 근본적인 의도는 '포로 된 자를 자유롭게 하고', 압제와 속박에서 벗어나게 하고자 함에 있었다. 그렇다면 과연 예수가 주장하는 진리 인식이 어떻게 인간을 '밝음' 으로 이끌 수 있을까? 여기에는 신앙적 이해 기준을 떠나서라도 예수의 주장을 뒷받침하는 중요한 발언들이 있다. 우선 우리는 예수의 시대 상황과 결부하여 예수의 육성肉聲을 이해해야 한다.

『복음서』에도 예수를 이해하는 초상이 다양하다. 특히 요한복음에는 예수가 "아브라함이 나기 전부터 내가 있다요한8:58" 고 묘사하면서 우주적 그리스도로 소개되고 있는 반면에, 마태나 마가, 혹은 누가는 요한보다 인간적인 측면에 대한 묘사를 훨씬 많이 한다. 그러면서도 『사복음서』는 모두 예수가 메시아, 곧 구세주임을 고백한다. 오늘날 많은 학자들은 신앙의 그리스도와 역사적 예수 사이에 대한 논의를 심화시키고 있지만, 공통의 합의에 이르지 못하는 까닭은 신앙의 문제와 역사적 성찰의 문제를 구별하지 않기 때문이다. 그러므로 '진리 인식'에 대한 우리의 논의는 '신앙의 인식'과 '역사적 인식'이라는 두 가지 눈을 동시에 지니고 보아야 한다는 것이다. 예를 들면 갈릴리라는 지역을 중심으로 활동한 예수가 가나Cana의 혼인 잔치에서 물로 포도주를 변화시킨 일이라든가, 나인Nain성에서 죽은 사람을 살렸다는 기적 사건 등은 신앙의 눈으로 읽어야 하고, 나사렛에서 자라서 예루살렘에 입성한 후 '진리'를 외치다가 체포되어 로마 제국의 십자가 처형을 받은 사건은 역사적인 눈으로도 읽어내야 한다는 뜻이다. 적어도 예수는 갈릴리와 예루살렘을 무대로, 도래하는 '하나님의 나라'에 대한 '복음 euangelion'을 전한 것만은 역사적 사실로 이해해야 한다. 문제는 하나님 나라에 대한 복음의 해석이 각각 다를 뿐이다.

예수는 로마의 식민지 상황에서 갈릴리를 무대로 '산상 설교' 등을 통하여 하나님의 나라의 도래와 그 평화적 통치를 설교하고 있는데, 이는 공자가 춘추시대 말기의 어지러운 난국에서 여러 나라를 주유하며 태평천하 건설을 위해 유세遊說하고 다녔던 것과 비교할 수 있다. 예수는 그 가르침의 와중에서 병자들을 돌보았고, 소외된 자들의 구원을 위해 힘썼다. 그리고 그 가르침의 핵심 가운데는 '샬롬' 즉 평화와 정의, 그리고 아가페-사랑이 중심을 이루고 있다. 예수의 가르침의 요체가 사랑과 정의와 평화였듯이, 공자 또한 인仁과 의義와 예禮였던 것을 보면, 이들의 사회적 구원의 동기는 어느 정도 일치를 보이고 있는 것이다. 이 사실을 알려주기 위해 예수는 대중이 '진리'를 알기 원했고 깨우침을 주려고 했으며, 공자 또한 '배움'을 강조했던 것이다.

예수의 생애와 가르침에서 우리는 두 가지 상반된 진술을 목격한다. 하나는 예수 자신이 "여기 서 있는 사람 중에 죽기 전에 인자가 그 왕권을 가지고 오는 것을 볼 자들도 있느니라마태16:28"고 말한 것처럼 '임박한 우주의 종말관'을 지니고 있었다는 점이며, 한편으로는 "신랑이 더디 오고, … 그날과 그때를 알지 못하니라마태25:5,13"는 표현에서와 같이 '임박한 종말관'이 서서히 '지연되고 있는 종말관'으로 변화되고 있다는 점이다. 이를 보아서도 예수 자신은 세계 변혁의 임박함을 믿었지만누가21:20, 31-32, 실제로는 그러지 못했음을 보여주는 측면도 있다. 문제는 예수의 임박한 종말론에 대한 기대가 무너졌다 하더라도 기본적인 사상의 골격에는 변함이 없다는 것이다. 이를테면 모든 사람에게 다가오는 죽음과 그 심판의 문제 앞에서 '진리'와 '거짓' 사이에 바른 것을 선택하라는 예수의 준엄한 교훈은 여전히 유효하기 때문이다. 그것은 십자가에서 죽어가면서도 '사랑'과 '원수 사랑'을 외쳤던 것만으로도 예수의 가르침의 진실성은 입증된다. 그런 점에서, 예수를 조롱하던 이들이 "네가 만일 하나님의 아들이거든 십자가에서 내려오라마태17:40"고 했던 주장은 의미를 잃게 된다.

'하나님의 아들'로서의 예수의 가르침과 '군자'의 길로서 제시했던 공자의 가르침이 서로 만날 수 있는 부분은 사랑, 평화, 정의

등등 다양하지만, 그것을 깨우쳤던 '배움'의 방식에도 유사한 점이 있다. 우선 모두가 제자들과의 '대화적 방식'을 택하고 있다는 점이다. 예수도 공자도 자신들의 대화를 직접 기록하지 않고 제자들을 통하여 그 가르침이 기록되었다. 예수는 제자들과의 끊임없는 대화를 통해 '진리'의 세계를 비유적으로 열어갔다. 이러한 대화적 방식의 깨우침은 예수 이전의 희랍 철학자 소크라테스에게서도 볼 수 있는 장면인데, 소크라테스가 '진리'의 사수를 위해 독주毒酒를 마신 점이나, 예수가 '진리' 주장을 고집하다가 십자가에 처형당한 경우 모두가 '진리'를 지키고자 했던 높은 용기에서 비롯된 것임을 잘 알고 있다. 예수가 당시의 폐쇄적인 종교 제도나 가족 제도, 그리고 고도로 차별화된 사회 분화현상과 정치권력 등에 민감하게 반응하며 비판적으로 철회시키고자 했던 점에서도, 그의 혁명적 가르침을 볼 수 있다. 어쩌면 공자의 가르침도 시대적 상황에서는 혁명적이고 개혁적인 내용들이 많았다. 이를테면 법치法治보다는 덕치德治를 주장한 공자는 군주의 권위보다 백성의 권위를 높이면서, 백성이 있고 그 다음에 군주가 있다는 점을 거듭 강조하고 있다는 점이다. 물론 개별적인 신하나 백성이 임금을 존중하는 것은 당연하지만, 임금은 백성을 우러러 섬겨야 할 것임을 강조했던 것이다. 모든 것을 인仁에 기초하여 행동해야 한다는 주장도 기존의 법치를 능가하는 혁명적 가르침이었던 것이다.

공자가 "명命과 예禮와 언言을 알아야한다"고 했듯이, 예수는 자신이 "길이요 진리요 생명이라"고 하면서 '진리'를 알기를 원했다. 진리를 안다는 것, 그것은 공자가 말한 것처럼 '미혹'에서 벗어나 '밝음'의 세계로 나아가는 것이다. 밝음의 세계는 투명한 자유의 세계이며 생명의 세계이며, 더 이상 어둠의 세력이 지배할 수 없는 곳이다. 힘써 하늘이 부여한 천명天命, 즉 나의 사명을 알고, 하늘과 사람 앞에 공경의 예를 올리며 하늘과 자연과 사람의 소리인 '말씀言'에 귀를 기울여야 할 것이다. 왜냐하면 모든 지식의 시작은 공경과 경청에서 출발하기 때문이다. 그리고 그것이 바로 "천국의 비밀을 아는ginosko, 마태13:11" 관문이기도 할 것이다.

● 신信과 '네 믿음이 너를 구원하였다'

인간은 이성적인 존재이면서 동시에 믿음을 가진 존재다. 산소나 돌과 같은 물질은 화학적이거나 물리적인 법칙을 따르며, 나무와 꽃들은 물리적이거나 화학적이면서도 생물학적인 자연 법칙을 따르고, 나비와 벌 등을 포함한 짐승들은 물리와 화학 그리고 생물학적인 법칙 외에도 동물적인 본성을 지닌다. 이에 비해 인간은 이 모든 법칙들 외에도 이성적인 판단과 함께 믿음이라는 독특한 정신 구조를 지니고 있다. 이른바 이성과 감성적 판단력 외에도 신뢰라고 하는 신앙적 차원의 감정을 지닌 존재다. 공자가 말하는 믿음과 예수가 말하는 믿음은 분명 다른 면이 있다. 공자가 말하는 믿음은 인간적 신뢰를 의미하고, 예수가 말하는 믿음은 신앙적 차원의 믿음이다. 그렇다면 어떻게 이 두 개념이 만나 대화가 가능한지를 살펴보자.

믿음을 뜻하는 한자어 '신信'은 사람을 뜻하는 '인人' 자와 '입口' 그리고 상형문자로 '바늘'을 뜻했던 것 신辛자를 합하여 이루어진

문자이다. 그 의미는 사람이 말을 함에 있어서 미덥지 못한 말, 즉 거짓을 말했을 때는 형벌을 받겠다는 것을 맹세한다는 것이다. 공자의 경우에서 믿음의 문제는 벗과의 관계를 포함한 모든 인간관계에서 '미더움'을 강조하기 위해 설명되고 있다. 그 믿음은 특히 말과 행동의 신실함을 보여주라는 것이었다. "말에 있어서의 신의信와 행동의 결실言必信, 行必果. 자로:20"은 군자나 소인을 막론하고 누구나 지켜야 할 기본적인 덕목이 되고 있다. 제자 자장子張이 어떻게 하면 세상에서 뜻을 펼칠 수 있는지 그 행실에 대하여 묻자, 공자는 다음과 같이 단호하게 말한다. "말이 진실하고 미더우며, 행동이 독실하고 공경스러우면, 비록 오랑캐의 나라에서도 뜻을 펼 수 있다. 그러나 말이 진실하지 않고 미덥지 않으면서, 행실이 독실하지 못하고 공경스럽지도 않으면, 비록 자기 마을에서도 뜻을 펼칠 수 있겠는가?言忠信, 行篤敬, 雖蠻貊之邦, 行矣. 言不忠信, 行不篤敬, 雖州里, 行乎哉. 위령공:15." 이 같이 언어를 매개로 하는 믿음으로서의 신의와 그 경건한 행위로서의 인품은 시대와 장소를 초월하여 인정받게 되지만, 그렇지 못하면 그 생명력이 짧다는 것이다. 이제 『논어』에 등장하는 공자와 제자들의 대화에서 믿음은 어떻게 설명되고 있는지를 살펴보자.

공자는 제자弟子의 도리를 말하면서, 효도나 인仁 이외에 "행실을 삼가며 떳떳이 하면서도 미더움이 있어야한다謹而信. 학이:6"고 했다. 여기서 '미더움信'이란 말은 믿음직해야 한다는 뜻으로서 거짓이 없어야 함을 말하는 것이다. 이러한 미더움은 모든 인간관계에서 통용되는 덕목이다. 이는 정사政事를 도모하는 위정자가 백성들에게 하는 말에도 미더움이 있어야 할 뿐 아니라敬事而信. 학이:5, "벗들과의 사귐에서도 말에 믿음이 있어야 한다^{與朋友交言而有信. 학이:7"} 는 자하의 말에서도 능히 짐작할 수 있다. 특히 나라를 이끄는 지도자가 백성들에게 믿음을 심어주는 일은 직접 국운과 관련되는 것만큼이나 매우 중요한다. 한번은 제자 자공이 공자에게 정치에 관하여 물은 적이 있다. 이에 공자는 "먹을 것과 병력을 풍족히 하고, 백성들이 믿도록 해 주는 것이다^{足食足兵, 民信之矣.}"라고 하자, 자공이 이 세 가지 가운데서 부득불 먼저 버려야 할 것이 있다면 무엇을 먼저 버려야 하느냐고 다시 물었다. 공자는 "병력을 버려야 한다^{去兵}"고 했으며, 그 다음은 "먹을 것을 버려야 한다^{去食}"고 했다. 그 이유로는 "예부터 사람은 누구나 다 죽게 되지만, 백성들이 믿어주지 않으면 그 나라는 존립하지 못한다^{自古皆有死, 民無信不立. 안연:7"}고 했다. 신의의 중요성을 단적으로 보여주는 사례다.

백성이 정치 지도자를 믿을 수 있다면 그것은 지도자 스스로 믿음을 보이는 데에 있다. 공자는 제자 번지^{樊遲}에게 이 같이 말한다. "윗사람이 예^禮를 좋아하면, 백성들이 윗사람을 공경하지 않을 수 없고, 윗사람이 의^義를 좋아하면 백성들이 감히 복종하지 않을 수 없으며, 윗사람이 신의^信를 좋아하면 백성들이 감히 진실하게 하지 않을 수 없다^{上好禮, 則民莫敢不敬, 上好義, 則民莫敢不服, 上好信, 則民莫敢不用情. 자로:4}" 그러므로 지도자는 물론이고 군자는 "충실과 신의를 위주로 해야 한다^{主忠信. 학이:8, 안연:10, 자한:24}고 공자는 거듭 말한다. 특히 공자는 신의로서의 믿음을 소나 말이 이끄는 수레의 끌채와 멍에에 비유한다. 수레에서 멍에를 멜 곳이 없으면, 수레가 앞으로 나아가지 못하는 것처럼 "사람이 신의가 없으면 어디에 쓸모가 있겠는가?^{人而無信, 不知其可也. 大車無輗, 小車無軏, 其何以行之哉. 위정:22"}라고 공자는 말한다. 무슨

일을 하더라도 항상 충실과 신의가 뒷받침되어야 사람다울 뿐만
아니라, 군자답다고 할 수 있을 것이다. "군자는 신의로써 이루어
낸다君子, 信以成之. 위령공:17"는 말이 이를 뒷받침하고 있다.

한번은 제자 자하가 군자의 도리를 묻자, 공자는 "말보다 앞서
서 행동을 하고 그 다음에 말이 뒤따라야 한다先行其言, 而後從之. 위정:13"
고 대답한다. 이것은 말과 행동에 있어서의 우선순위와 함께 말과
행동의 일치를 군자의 모범으로 제시하고 있는 것이다. 또한 공자
는 군자의 도리로서 "말이 행동을 넘어서는 것을 부끄러워해야 한
다恥其言而過其行. 헌문:29"고 말한다. 군자는 당연히 언행이 일치하는
'미더움'이 있어야 하지만, 화려하고 과장된 말보다 오히려 실천
이 앞서는 자세를 보일 때, 비로소 그 사람의 미더움을 판단할 수
있다는 것이다. 이렇듯 생활에서 언행의 문제는 아무리 강조해도
지나침이 없다. 인간은 언어를 떠나서는 살 수 없는데, 왜냐하면
언어를 매개로 모든 행동이 결실을 맺기 때문이다. 말과 행동의 일
치에 관하여, 공자는 그의 제자 재여宰予가 낮잠을 자고 있는 모습
을 보고 꾸짖으며 경계한 대목은 매우 흥미롭다.

재아宰我라고도 하는 재여는 공자가 가장 아끼는 제자 안회와 자
공과 비슷한 연배로서, 자공과 더불어 언어에 탁월한 재주를 지녔
던 제자로 손꼽힌다言語, 宰我子貢. 선진:2. 하루는 그런 재아가 낮잠을
자고 있는 모습을 보고, 공자는 다음과 같이 비유를 들어 경계하
여 꾸짖는다. "썩은 나무에는 조각할 수 없고, 썩은 흙으로 쌓은
담장에는 흙손질을 할 수가 없다. 재여에게 무엇을 꾸짖겠는가?朽
木, 不可雕也. 糞土之墙 不可朽也. 於予與 何誅." 공자는 계속하여 다음과 같이 말
한다. "처음에 나는 사람이 그 하는 말을 듣고 그 행실도 믿었는

데, 이제는 사람이 그 하는 말을 듣고도 그의 행실을 살펴보게 되었다. 그것은 재여 때문에 고치게 된 것이다始吾, 於人也, 聽其言而信其行, 今吾於人也, 聽其言而觀其行, 於子與, 改是. 공야장:9" 이를 보면, 공자도 처음에는 사람을 잘 믿고 그 말에 속기도 했던 것 같다. 그런데 말과 행실이 일치하지 않기 때문에, 사람의 말을 쉽게 믿지 않게 된 것은 오히려 말 잘하는 제자 재여 때문이라는 것이 참으로 흥미롭다. 믿거나 믿을 수 없는 관계는 참으로 미묘하다. 공자의 이야기를 들어보자. "남이 나를 속이지 않을까를 미리 생각하지 말며, 또 남이 나를 믿지 않을까도 미리 억측하지 말라. 하지만 그것을 먼저 깨닫는 자는 현명하다不逆詐, 不億不信, 抑亦先覺者, 是賢乎. 헌문:33." 인간관계에서 언제나 속고 속임이 없지 않다. 그러나 그것을 미리 예측하여 판단하는 행위는 올바른 태도가 아니지만, 그럼에도 불구하고 그 기미를 깨닫고 올바로 처신하는 행위는 또한 현명한 일이 아닐 수 없다는 뜻이다.

공야장公冶長이라고도 하는 제자 자장子張이 훌륭한 직업을 구하고 출세하는 일에 대하여 질문했을 때, 공자는 "많은 것을 듣되 의심스러운 것은 빼고, 나머지를 신중하게 말하면 허물이 없다. 많은 것을 보되 위태로운 것을 빼고 나머지를 신중하게 행하면 후회하는 일이 적을 것이다. 말에 허물이 적고 행동에 후회가 적으면 출세는 자연스럽게 된다多聞闕疑, 愼言其餘則寡尤, 多見闕殆, 愼行其餘則寡悔, 言寡尤, 行寡悔, 祿在其中矣. 위정:18" 고 했다. 언행의 신중성, 그것이야말로 처세의 기본이 된다는 뜻이다. 그래서 공자는 예부터 훌륭한 선인들이 말을 아끼고 경솔하지 않았던 까닭에 대해 다음과 같이 말하고 있다. "옛 사람들이 말을 함부로 하지 않은 것은 행동이 뒤따르지 못할 것을 부끄러워했기 때문이다古者, 言之不出, 恥躬之不逮也. 이인:22." 이는 "군자는 말에 어눌해도 행동에는 민첩하고자 한다君子, 欲訥於言而敏於行. 이인:24"고 했던 말과도 일맥상통한다. 차라리 말을 잘 못할지언정 "교묘하게 말하거나 안색顔色을 꾸미고, 지나치게 공손히 하는 모습은 부끄러운 일이고, 원한을 감추고 그 사람과 사귀는 것도 부끄러운 일이다巧言令色足恭, 恥之. 匿怨而友其人, 恥之. 공야장:24"라고 한 말들은 모두가 언어와 행동의 순수한 일치를 보여야 한다는 것을 말해주고 있다. 그 언행일치의 출발과 마침이 바로 '미더움'이라는 것이다. 그것은 군자가 늘 생각해야 할 아홉 가지 덕목 가운데 "말을 할 때에는 진실하게 말할 것을 생각하라言思忠. 계씨:10"는 공자의 교훈을 다시금 되새기게 하는 것이다.

제자 자로가 공자의 뜻을 물었을 때, 공자는 다음과 같이 말한다. "노인을 편안하게 해드리며, 벗은 미더움으로 사귀고, 젊은이들은 품어서 감싸주고자 한다老者安之, 朋友信之, 少者懷之. 공야장:25." 여기서 공자는 노인과 벗들, 그리고 젊은 사람들에 대한 소회를 말하고 있는데, 특히 벗들과의 사귐의 문제에서 그 요체가 '미더움'이다. 이것은 벗들을 막연히 믿으라는 것이 아니라, 벗들이 나를 믿도록 처신하라는 의미이다. 물론 '붕우신지朋友信之'에 대해 '벗을 믿고'라는 해석도 가능하지만, 앞의 문자인 '노인을 편안히 해주며老者安之'라는 문구와의 대비를 감안한다면, 벗에게 신의를 갖도록 해준다는 의미가 좀 더 강할 것이다.

자신감自信感도 상대방에게 믿음을 줄 수 있는 신뢰信賴의 하나다. 공자가 제자 칠조개漆雕開에게 그의 학문을 인정하여 벼슬을 해도 좋다고 말하자, 칠조개는 겸손하게 "그것을 능히 감당할 자신이 없다吾斯之未能信. 공야장:5"고 대답하는데, 공자는 그의 겸양을 알고 기뻐하고 있다. 이때의 자신감으로서의 신信은 한 치의 오차도 없을 정도로 의구심이 없는 상태의 확신을 의미한다. 이미 공자가 칠조개에게 벼슬을 해도 좋다고 할 때에는 그의 학문과 인품을 충분히 이해하고 있었던 것이지만, 칠조개는 더욱 큰 뜻을 품고 있었기 때문에 자신의 덕망으로 지도력을 발휘하기에는 아직 부족함을 자인했던 것이다. 그래서 공자는 다시 한 번 칠조개의 겸양을 기뻐했던 것이다.

공자는 제자들을 가르칠 때 숨기는 것은 없었지만, 말하지 않는 것이 네 가지 있었는데, 그것은 "괴이한 일, 힘 자랑, 어지럽히는 일, 귀신不語怪力亂神. 술이:20"이었다. 이것들은 상식을 뒤집거나 어지럽히는 것들이며 미묘하여 알 수 없는 내용들이기 때문에 가급적 언급을 회피했던 것으로 볼 수 있다. 반면에 공자는 다음 네 가지를 힘써 가르쳤는데, 그것은 "학문, 행실, 충실, 신의子以四敎, 文行忠信. 술이:24"였다. 문文, 행行, 충忠, 신信 이 네 가지는 모두 성실함과 진실함을 기반으로 한다. 문과 행은 학문과 실천이요, 충과 신은 진실과 신실함이다. 일생을 통해 배우고 그 배운 것을 실천하는 모든 과정에서 신실信實함이 결여된다면 아무런 공로와 결실을 기대할 수 없을 것이다. '괴력난신'을 멀리하고, 문, 행, 충, 신에 전력을 다해 가르침에 힘썼던 공자의 태도에 절로 숙연해진다.

공자의 제자 증자曾子가 병이 들었을 때, 그를 문병 온 노나라의 대부 맹경자孟敬子에게 군자가 귀하게 여기는 세 가지 도를 다음과 같이 말하고 있다. "몸을 움직임에 있어서는 사나움과 거만함을 멀리하고, 안색을 바로잡아 신실함에 가깝게 하며, 말을 함에 있어서는 천박하고 도리에 위배됨을 멀리해야 한다. 제사의 그릇을 다루는 일과 같은 일은 담당자들이 있어 따로 할 것이다動容貌, 斯遠暴慢矣, 正顔色, 斯近信矣, 出辭氣, 斯遠鄙倍矣, 籩豆之事則有司存. 태백:4." 군자가 지켜야 할 귀한 도리 가운데 몸가짐과 언어와 제사祭事 그리고 일에 대해 언급하고 있다. 이 세 가지의 중요한 일 중에서도, 특히 몸가짐을 온화하게 하여 사납거나 거만하게 굴지 말고, 안색을 바르게 하여 진실함을 보이라고 강조한다. 그리고 도리에 위배되는 말을 하지 말 것을 주장함으로써 언어적 진실이 다시 강조되고 있는 것이다. 몸과 말과 표정, 그 어느 것 하나라도 천박하거나 도리에 어긋나지 말 것이며, 온통 '미덥게' 처신하라고 충고한다. 아첨하려는 교묘한 말과 꾸미는 얼굴 빛巧言令色을 멀리하라던 공자의 말이 검증되고 있는 셈이다.

한번은 제자 자장子張이 공자에게 인仁에 대해 물었을 때 다섯 가지를 천하에 실천할 수 있으면 인이 된다고 했다. 그것은 "공손함, 너그러움, 믿음, 민첩한 실천, 은혜恭寬信敏惠.양화:6"다. 공손함이나 너그러움, 그리고 실천과 은혜를 베푸는 그 한 가운데에 '믿음'이 있다. '미더움'은 모든 행위의 중앙에 있다. 그것은 곧 마음의 중심에, 믿음 곧 신뢰가 자리해야 한다는 것이다. "그러한 믿음이 있을 때, 남들이 또한 신임하고 의지하게 될 것이다信則人任焉. 양화:6." 그러나 믿음信의이 있다 하고, 또 "믿는 것을 좋아하지만 배우기를 좋아하지 않으면, 그 폐단은 남을 해치게 된다好信不好學, 其弊也賊. 양화:8." 믿음을 좋아하지만 그 이치를 밝히지 못하고 진실한 믿음이 아닐 때에는, 결국 남을 해치게 되는 폐단이 있다는 것이다. 그러므로 믿음도 맹신盲信이 아니라, '배움'을 통한 분별력이 필요한 것이다.

　믿음信이 '약속'의 의미를 지니는 경우도 있다. 신용의 의미로
서 상호 간의 약속을 뜻하기도 하는데, 공자보다 13세 연하의 제자
인 유자有子가 말하기를 "믿음이 의에 가까우면 언약을 실천할 수
있다信近於義, 言可復也. 학이:13"고 한 데서 드러난다. 믿음으로서의 약속
도 의로운 일이 아닐 때는 지키지 않아도 되지만, 의로운 일일 경
우에는 신용을 지킴이 마땅하다는 뜻이다. 공자는 말한다. "이익
을 눈앞에 보거든 의로운가를 생각하고, 나라가 위태로우면 목숨
을 바치며, 오래된 약속일지라도 평소에 한 말을 잊지 않는다면,
이 또한 완성된 인간이라 할 수 있다見利思義, 見危授命, 久要不忘平生之言, 亦可
以爲成人矣. 헌문:13." 신용으로서의 약속을 지키는 것, 불의한 것이 아
닌 한, 평소의 약속을 지키는 것이야말로 성숙한 인간의 도리임은
너무나 당연한 것이다. 공자가 외면한 것 가운데서 특히 세 가지가
있는데, 그것은 정직과 성실과 신의가 없는 사람이었다. 그는 이
렇게 말한다. "뜻은 크게 가지면서도 정직하지 않으며, 무지하면
서도 성실하지 않으며, 무능하면서도 신의마저 없다면 그런 사람
은 내가 알 바 아니다狂而不直, 侗而不愿, 悾悾而不信, 吾不知之矣. 태백:16."

　믿음信에는 사람 사이의 신뢰나 신의 외에도 옛것의 고전적 가
르침에 대한 신뢰도 있다. 공자는 예로부터 전해져 내려오는 성현
聖賢들의 가르침과 그 기록인 경전經典을 소중히 하고, "옛것을 풀이
하되 창작하지 않는다述而不作"고 하면서 "옛것을 신뢰하고 좋아한
다信而好古. 술이:1"고 했다. 비록 공자가 옛 고전적 가르침을 풀이하고
전승했으나, 여러 가지 형태의 소중한 가르침들을 수집하고 편찬
하였으니, 그의 창작적 공로가 적지 않음을 알 수 있다. 그러므로

공자가 이렇게 말한 데는 그의 겸손함이 깃들어 있는 표현이라 할 수 있다. 이는 공자의 옛 것에 대한 신뢰는 물론이고, 살아있는 정신으로서의 당대의 질서를 회복하고 평화와 안녕을 도모할 수 있는 가르침들을 수집한 것이다. 전통이라고 해서 무조건 좋은 것만이 아님을 공자도 익히 알고 있었다. 훌륭한 고전적 가르침은 후손들이 신뢰하고 배울 수 있으며, 특히나 가치관이 혼돈된 시대일수록 더욱 고전적 지혜가 빛을 발했었다.

옛 성현들의 훌륭한 가르침에 대한 '믿음'을 두텁게 하는 것을 공자는 학문을 좋아하는 일과 연관해서 말하고 있다. 그리고 옳다고 생각되는 선한 도리는 죽음으로 지켜야 한다고 말한다. "옛 성현들의 가르침에 대한 두터운 믿음을 가지고, 배우기를 좋아하며, 죽음으로써 선한 도를 지켜야 한다篤信好學, 守死善道. 태백:13." 공자는 군자가 지니는 세 가지 두려움을 말한 적이 있다. "천명天命을 두려워하고, 위대한 성인大人과 성인聖人의 말씀을 두려워해야 한다畏天命, 畏大人, 畏聖人之言. 계씨:8." 그 가운데 성인의 말씀을 신뢰하고 두려워할 것을 지적함으로써 군자의 자세를 갖출 것을 말했다. 이러한 자세가 공자로 하여금 '믿음'의 모범이 되게 하는 것이다. 비록 제자 자하子夏의 말이지만, "덕德을 실천하되 폭이 넓지 못하고, 도道를 믿는 것이 돈독하지 못하면 어찌 있다 없다는 것을 논할 수 있겠는가?執德不弘, 信道不篤, 焉能爲有, 焉能爲亡. 자장:2"라고 한 말을 귀담아 들을 필요가 있다. 도를 믿는다는 것信道과 덕을 실천하는 것執德은 별개의 것이 아니다. 성인의 도를 믿고 따르는 것은 신심을 가진 자의 자연스런 행위다.

이상에서 우리는 '믿음' 곧 '신실함'은 언어와 몸가짐, 그리고 행실에 있어서의 신실함뿐만 아니라, 약속을 지키기 위한 신뢰 혹은 신의가 있음을 보았는데, 이 또한 의로움에 바탕을 두는 것이어야 한다. 이것은 남에게 스스로 '미더운' 신의를 보여주는 일이다. 신의나 신실함은 모두 자신에 대한 정직을 바탕으로 한다. 그것을 일러 우리는 '충忠'이라고도 한다. 그러므로 신信은 곧 충忠과 불과 분의 관계에 있다. 그래서 "군자는 충과 신을 위주로 한다主忠信"고 공자가 말한 것이다. 그런데 '믿음'은 이 같은 자기 자신에의 충실성뿐만 아니라, 옛 성현들의 가르침에 대한 믿음, 즉 신뢰의 개념도 있음을 보았다. 바로 이 점이 그리스도교의 믿음과 연관 지어 비교할 수 있는 대목이다. 성현들의 가르침에 대한 두터운 신뢰가 기반이 되지 않으면 학문의 토대가 흔들리기 쉽다. 깊은 신뢰와 공경 속에서 배움과 믿음의 깊이와 넓이는 더해지는 법이기 때문이다. 다음에서 공자의 이 같은 믿음, 즉 신뢰가 어떻게 예수의 '믿음'과 관련될 수 있는지를 살펴보도록 하자.

예수가 말하는 믿음信은 헬라어로 '피스티스pistis'로서 신뢰를 의미한다. 이 단어는 신약성서에서 대부분의 경우, 예수를 따르는 자들이 예수의 가르침이나 인격을 신뢰한다는 '믿음'이나 '의지依支'의 뜻으로 사용되고 있다. 믿음, 즉 피스티스에 관한 고전적 헬라어의 용례로서 가장 먼저 사용된 단어는 '피스토스pistos'로서 '의지하는', 또는 '순종하는'이라는 뜻을 지니고 있다. 여기서 '신뢰할 수 있는' 또는 '성실한', '의지할 수 있는'이라는 의미가 파생되었다. 이 단어의 반대 개념으로서, '믿을 수 없는'이라는 '불신不信'의 뜻으로의 부정형은 '아피스토스apistos'이다. 이 개념의 동사 형태는 '피스튜오pisteuo'로서 '의지하다순종하다', '(말씀을) 믿다'는 의미로 사용되고 있다. 이러한 고전적 용례로서의 '피스토스'는 처음부터 하나님과의 기본적인 신뢰관계를 언급한 것이 아니라 일반적인 신들에게도 적용된 용어였지만, 신약성서에서 인간이 신을 의지하거나 예수의 말을 믿고 의지하는 내용으로 전용되었다. 이처럼 믿음을 뜻하는 피스티스는 성실함이라는 의미와 함께, 일반적으로 종교적 의미의 믿음이나 의지함을 뜻하게 되었다. 그러므로 성서 안에서도 비종교적 의미의 성실성과 종교적-신앙적 의미의 믿음이라는 두 가지 차원에서 '믿음'을 이해할 수 있게 된다.

신약성서에서 '믿음'은 여러 가지 차원에서 설명되고 있다. 그 각각의 특징을 살펴보면, 구약성서와의 관계 속에서 볼 때, '믿는다는 것'은 하나님과의 관계를 가리키는 것으로 주로 사용되고 있다. 이는 하나님의 말씀으로서의 성경요한2:22을 믿는 일이라든지, 선지자들을 통해 말씀하신 하나님의 말씀사도행전26:27, 요한5:46-7, 마가11:31을 믿는 일을 가리킨다. 이러한 연관 속에서 신약성서의 전반적인 메시지는 예수와 그의 말씀을 믿어야 할 것으로 언급하고 있다요한3:34, 5:38. 그리고 이 믿는 것은 바라는 것을 성취하는 실상이 된다는 것과, 아브라함이 이삭을 제물로 바치겠다는 각오처럼 순종한다는 의미를 동시에 지닌다히브리서11장. 그리고 믿음은 기도하는 것과 관련하여서 "의지하다"는 의미로 사용된다. "기도하고 구한 것은 받은 줄로 생각하라마가11:22-24." "오직 믿음으로 구하고 조금도 의심하지 말라. 의심하는 자는 마치 바람에 밀려 요동하는 바다 물결 같다야고보서1:6."

여러 가지 다양한 믿음 가운데서 특히 흥미로운 사실은 『복음서』에서 예수의 치유 이적에 대한 확신으로서의 믿음이 많이 언급되고 있다는 점이다. 대표적인 경우로는 예수가 백부장의 믿음을 보고 그의 하인의 중풍병을 고쳐준 사례다. "백부장이 예수에게 이르되, 다만 말씀으로만 하옵소서. 그러면 내 하인이 낫겠습니다 … 예수가 이르되 이스라엘 중 아무에게서도 이만한 믿음을 보지 못하였다 … 가라 네 믿은 대로 될지어다 하니 즉시 하인이 나았다 _{마태 8:5-13}." 이 밖에 맹인들의 눈을 뜨게 한 장면이 나온다. "두 맹인이 예수를 따라가며 다윗의 자손이여 우리를 불쌍히 여기소서 하더니 예수가 이르되, 내가 능히 이 일을 할 줄을 믿느냐 대답하되 주여, 그렇습니다 예수가 그들의 눈을 만지며 너희 믿음대로 되라 하자 그들의 눈이 밝아졌다 _{마태 9:27-31}." 이 밖에도 예수의 치유 이적 행위와 관련한 추종자들의 믿음과 그에 따른 기적은 『복음서』에서 매우 다양하게 언급되고 있다.

예수의 치유 이적 행위에 대한 믿음 외에도 예수 자신에 대한 믿음이 여러 곳에서 많이 언급되고 있다. 예수 자신에 대한 믿음은 하나님의 아들로서 구원을 베풀 구세주에 대한 믿음을 뜻한다. 이른바 예수를 믿는 것은 그리스도인들에게 천국에 이르는 관문으로서의 티켓과도 같은 실제적인 의사결정의 표시이다. "저를 믿는 자마다 영생永生을 얻게 하려하심이라 _{요한 3:18}." 예수를 믿게 되는 직접적인 이유 가운데 하나는 치유 이적 외에도 예수가 하는 말씀을 듣고 믿는 경우가 많았다. 요한의 증언에 따르면, 예수가 유월절이 가까웠을 때, 예루살렘에 올라가서 성전에서 소와 양과 비둘기를 파는 사람들과 돈 바꾸는 사람들이 앉아 있는 것을 보고 노끈으로 채찍을 만들어 양이나 소를 성전에서 내쫓고 돈 바꾸는 사람들의 돈을 쏟고 상을 엎으며 비둘기를 파는 사람들에게 "내 아버지의 집으로 장사하는 집을 만들지 말라^{요한2:13-16}"고 했던 일과 관련하여서, 유대인들이 이를 목격하고 예수에게, '네가 이런 일을 행하니 무슨 표적을 우리에게 보이겠느냐?'라고 하자, 예수는 "너희가 이 성전을 헐라. 내가 사흘 동안에 일으키리라"라고 대답한다. 이에 유대인들은 예루살렘 성전이 사십육 년 동안에 지어진 것이라며, 어찌 삼 일 만에 다시 일으키겠느냐고 반문한다. 그러나 예수는 성전이 곧 자기 자신임을 가리켜 말한 것이었고, 제자들은 예수의 부활 이후에 예수가 했던 말을 다시 기억하고 성경과 예수의 말을 믿었다^{요한2:17-22}."

예수의 치유 이적 행위와 예수의 말에 대한 믿음은 곧 예수의 '복음^{福音, euangelion}'에 대한 믿음이었다. 예수의 복음은 하늘나라, 곧 천국 복음이었다^{마태4:23}. 그것은 하나님의 아들 예수 그리스도의 복음^{마가1:1}이기도 하다. 하나님 나라의 복음은 회개^{悔改, metanoia}와 직접적인 연관이 있다. 마가에 의하면, 예수가 공생애를 시작하고 외친 첫마디가 "때가 찼고 하나님의 나라^{basileia tou deou}가 가까웠으니 회개^{metanoia}하고 복음^{euangelion}을 믿으라^{마가1:14}"는 것이었다. 여기서 우리는 믿음^信과 회개^{悔改}와 천국^{天國}이 하나의 고리로 연결되어 있음을 보게 된다. 믿음 없는 천국이 없고, 회개 없는 믿음도 온전하지 못하다. 그러므로 온전한 회개와 믿음을 통한 천국의 실현, 그것이 중요하다. 여기서 믿음이 과연 과학적으로 설득력이 있는 것인가 하는 문제는 별개의 논의를 필요로 한다. 예컨대 신앙의 세계와 과학의 세계는 논리적인 설득 구조가 다르다. 그러므로 그것이 실재적이냐 아니냐 하는 논의는 처음부터 그 출발점이 다르다.

신앙의 구조 속에서는 과학적인 영역도 내포되지만, 과학적인 합리성의 범위를 초월하는 경우가 허다하다. 비합리적인 모습을 지니고 있는 경우가 많지만, 엄격히 분석해 보면 비합리적非合理的이기보다는 초합리적超合理的인 경우가 많다. 신앙의 논리는 초월적 영역이라는 나름대로의 논리를 지니고 있다는 점에서 비합리적이기보다는 초합리적이라는 것이다.

모든 생명력 있는 믿음 앞에서 거짓은 가치를 상실한다. 오직 회개와 같은 철저한 반성 없이는 진실한 하나님의 나라, 곧 진리의 세계에 결코 이르지 못한다. 예수의 치유 이적은 사실, 모든 어둠의 세력을 몰아낸 실제적이면서도 상징적인 행위이기도 했다. 신체가 마비된 중풍병과 같은 인간의 현실, 그리고 맹인과 같은 인간의 어두운 비참함, 이 모든 온전하지 못한 인간 현실의 극복을 위한 예수의 이적異蹟행위는 새로운 세계의 도래를 알리는 하나의 경고이자 나팔소리와도 같은 것이었다. 그것에 응답하는 모든 추종자들은 천국의 기쁜 소식, 곧 복음을 믿고 따르는 자들이었던 것이다. 이 복음을 믿고 따름에 있어서 가장 절실히 요청되는 것이 회개였다. 회개, 곧 헬라어의 '메타노이아'는 '방향전환'을 의미한다. 기존의 전통적 가치와 맹신盲信에 대한 반성적 성찰이다. 맹신이란, 글자 그대로 '소경 같은 믿음'이다. 코끼리 다리를 만지고 기둥이라고 믿고 있는 것과 같은 잘못된 인식에서 벗어나 '참'이라는 진리에 대한 '믿음'을 가지라는 것이다.

이 밖에도 믿음은 '소망'과 관련되어 나타난다. 소망이라는 헬라어 '피스테이오pisteio'도 '피스티스'라는 믿음의 뜻과 어근이 같다. 그런 점에서 소망은 믿음과 결부되고 있다. 소망이 바랄 수 없는 상황의 불가시적 시점에서 미래의 희망을 기대할 때, 그것은 반드시 믿음을 수반하게 마련이다. 특히 신앙의 세계에서는 눈에 보이는 감각적 세계보다는 눈에 보이지 않는 믿음만이 오직 현실 너머의 실재를 확신하게 마련이다. 믿음은 또한 '성실성'의 의미를 지닌다고 했다. 바울은 당시 유대-이스라엘 백성이 하나님께 잘못하고 있음을 말하면서, 이스라엘 백성의 '불신앙 혹은 불성실함apistia'을 꼬집고 있다. "어떤 자들이 믿지 아니하였으면 어찌하리요? 그 믿지 아니함이 하나님의 미쁘심을 폐하겠느냐? 그럴 수 없다. 사람은 다 거짓되지만 하나님은 참되시다로마서3:3-4." 인간의 믿음이 하나님의 미더움에 미치지 못함을 말하고 있다. 모든 소망과 미더움의 뿌리, 그리고 그 결과는 하나님에게로 귀결되기 때문이다.

이상과 같은 믿음에 대한 설명은 구체적으로 신약성서의 곳곳에 다양한 방식으로 등장하지만, 예수 그리스도의 메시지를 받아들인다는 의미에서의 믿음으로 통일성을 보인다. 이른바 복음을 통해 선포된 하나님의 사역을 신뢰하고 받아들인다는 뜻이다. 그것은 바로 구원soteria과 결부되고 있으며, 이 믿음이라는 단어 속에, 순종, 의지, 소망, 충성 등의 다양한 의미가 동시에 내포된다는 것이다. 복음을 받아들인다는 것은 그리스도를 주님으로 받아들인다는 뜻이며, 이 주님의 언행일체를 믿고 신뢰함으로써 육체적 질고와 영혼의 자유를 얻게 된다는 점이다. 사도 요한이나 사도 바울 모두 믿음에 대한 강조를 색다르게 하고 있지만, 구원이라고 하는 그 내적인 의미의 일치는 분명하다. 구원은 선행善行이 전제되어야 하는 것이 아니라, 은총과 회개가 동시에 작용해야 한다는 점에서 일치를 보이고 있다. 그러나 요한이 강조하는 믿음은, 바울이 주장한 믿음으로 의롭게 된다는 의義에 대한 강조라기보다는 사망과 생명의 대조라는 측면에서 영지주의靈知主義적 맥락과 유사하지만, 영지주의를 넘어서는 믿음 안에서의 '생명', 즉 영생을 강조하고 있다. 바울이 '믿음을 통한 의의 획득以信得義'을 강조한 반면에 요한은 '믿음을 통한 영생의 획득以信得生'을 강조하고 있다는 대조를 보여주고 있다.

요한에게 있어서의 믿음은 '지식知識, gnosis'과 밀접한 관계가 있다. "예수는 자기를 믿은 유대인들에게 말한다. 너희가 내 말에 거하면 참 내 제자가 되고, 진리를 알지니 진리가 너희를 자유하게 하리라요한8:31-32." 믿음과 예수의 말을 실천하는 것, 그리고 진리를 아는 것은 구원과 영생의 조건이며 처음과 나중이다. 그리고 한 걸음 더 나아가 믿음은 요한에게서 지식 외에도 '사랑愛, agape'과 밀접한 관계가 있다. 그리스도인들이 믿음으로 이 세상을 극복하고 구원, 곧 영생을 얻는다면요한일서5:4 그들은 믿음의 순종과 성실성으로 예수가 주장하는 계명을 지키는 자들이어야 한다. 그것은 곧 사랑의 계명이다요한일서2:3-4, 3:23. 하나님의 계명을 예수는 하나님 사랑과 이웃 사랑이라는 새 계명으로 요약했을 뿐 아니라, 요한의 주장과 같이 '서로-사랑'이라는 새 계명을 요청하고 있는 것이다.

인간과 세상에 대한 하나님의 사랑이 예수 안에서 잘 나타났고, 그것을 믿는 것이 곧 구원이라는 것으로 요한은 공식을 만들고 있다요한3:16. 따라서 요한이 말하는 믿음은 예수가 보여준 사랑을 서로 받아들이고요한15:12, 그 사랑 안에 계속 거함으로써 제자도의 삶을 살 뿐 아니라요한13:35, 그 사랑을 계속 전달하고 생성시키라는 의미다. 그렇게 될 때 비로소 예수가 한 말, 곧 "네 믿음이 너를 구원하리라"는 말이 실현될 것이다. 헬라어에서 믿음信과 소망所望이 각각 같은 어근語根에서 출발한 것이고, 요한이 이를 포착하여 믿음과 소망, 그리고 사랑이 별개의 것이 아니라, '서로-사랑'이라는 하나의 행실로 결과 지어지는 것이라고 주장했던 것은 참으로 놀라운 요한만의 독특한 탁견이라 하지 않을 수 없다. 믿음이라는 하나의 단어 속에서, 신信-망望-애愛의 삼위 일체적 결속을 보여주고 있기 때문이다.

이상에서 우리는 공자의 '신信' 개념과 예수의 '믿음'에 대한 개념을 각각의 텍스트를 근거로 살펴보았다. 공자에게서 믿음은 인간관계의 신의와 성실을 뜻했고, 이 개념은 국가의 최고 통치자가 백성에게 먼저 믿음을 심어줄 수 있어야 함은 물론, 인간들 사이, 특히 벗들 간에 신의를 지켜야 함을 강조한다. 이때의 신의는 다분히 정치적인 지도력으로서의 신의를 포함한 인격적인 수양의 덕목을 말하는 것이기도 하다. 그러나 공자에게서 신信의 문제는 거기서 끝나는 것이 아니라, 옛 성현들의 가르침과 고전적 경전에 대한 돈독한 믿음까지도 내포하는 개념이었다. 바로 이 점에서 공자가 가르친 믿음의 개념은 예수가 가르친 믿음과 상통하고 있는 것을 보게 된다.

고전적 경전과 성현의 가르침을 돈독히 믿고 배우기를 힘쓰고 좋아하라篤信好學는 공자의 주장은 바로 인의예지仁義禮知에 대한 고전적 가르침을 믿고 따르라는 것이다. 그것은 "믿음을 가지고 옛것을 좋아하라信而好古"는 말과도 통하는 것이다. 인의예지에 대한 신뢰가 없이는 결코 공자가 가르친 그 높은 이상을 실천할 수가 없다.

그리고 그 이상은 바로 예수가 설파한 새로운 계명으로도 요약될 수 있는 것이니, 그것은 하나님 사랑과 이웃 사랑이다. 경천애인敬天愛人으로 표방되는 예수의 가르침에 대한 신뢰는 공자가 "도를 돈독하게 믿으라信道篤"고 했던 말이나, 배움과 실천 그리고 진실과 신의文, 行, 忠, 信를 늘 가르쳤던 공자의 네 가지 교훈과도 일치하는 것이다. 공자가 "성실眞實과 신의를 위주로 하라主忠信"고 했던 말과, 예수가 "네 믿음이 너를 구원하리라"고 했던 말을 깊이 되새겨 볼 일이다. 미더움이 인간을 완성시키기 때문이다信以成之.

3) 덕德과 아레테

동서를 막론하고 인간이 지니고 실천해야 할 고귀한 품성으로서 사람들은 덕(德)을 말한다. 이러한 덕을 공자는 『논어』에서 여러 번 언급했지만, 이미 공자 이전에 다양한 뜻으로 널리 통용되고 있었다. 이를테면, 『서경書經』의 "덕은 외롭지 않다德不孤"는 표현이나, 『시경詩經』에서 은혜로서의 '은덕恩德'을 말한 것이라든지, 『예기禮記』에서 백성의 행복이나 복덕福德을 의미하는 경우百姓之德가 그렇다. 원래 '덕德'이라는 글자는 '간다行'는 의미와 '똑바른 마음悳'의 합성어로서 '똑바른 마음을 가지고 인생길을 걷는다'는 의미가 있다. 이러한 내용은 『논어』를 포함한 유교적 전통에서 도덕이나 정의正義의 뜻을 지니면서, '도道를 행하여 체득한 품성'이라는 의미로 해석되고 있다. 이러한 덕은 인격과 결부되면서 높은 덕성을 지니고 명망이 있음을 일컬어 '덕고망중德高望重'이라는 표현을 쓰기도 한다. 이같이 인간이 자기 몸에 도의 덕을 갖추고 바르게 살아가는 품성을 우리는 덕성德性이라고 일컫는다.

서양에서는, 특히 영어권에서는 덕을 가리키는 말로 '버츄virtue'라는 말을 쓰는데, 이는 라틴어의 '비르투스virtus'라는 말에 어원을 두고 있다. 남성다운 용기나 유능함을 뜻하기도 한다는 점에 미루어 보면 용기나 능력이 덕 개념의 출발점이 되고 있음을 엿볼 수 있다. 라틴어보다 더 앞선 헬라어로 덕은 '아레테arete'다. 이 또한 어떤 일을 처리함에 있어서의 능력을 의미한다. 특히 성취하려는 능력이나 재능에 있어서의 탁월함을 말하며, 용맹스러움, 또는 뛰어난 명성과도 관계되는 용어다. 이러한 덕으로서의 아레테는 신약성서에서 사용되고 있는데, 『복음서』에서는 직접적으로 언급되지는 않고 바울의 서신에서 몇 군데 찾아 볼 수 있다. 바울은 빌립보의 그리스도인들을 권면하는 편지에서 다음과 같이 말한다. "형제들아 무엇에든지 참되며, 무엇에든지 경건하며, 무엇에든지 옳으며, 무엇에든지 정결하며, 무엇에든지 사랑받을만하며, 무엇에든지 칭찬받을만하며, 무슨 덕이 있든지, 무슨 기림이 있든지, 이것들을 생각유의하라빌립보서4:8." 여기서 바울이 열거하는 참眞實과 경건敬虔, 중국어 성경은 고상(高尚), 옳음公正, 정결純潔, 사랑받을만함可愛, 칭찬받을만함光榮的事 등이 모두 그리스도인이 지녀야 할 덕목으로 중시되고 있다.

이 밖에도 바울이 로마의 성도들을 향하여 "서로 덕을 세우는 일을 힘쓰라로마서14:19"고 하였고, 고린도 교회의 성도들을 향하여서는 "모든 것을 덕을 세우기 위하여 하라고린도전서14:26"고 했듯이, 바울은 그리스도인이 지녀야 할 덕에 관하여 몇몇 서신을 통해 더 언급하고 있는데, 그 덕목이 특정한 뜻으로만 제한적으로 설명되고 있는 것은 아니다. 오히려 요한이 하나님과 그리스도를 로고스, 즉 도道로 설명하고 있듯이, 로고스의 인격적인 실천 행위는 모두 덕德이라는 항목에 포함될 수 있다. 그런 점에서 예수가 말하는 모든 덕목은 하나님과 그의 뜻을 행하는 모든 인간 행동의 신적, 윤리적 행위를 통틀어 덕이라는 개념으로 설명할 수 있을 것이다. 바울이 언급하는 덕목 외에도 하나님의 도를 드러내는 모든 선한 인간 행위가 덕으로 설명될 수 있는 것과 같이, 공자가 말하는 덕, 또한 도의 실체를 드러내 주는 선한 인간 행동이라고 볼 때, 공자의 덕행과 예수가 말하는 덕행은 모두 선한 인간 행동이라는 면에서 정확하게 일치를 보여주는 것이다. 이제 공자가 말하는 덕에 관한 이야기를 『논어』 속에서 좀 더 구체적으로 살펴보면서, 예수의 덕행에 대한 논의를 진행해 보자.

공자는 덕을 하늘이 부여한 천부天賦적인 것으로 말한다. "하늘이 나에게 덕을 부여해 주었는데, 환퇴가 나를 어찌 하겠는가?天生德於予. 桓魋其如予何. 술이:22" 여기서 환퇴는 송나라에서 벼슬을 하고 있던 사람으로서, 그가 공자를 해치고자 할 때 제자들이 이를 두려워하자, 공자는 하늘이 내린 덕이 더 소중한 것이고 살고 죽는 문제도 하늘에 속한 것이므로 그 어떤 위협이나 두려움 앞에서도 흔들림 없이 덕을 근본으로 삼고 지키겠다는 정신을 밝히고 있다. 그래서 공자는 정치를 하는 자가 "형벌로 백성을 인도하는 것道之以政, 齊之以刑" 보다는 반드시 "덕과 예로써 인도하고 다스리는道之以德, 齊之以禮. 위정:3" 덕치德治를 수행할 것을 강조하고 있다. 그리하여 정치를 함에 있어서 덕치란 "먼 지방의 사람들이 따르지 않으면, 문화와 덕을 닦아서 그들을 오게 하고, 이미 왔으면 편안하게 해 주는 것이다_遠人, 不服則修文德以來之, 旣來之則安之. 계씨:3" 라고 공자는 말한다.

한번은 계강자^{季康子}가 공자에게 정치에 대해 물으면서, "만일 무도한 자를 죽여서 바른 도로 나아가게 하는 것이 어떻겠습니까?^如殺無道, 以就有道" 라고 하자, 공자는 다음과 같이 말했다. "선생께서는 정치를 하면서 어찌 죽이는 방법을 사용하십니까? 선생께서 선^善해지고자 하면 백성들도 선해질 것입니다. 군자의 덕은 바람과 같고, 소인의 덕은 풀과 같습니다. 풀 위에 바람이 스치면 풀은 반드시 눕게 됩니다_{子爲政, 焉用殺, 子欲善, 而民善矣. 君子之德風, 小人之德草, 草上之風 必偃.}안연:19." 계강자는 형벌로 백성을 다스리려고 하지만 공자는 스스로 선해짐으로써 그 덕으로 백성을 다스리면 백성은 바람 앞의 풀과 같아서 저절로 순종하며 따르게 될 것을 비유하여 말하고 있는 것이다.

공자는 이러한 덕의 정치를 북극성에 비유하여 설명하고 있다. "덕으로 정치하는 것을 비유하여 말하면, 북극성이 제자리에 머물러 있으면 모든 별이 그에게 향하는 것과 같다_{爲政以德, 譬如北辰, 居其所而衆星共之. 위정:1}." 북극성이 제자리에 머물러 있다는 것은 언제나 덕의 자리를 잃지 않고 덕을 지키는 자의 모습을 비유한 것이다. 그러나 실제로 덕을 알고 이를 실천하려는 자가 참으로 드물다고 하면서 공자는 정사^{政事}에 밝은 제자 자로^{子路, 由라고도 함}에게 다음과 같이 한탄하고 있다. "유^由야! 덕을 아는 자가 드물구나!_{由, 知德者鮮矣. 위령공:3}." 공자에게서 덕이라 함은 인의예지^{仁義禮知}와 같이 하늘이 부여한 인간 성품의 근본 바탕을 지니고, 그것을 실천하는 능력을 말함이다. 물론 그 덕이 인의예지에 국한되지 않는 것은 말할 나위도 없다. 그 모든 것 가운데서도 더함이나 모자람이 없는 한결같은 중용中庸이야말로 모든 덕 중에서도 지극한 덕이라고 공자는 말한다. "중용의 덕은 지극하다. 백성 중에 이를 지닌 사람이 드문지 오래다中庸之爲德也, 其至矣乎. 民鮮久矣. 옹야:27."

덕이 이상적으로 시행되던 시기에 대해 공자는 요순堯舜 시대를 거친 후의 주周나라의 예를 들고 있다. 주나라 때에 덕스러운 인재들이 많아서 주나라의 덕을 다음과 같이 칭찬하고 있다. "주나라의 문왕은 천하의 3분의 2를 차지하고도 은殷나라를 섬겼으니, 주나라의 덕은 지극한 덕이다三分天下, 有其二, 以服事殷, 周之德, 其可謂至德也已矣. 태백:20." 주나라 문왕 때는 나라가 강성해져서 천하를 삼등분하면 주나라가 그 중의 둘을 차지할 정도였다. 여기서 천하라는 것은 중국 고대 국가를 두고 하는 말이다. 결국 웬만하면 천하가 주나라의 손에 들어올 수 있었으며, 실제로 많은 나라가 주나라에 복속하고 있을 때에 문왕은 신하의 절의를 지켜 은나라를 섬겼으니, 주나라의 덕이 지극하다고 한 것이다. 과연 주나라 때에는 초기부터 덕망이 높은 임금이 있었다. 주나라 태왕太王의 장자長子인 태백泰伯도 아버지 태왕이 막내아들 계력季歷에게 왕위를 물려주려하자 천하를 양보하고 둘째 동생을 데리고 집을 떠나 숨었다. 그 이후의 소식을 알 수 없어 백성이 태백의 덕망을 칭송할 길이 없게 되었다고 공자는 〈태백〉 첫 편에서 다음과 같이 술회하고 있다. "태백은 지극한 덕을 가진 사람이라 할만하다. 세 번 천하를 양보하였으나, 백성들은 그를 칭송할 길이 없었다泰伯 其可謂至德也已矣. 三以天下讓, 民無得而稱焉. 태백:1."

공자는 덕을 닦고 실천하는 문제를 결코 가볍게 보거나 만만하게 여기지 않았다. 그 자신도 덕을 닦고 실천하기가 어려운 문제라고 실토한다. "덕을 닦지 못하는 것과 배운 것을 익히지 못하는 것, 옳은 일을 듣고도 실천하지 못하는 것과 잘못을 고치지 못하는 것. 이것이 나의 걱정거리다德之不修, 學之不講, 聞義不能徙, 不善不能改, 是吾憂也. 술이:3." 물론 이 부분은 공자의 겸양을 보여주는 사례지만, 공자가 덕의 수행에 있어서는 그만큼 엄격했다는 것을 말해주는 것이다. 과연 공자가 보기에도 덕을 실현하기를 좋아한 사람이 많지 않았음을 충분히 예측할 수 있다. 그래서 공자는 다음과 같이 말한다. "내가 덕을 좋아하기를 아름다운 여자를 좋아하듯 하는 자를 보지 못하였다吾未見好德, 如好色者也. 위령공:12." 덕은 단지 용기나 힘을 자랑하는 데 있지 않고, 주자(朱子)의 표현처럼 '조화롭고 양순한' 일면을 지니는 것이다. 이러한 덕을 공자는 훌륭한 말馬에 비유하여 다음과 같이 말했다. "좋은 말驥, 천리마은 그 힘을 두고 하는 말이 아니라, 그 덕을 두고 하는 말이다驥, 不稱其力, 稱其德也. 헌문:35." 천리마와 같은 기마는 힘이 좋지만, 단순히 그 힘만을 두고 말하는 것이 아니라, 성질이나 길들여진 품성이 온순하고 훌륭한 것을 말한다. 그러기에 덕이라는 것은 하늘로부터 부여받은 품성이기도 하지만 잘 훈련된 온순한 품성이기도 하다.

실로 공자의 모든 사상을 압축하여 네 글자로 표현한다면, 도道, 덕德, 인仁, 예藝라고 할 것이다. 되짚어 보면 인의예지의 본체는 도이며, 그 나타난 용례는 덕이다. 그 모든 공자사상의 축이 인仁으로 집약된다면 그것을 가장 조화롭고 창조적으로 승화시킨 방편이 예술이라고 해도 무방하다. 그래서 공자는 다음과 같이 말한다. "도에 뜻을 두고, 덕에 거하며, 인에 의지하여 예에서 놀 것이다志於

道, 攄於德, 依於仁, 游於藝. 술이:6." 도에 뜻을 두고 덕을 실천하는 사람이라면, 과연 공자가 늘 이상적 인간으로 생각하는 군자라고 할 수 있다. 군자는 그래서 늘 덕을 가슴에 품고 사는 사람이지, 소소하게 재물을 탐하는 사람이 아니다. "군자는 덕을 생각하지만, 소인은 편안히 머물 것만 생각한다君子懷德, 小人懷土. 이인:11."

에리히 프롬Erich Fromm의 말처럼 '소유냐 존재냐' 하는 삶의 차원을 놓고 볼 때, 덕을 품고 사느냐 아니면 편히 살기위해 재물만 좇을 것이냐 하는 문제에서 군자의 길과 소인의 길이 달라진다고 볼 수 있을 것이다. "제齊나라의 경공景公은 말을 사천 필이나 가지고 있었지만, 그가 죽는 날에 백성들 중에 그의 덕을 칭송하는 이가 없었다. 그러나 백이와 숙제는 수양산 아래에서 굶어 죽었어도, 오늘날까지 사람들은 그들을 칭송하고 있다齊景公, 有馬千駟, 死之日, 民無德而稱焉, 伯夷叔齊, 餓于首陽之下, 民到于今稱之. 계씨:12"는 이 이야기도 재물의 넉넉함이 덕행의 차원과 직결되지 못하고, 가난해도 의리를 중시하며 부끄럽지 않게 살아갈 수 있는 자세가 더욱 중요한 덕목임을 보여주는 사례다. 군자가 재물을 좇지 않고 덕을 좇아 살다 보면, 외로워질 때가 있을 것이다. 그러나 덕을 베풀면 외로운 것만이 아니라, 반드시 이웃하는 벗이 있게 마련이다德不孤, 必有隣. 이인:25.

이와 같이 도를 실천하는 덕의 길이 과연 쉽지는 않지만 그래도 군자가 가야 할 길이라면, 사사로운 욕망을 극복하고 인의예지의 덕을 닦고 실천하는 것이 중요하고 마땅하다. 그런데 덕을 숭상하고 실천하는 일이 때로는 막연하기도 하여, 제자 자장子張이 어떻게 하는 것이 덕을 높이는 길崇德인지를 물었을 때, 공자는 다음과 같이 말했다. "충忠과 신의信를 위주로 하되, 도의義를 실천하는 것이 덕을 높이는 것이다主忠信, 徙義崇德也. 안연:10." 자신에게 진실하며, 타인에게는 믿음을 심어주고 이웃과 사회 대중 속에서는 정의를 실천하며 사는 일, 그것이 곧 덕을 숭상하는 일이라는 것이 공자의 변론이다. 한편 제자 번지樊遲가 덕을 높이는 '숭덕'에 관하여 물었을 때는 "일을 먼저하고 이익은 나중에 생각하는 것이 아니겠는가?先事後得, 非崇德與. 안연:21"라고 반문하면서, 덕의 문제를 일과 이득의 관계에서 일을 우선시하는 것과 관련지어 말하기도 한다. 이는 제자가 처한 상황에 따른 해법식의 답변으로 이해할 수 있는데, 결국 덕의 출발은 자기 자신에게 정직하는 것에서부터 시작되어, 점차 타인과 사회, 그리고 국가에까지 정의의 실현으로 그 영역이 옮겨가는 것이다.

그런데 놀라운 사실은 공자도 모든 것을 막연한 덕으로만 해결할 수 있는 것으로 보지는 않았다는 것이다. 때로는 덕 이전에 보다 중요한 것으로, '정직' 혹은 '바름直'으로써 원한이나 원망의 관계를 풀어나가야 한다고 주장한다. 원한의 관계를 무조건 덕으로만 감싸고 덮어주려고 하기보다는 '바름'을 통해 오히려 시시비비를 가려주는 일도 중요하다고 지적한다. 가령 미운 자식에게 떡 하나 더 준다는 식의 해결방식은 옳지 못하다는 것이다. 어떤 사람이 공자에게 찾아와서 다음과 같이 물었다. "원한을 덕으로써 갚으면 어떻겠습니까?以德報怨, 何如." 이에 공자가 대답했다. "그러면 덕은 무엇으로 갚겠는가? 원한은 그릇된 것을 바로잡는 마음으로 갚고, 덕은 덕으로써 갚아야 한다子曰, 何以報德, 以直報怨, 以德報德. 헌문:36." 덕은 언제나 변덕스러움 없이 그 마음가짐에 있어서 한결같은 것이어야 하기 때문이다. 그래서 한결같은 덕의 중요성에 대해 공자는 다음과 같이 말한다. "남쪽나라 사람들의 말에 의하면, 사람이 한결같지 않으면 무당이나 의사 같은 비천한 일도 할 수가 없다고 했다. 좋은 말이다. 그 덕이 한결같지 않으면 수치스런 일을 당할 것이다는 말도 있다南人有言曰, 人而無恒, 不可以作巫醫. 善夫, 不恒其德, 或承之羞. 자로:22."

이들의 대화 속에서 우리는 중요한 시사점을 하나 발견할 수 있다. 대개가 모든 허물과 원한의 문제를 은덕으로 감싸주고 덮어주는 것을 너그러운 것으로 생각하기 마련이다. 그러나 공자는 그것만이 능수가 아니라고 일침을 가한다. 은덕의 문제는 은덕으로 갚아야 하지만, 원한이나 원망의 문제는 '바름'을 통해 풀어가는 것으로 보답하는 것이 옳다고 말한다. 원한관계에서 용서나 위로. 혹은 관용이 필요한 것은 당연하다. 그러나 그보다 더욱 선행되어야 할 것이 있다면, 문제의 근본에 대한 바른 이해와 잘못된 부분을 바로 잡는다는 자세와 정신이 더욱 중요하다는 것이다. 대충 넘어가는 식의 보덕報德이 아니라, '바로잡음으로써 원한에 보답하는 자세以直報怨'는 유가철학에서 중요시하는 『대학』의 '격물치지格物致知' 정신과도 통하는 것이어서, 태평천하를 열어가기 위한 '치국평천하治國平天下'에 앞서 반드시 선행되어야 하는 덕목이 아닐 수 없다.

바로 이러한 덕은 한결같은 마음가짐에서 우러나오는 것이기도 하다. 덕과 언행에 대해 공자는 다음과 같이 말한다. "덕이 있는 사람은 올바른 말을 할 수 있지만, 바른 말을 한다고 해서 반드시 덕이 있는 사람이라고 말할 수는 없다有德者, 必有言, 有言者, 不必有德. 헌

문:5." 이는 말재주만 가지고서는 덕 있는 사람이 될 수 없다는 뜻이다. 오히려 "교묘한 말재주는 덕을 어지럽힐 뿐이다巧言亂德. 위령공:26." 말재주는 일시적이지만 덕은 한결같은 것이기 때문이다. 이처럼 말재주만 있거나, 아니면 남에게서 들은 몇 마디 말만 가지고 아는 척 하는 행위도 덕을 버리는 것에 속한다. 이를 비유하여 공자는 다음과 같이 말한다. "길에서 듣고서 길에서 말을 내뱉는 것은 덕을 버리는 것이다道聽而塗說, 德之棄也. 양화:14." 길에서 혹은 어떤 장소에서든지 선하고 훌륭한 말을 듣는다면, 이를 마음으로 숙고하여 그 깊은 뜻을 헤아린 연후에 몸소 실천할 때만이 비로소 자신의 덕이 될 수 있다는 이야기다. 좋은 말을 들으면 그것을 귀로 듣고 그저 입으로 내뱉지 말고 마음속으로 그 의리를 궁구할 뿐만 아니라, 그 뜻을 실천하는 것이 바로 덕을 함양하는 것이다. 왜냐하면 덕은 말에 있지 않고 실천하는 능력에 있기 때문이다.

덕을 실천하는 능력에는 사람마다 차이가 있을 수밖에 없다. 공자의 제자 자하子夏는 다음과 같이 말한다. "큰 덕이 한계를 넘어서지 않는다면, 작은 덕은 융통성을 부여해도 가하다大德不踰閑, 小德出入可也. 자장:11." 큰 덕이라 함은 최소한 기본적으로 어겨서는 안 되는 큰 도리를 말하는 것이고, 이에 비해 사소한 작은 덕에 대해서는 어느 정도의 융통성을 부여할 수도 있다는 것이다. 물론 작은 덕이라도 결코 무시해서는 안 된다는 것은 두 말할 필요가 없다. 그러나 문화적 차이에서 발생하는 작은 규범으로서의 덕에는 때때로 융통성을 부여할 수 있다는 것이다. 노자老子도 '집대상執大象'이라 하여, 큰 도리를 붙잡을 것을 말했고, 서양의 사상가 칼 힐티Carl Hilty 또한 항상 위대한 사상을 붙들고 살 것을 말했던 것도 모두 그와 같은 의미다. 그렇다고 해서 사소한 덕목을 무시하라는 뜻은 아니다. 큰 덕에 충실히 하는 자는 작은 덕에 너그러울 수 있지만, 작은 덕, 또는 규범만을 고집하는 자는 큰 덕을 소홀히 할 수도 있다. 지금까지 우리는 『논어』에서 언급되는 덕에 대해 고찰해 보았다. 이제 예수가 말하는 덕을 살펴보자.

앞서 언급한 바와 같이, 『성서』에서 말하는 덕은 헬라어의 '아레테'에 해당하는 용어로서, 바울이 여러 차례에 걸쳐 직접적으로 이 단어를 사용하고 있음을 보았다. 그러나 이 단어는 그리스도인이 지녀야 할 태도로서의 다양한 덕목을 지칭하는 용어일 뿐이지 '덕이란 무엇인가'라는 정의를 내려 주지는 않는다. 그 다양한 덕목에는 참眞實과 경건敬虔, 옳음公正, 정결純潔, 사랑받을만함可愛, 칭찬받을만함光榮的事 등이 있음을 보았다빌립보서4:8. 그러나 지켜야 할 덕목은 인간의 아름다운 행위 전체를 열거해야 할 만큼 그 종류가 다양할 것이다. 그렇다면 다음과 같은 베드로의 압축적인 말을 생각해 볼 필요가 있다. "너희가 더욱 힘써 너희 믿음에 덕을, 덕에 지식을, 지식에 절제를, 절제에 인내를, 인내에 경건을, 경건에 형제 우애를, 형제 우애에 사랑을 공급하라베드로후서1:5-7." 예수의 제자 베드로는 여기서 몇 가지 그리스도인의 덕목을 말하고 있는데, 가장 먼저 믿음信에 기초할 것과 그 모든 행위를 사랑으로 아우를 것을 말한다. 믿음과 사랑 사이에 덕이 있고, 이 덕에 배움을 더하여 덕을 닦을 것이며, 배움이 있다 하여 교만하지 말 것이며, 절제와 인내를 통하여 경건과 형제 우애를 돈독히 할 것을 권면하고 있다.

덕에 해당하는 헬라어에는 '아레테' 이외에도 '오이코도메

oikodome'가 있다. 이는 '건축하다'라는 의미를 지니기도 한다. 이 단어의 근원은 '오이코스oikos'로서 집이나 가족, 혹은 종족을 뜻하고, 거기서 파생하여 '오이코도모스oikodomos' 즉 '건축자'라는 명사와 '오이코도메오oikodomeo' 즉 '건축하다'는 동사와 '덕德을 세우다'의 의미가 병행하게 되었다. 건축하는 일이 '덕을 세우는 일edify, 建德'과 결부되고 있는 셈이다. 이 뜻은 더욱 확대되어 '덕을 기르는' 일과 함께, 오이코노모스라는 '집사執事', 혹은 '관리자'라는 경영의 의미로까지 확대되었다. 덕을 세우는 오이코도메오는 인간 경영의 문제와 결부되고, 이것이 오늘날의 '경제'를 의미하는 전문용어인 '이코노미economy'라는 영어가 파생되었다는 것은 주지의 사실이다. 그러면 신약성서에서 건축하다, 혹은 덕을 세우다는 의미의 오이코도메오의 용례를 잠시 살펴보자.

예수는 그리스도인이 지켜야 할 덕을 건축자에 비유하여 다음과 같이 말한다.

"내게 나아와 내 말을 듣고 행하는 자는 누구와 같은지를 너희에게 보이리라. 집을 짓되 깊이 파고 주초를 반석 위에 놓은 사람과 같으니, 큰물이 나서 탁류가 그 집에 부딪히되 잘 지은 연고로 능히 요동케 못하였거니와, 듣고 행치 아니하는 자는 주초 없이 흙 위에 집지은 사람과 같으니 탁류가 부딪히매 집이 곧 무너져 파괴됨이 심하니라(누가6:47-49)."

예수의 교훈을 지키는 자는 반석 위에 지은 집과 같아서 심한 비바람에도 무너지지 않지만, 그 말을 지키지 않는 자는 쉽게 무너지는 집과 같다는 의미다. 집과 그 집을 짓는 건축자와의 관계는 사람과 그 사람의 인격을 가늠하는 덕의 관계와 같다. 다시 말하면 그리스도의 교훈을 실천하여 덕을 쌓아감으로써 그리스도인의 인격이 완성되고 고통과 환란의 풍파가 불어도 흔들리지 않는 집과 같이 된다는 것이다. 그러나 '오이코도메오'의 개념은 덕목에만 비유되는 것이 아니라, 단순하게 집을 짓거나 무덤을 '쌓다'는 의미도 있다. 예수가 바리새인들과 서기관들을 향하여 그들의 위선을 지적하면서 다음과 같이 비판하고 있다. "화 있을진저, 너희는 선지자들의 무덤을 쌓는도다. 저희를 죽인 자도 너희 조상들이로다^{누가11:47}." 그런 점에서 오이코도메오는 반드시 덕만을 지칭하는 것이 아니라, 건축일반과 관련된 용어로 사용되고 있음을 알 수 있다.

예수가 비유하는 '건물'이라는 개념은 묵시문학적인 표현이며, 메시아적 개념과 결부되기도 한다. 왜냐하면 하늘의 성전을 건축하는 것에 대한 비유도 되기 때문이다. 곧 예수의 말과 교훈을 지키는 자는 '영생의 집'을 짓는 건축자와 같다는 의미가 되는데, 이는 예수와 베드로의 대화에서 더욱 분명해진다.

> "또 내가 네게 이르노니, 너는 베드로라. 내가 이 반석 위에 내 교회를 세우리니, 음부의 권세가 이기지 못하리라. 내가 천국 열쇠를 네게 주리니, 네가 땅에서 무엇이든지 매면 하늘에서도 매일 것이요, 네가 땅에서 무엇이든지 풀면 하늘에서도 풀리라(마태16:18-19)."

예수가 반석^{磐石} 위에 교회를 세우겠다는 뜻은, 베드로라는 말이 '반석'을 의미하듯이 든든한 믿음의 고백 위에 천국을 향하는 집을 짓는다는 것이며, 또 그에게 천국의 열쇠를 주겠다는 뜻이다. 이러한 표현들은 종말론적인 표현이기도 하지만, 반면에 영적인 능력과 권위를 보여 주는 것이기도 하다. 또 다른 곳에서도 예수는 대제사장들과 장로와 서기관들이 다 모인 공회 앞에 있을 때, "손으로 지은 성전과 손으로 짓지 아니한 성전"에 대한 언급이 있다^{마가14:58}. 아무튼 '건물^{오이코도메오}'에 대한 예수의 이러한 비유는 메시아적인 개념을 나타내는 것이었다. 여기서의 건물과 관련된 모든 비유는 하나님 나라의 공동체적 개념을 뜻하는 것이며 영적이고 종말론적인 구원의 의미를 지니는 것이다. 바울뿐만 아니라, 베드로도 오이코도메인을 '신령한 집'으로 표현함으로써^{베드로전서2:5}, 바울이 은유적으로 사용하는 '세움'으로서의 '건덕^{健德}'과도 비교되고 있다. 그런 점에서 베드로는 예수가 말하는 '영적 성전'으로서의 개념과 바울이 말하는 '공동체적 덕 세우기'의 개념 사이에 연결점을 제공해 주고 있다.

이러한 영적 건물^{성전}로서의 오이코도메오는 바울에게서 매우 새로운 개념으로 발전하는데, 그것은 바로 모든 사도들과 공동체의 임무와 행위에 관련되는 덕목을 지칭하는 것이었다. 이는 바울 서신에서 자주 등장하는데, 교회의 '덕을 세우는 일'과 관련된다. 바울은 고린도 교회의 성도들에게 다음과 같이 말한다. "사랑하는 자들아, 이 모든 것은 너희의 덕^德을 세우기 위함이라^{고린도후서12:19}." 바울이 멀리 떨어진 고린도 교회의 성도에게 이러한 편지를 쓰는 까닭도 덕을 세우고자 함이라고 그의 끝 인사말에서 다음과 같이 길게 말한다.

"우리가 하나님께서 너희로 악^惡을 조금도 행하지 않게 하시기를 구하노니, 이는 우리가 옳은 자임을 나타내고자 함이 아니라, 오직 우리는 버림받은 자 같을지라도 너희로 선^善을 행하게 하고자 함이라. 우리는 진리를 위반하여 아무것도 할 수 없고, 오직 진리를 위할 뿐이니, 우리가 약할 때에 너희의 강한 것을 기뻐하고 또 이것을 위하여 구하니, 곧 너희가 온전하게 되는 것이라. 이를 인하여 내가 떠나 있을 때에 이렇게 쓰는 것은 대면할 때에 주께서 너희를 파^破하려 하지 않고 세우려오이코도메오, ^德 하여 내게 주신 그 권세를 따라 엄하지 않게 하려 함이니라(고린도후서13:7-10)."

덕을 세우는 건덕^{健德}으로서의 오이코도메오는 개인의 건덕뿐만 아니라, 공동체적인 건덕이 있다. 바울은 데살로니가의 성도들에게 권면하는 편지에서 다음과 같이 말하고 있다. "피차 권면하고 피차 덕^德을 세우기를 너희가 하는 것 같이 하라데살로니가5:11." 공동체 상호 간에 피차 덕을 세우기를 권면한 것이다. 이는 개인과 전체 공동체의 덕이 불가분의 관계에 있음을 말하는 것이며, 개인적으로 덕을 닦고^{修德} 덕을 함양하는^{쌓는, 건축하는} 것은 다른 공동체의 일원에게 위로와 용기를 전해주는 것이기도 하다. "예언하는 자는 사람에게 말하여 덕을 세우고, 권면하며 안위하는 것이요, 방언을 말하는 자는 자기의 덕을 세우나, 예언을 말하는 자는 교회의 덕을 세운다고린도전서14:3-4." 이처럼 방언은 사적인 것이지만, 예언은 공동체적 성격을 지니는 것으로 권고나 위로의 말을 뜻한다. 그러므로 바울은 각자의 방언도 좋지만 공동체를 위해서는 더욱 권면하거나 위로하는 예언을 중시했다. 여기서 예언이라 함은 미래의 길흉을 점치듯이 하는 말이 아니다. 구약성서에서도 예언자들은 언제나 동방의 현인^{賢人}과 같이 역사의 증인으로서 정의와 공평을 위해 바른 말을 했던 사람들이다.

지금까지 살펴 본대로 '오이코도메오', 즉 덕을 세우는 것은 개인적인 인격의 수양과 동시에 공동체적 성격을 지니고 있다. 지식도 덕을 세우는 데 도움을 주는 것이기는 하지만, 지식 그 자체만으로는 부족하다. 여기에는 사랑의 덕이 함께하여야 한다. 바울은 고린도 교회의 사람들이 우상제물을 먹느냐 마느냐 하는 문제를 두고 논쟁을 벌일 때에, 지식과 사랑을 대비시켜 덕을 논하고 있다.

"우상의 제물에 대하여는 우리가 다 지식이 있는 줄을 아나, 지식은 교만하게 하며 사랑은 덕을 세우나니, 만일 누구든지 무엇을 아는 줄로 생각하면 아직도 마땅히 알 것을 알지 못하는 것이요, 또 누구든지 하나님을 사랑하면 이 사람은 하나님의 아시는 바 되었느니라(고린도전서8:1-3)."

바울은 덕과 관련하여 결론적으로 다음과 같이 말한다.

"모든 것이 가하나, 모든 것이 유익한 것이 아니요, 모든 것이 가하나 모든 것이 덕을 세우는 것이 아니다. 누구든지 자기의 유익을 구하지 말고, 남의 유익을 구하라(고린도전서10:23)."

이 말은 그리스도를 통하여 '자유'를 깨달은 바울 자신의 최대의 표현이자 선언이라 할 수 없다. 이는 공자가 "군자가 굳이 해야 할 것도 없고, 반드시 하지 말아야 할 것도 없지만, 오직 인仁을 따라 할 것이다"라고 했던 말과도 유사하다. 공자가 늘 제자들에게 덕을 높이는 '숭덕崇德'을 강조해 왔다면, 바울은 성도들에게 덕을 세우는 '건덕健德'을 강조한 셈이지만, 의미상으로는 모두가 선을 추구하고 진리를 따르며, 충실함과 신의를 가지고 이웃에게 서로 사랑으로 봉사하라고 했던 점에서는 맥을 같이하고 있다. 지식만으로는 덕을 세우지 못하지만 사랑으로 덕을 세우고 완성한다는 교훈은 공자나 예수, 그리고 바울 모두에게서 볼 수 있는 훌륭한 덕목이 아닐 수 없다. 공자나 예수 모두가 덕을 숭상함으로써, 기존의 억압적이고 폐쇄적인 '집단정신'을 쇄신하고, 서로가 서로에게 유익한 봉사를 함으로써 자유롭고 개방적인 평화적 공동체의 건설에 기여하고자 했음을 볼 수 있다. 이제는 그 구체적인 덕목들을 열거하면서 공자와 예수의 덕행사상을 비교 고찰해 보자.

● 비움 : 공자의 허虛와 예수의 케노우kenou, 비우다

유가儒家의 철학은 성인聖人과 군자의 삶을 이상으로 삼는 만큼, 그 도道에 따른 덕德의 실천이 무엇보다 중요하다. 그런데 덕이라 함은 앞에서 언급한 바와 같이 어느 한 가지로 제한하여 설명할 수 없지만, 대개 도에 따른 인간 윤리의 실천적 대강大綱이라 말 할 수 있을 것이다. 그렇다면 공자가 가르친 수많은 덕목 가운데, 단연 무엇이 우선적인 덕목인가. 이를테면, 덕성의 실천에도 '친소후박親疏厚薄'이라는 우선순위가 있게 마련이다. 그것을 우리는 공자가 가장 중요시한 인仁의 실천을 뜻하는 인덕仁德이라고 말해도 좋을 것이다. 왜냐하면, "진실로 인仁에 뜻을 두면 악惡을 행하지 않게 된다苟志於仁矣, 無惡也. 이인:4"는 공자의 말이 설득력을 지니기 때문이다. 그런데 이미 앞에서 인仁의 사상을 예수의 아가페 사상과 비교하여 고찰했기 때문에, 여기서는 인을 실천하기 위한 방편으로서 강조되고 있는 '허虛', 곧 비움의 관점에서 공자의 덕을 새롭게 음미해 보고자 한다.

유사 이래 성공적인 삶을 살다간 성현聖賢들은 모두 덕성에 기초한 올바른 세계관을 지니고 살았다. 올바른 세계관이란 올바른 신념체계에 따른 올바른 지향성을 지니고 있다는 말이기도 하다. 무엇을 지향하고 살 것인가 하는 것은 어떻게 인생을 살아 갈 것인가 하는 문제와 직결된다. 그 지향성의 첫 출발점은 비움일 것이다. 비움이란 잘못된 인생관이나 세계관을 몰아내고 참된 세계관을 수립하기 위해 스스로를 반성해 보는 자기 성찰의 시작이다. 맹자가 "만물이 자기 속에 이미 구비되어 있으니, 자신을 되돌아보아 성심을 다하면 지극한 즐거움이 따른다萬物皆備於我, 反身而誠, 樂莫大焉. : 盡心上"고 했던 것과 같이, 인생의 즐거움과 성공의 여부는 참다운 자기 성찰에 있기 때문에, 올바른 자기 성찰을 위해서는 자기 비움이라는 과제가 선행될 수밖에 없다는 것이다. 비움은 자기를 극복하고 타자와의 원숙한 관계를 이루며 사랑을 실천하기 위한 첫 관문이기 때문이다.

『논어』에서 우리는 과연 공자의 비움虛사상을 어떻게 찾아볼 수 있을까?

공자에게서 '비움'의 정신을 단적으로 보여주는 사례는 〈자한子罕〉편에서 찾아볼 수 있다.

"공자는 네 가지를 절대로 하지 않았다. 사사로운 뜻을 내는 일이 없었으며, 기필코 하겠다는 일도 없었고, 고집부리는 일도 없었으며, 자기를 내세우는 일도 없었다子絶四, 毋意毋必毋固毋我. 자한:4." 이 가운데서 특히 '무아毋我'의 정신은 '자기를 내세우지 않는' 정신이다. 불교의 '무아無我'와 그 존재론적인 철학적 성격은 다르지만 윤리적 덕행과 관련하여서 볼 때는 상통하는 것으로, 노자의 무위無爲와는 크게 다를 바 없다. '무아'의 정신에는 '비움'의 정신이 있기에, 사사로운 뜻이나 고집을 내세우지 않는다. 모든 비움의 시작은 '사사로운 이익'을 먼저 내세우고자 하는 욕심을 멀리하는 반성적 성찰에서 출발한다고 볼 수 있다.

노나라 사람으로서 공자보다 46세 연하의 제자인 증자曾子도 생활 속에서의 비움의 도리인 허虛를 언급하고 있다. "능력이 있으면서도 능력 없는 사람에게 물어보고, 많이 알면서도 조금 아는 사람에게 물었으며, 있으면서도 없는 것 같고, 꽉 차 있으면서도 텅 빈 듯하고, 남이 자신에게 잘못을 범해도 따지며 다투지 않았다. 옛날 나의 친구안회가 이렇게 살았다有若無, 實若虛, 犯而不校, 昔者吾友嘗從事於斯矣. 태백:5." 증자는 공자의 사랑받는 애제자인 안회안연와 가까운 동년배의 친구로서 동문수학한 제자였지만, 안회의 사람됨을 지극히 칭찬하면서, 비움의 정신을 언급하고 있다. 실로 안연顏淵은 공자와의 대화에서도 드러나듯이, "잘하는 것을 자랑하지 않고, 공로를 과시하지 않으려고 한다無伐善, 無施勞. 공야장:25"는 그의 말대로 무욕의 정신으로 살았던 자로서, 후대에 공자의 제자 중에 가장 큰 자랑거리가 되었던 것이다.

공자는 군자의 도리를 말함에 있어서 '비움'의 정신을 말한다.

"군자가 먹는 일에서 배부름을 구하지 않으며, 거처함에 있어서도 편안함을 추구하지 않는다君子食無求飽, 居無求安. 학이:14." 한번은 공자가 도道가 실현되지 못함을 한탄하여 구이九夷, 즉 여러 동이족이 사는 곳에 가서 살고자 했을 때, 누군가가 그곳은 누추한 곳이라고 만류했다. 그러자 공자는 "군자가 거주하여 사는 곳이면 누추함이 무슨 상관이 있겠는가?君子居之 , 何陋之有. 자한:13"라고 반문한다. 이상적 인간형으로서의 군자는 의식주 문제에 있어서 포식과 안일함을 추구하지 않는다. 오히려 "가난해도 즐거워하며貧而樂. 학이:15", 배움과 덕德을 닦는 일에 정진해야 한다는 것이다. "군자는 도道를 걱정해야지 가난을 걱정하지 않는다君子憂道, 不憂貧. 위령공:31"는 뜻이기도 하다. 이러한 정신은 오로지 "모든 생각에서 사악함을 없애는 것思無邪. 위정:2"에서부터 출발한다. 그렇게 될 때, 비로소 "자기가 하고자 하는 대로 살아도 법도에 어긋나지 않을 것從心所慾不踰矩. 위정:4"이며, "서로 다투는 일도 없을 것君子無所爭. 팔일:7"이다.

공자가 외면한 것 중에 하나는 높은 벼슬자리에 있거나 지위가 높은 자리에 있는 사람이 관용을 베풀 줄 모르는 것居上不寬. 팔일:26이었다. 그들이 너그럽지 못한 까닭은 자기에 대한 집착이 그만큼 강하다는 것의 반증이다. 그러기에 관용도 비움과 상통한다. 사람은 항상 자신이 처한 자리屬를 잘 생각해야 한다. 특히 높은 벼슬자리에 있을수록 모범이 되어야 하는데, 제자 중에 덕행德行이 뛰어난 중궁仲弓, 이름은 염옹冉雍이라고 함이라는 자가 모범적인 인물이었다. 공자는 바로 이 중궁을 두고, "임금 역할을 할만하다雍也, 可使南面."라고 칭찬했다. 여기서 '가사남면可使南面'이란 뜻은 임금이 남쪽을 향하여 자리를 잡고 정사를 처리한다는 뜻에서 나온 말인데, 중궁도 과연 그러한 자리에 있을만한 인격과 도량이 있음을 말한 것이다. 중궁이 공자에게 이 같은 칭찬을 받은 이유는 그가 늘 경건하면서도 행동할 때에는 소탈한 자세로 백성을 대했던^{(居敬行簡 以臨其民. 옹야:1}것에 있다. 지도자의 자리에 있는 자가 하늘과 백성에 대한 공경의 자세를 잃어버리고 사치하게 행동한다면 그는 비움의 도리를 보이는 사람이라고 할 수 없을 것이다. "사치하면 공손함을 잃게 된다_{奢則不孫. 술이:35}"는 점이나, "지나침은 모자라는 것과 같다_{過猶不及. 선진:15}"는 공자의 말이 이를 잘 뒷받침하고 있다.

공자의 비움의 사상은 그의 정치학에서도 잘 드러난다. 제자 자하_{子夏}가 노나라 거보_{莒父}라는 작은 읍_邑의 읍재_{邑宰}가 되어 정치에 관해 물었을 때, 공자는 다음과 같이 답한다. "속히 성과를 보려고 욕심내지 말고, 작은 이익을 보고 탐하지 말 것이며, 속히 하려면 제대로 되지 않고, 작은 이익을 탐하면 큰일을 이루지 못한다_{無欲速, 無見小利, 欲速則不達, 見小利則大事不成. 자로:17}." 정치가들은 일의 진척과 성과를 염두에 두고 성급히 모든 일을 처리하려는 폐단이 있다. 이에 대해서도 공자는 자하에게 조용히 인내하며 성과를 기다리고, 큰 뜻을 가지되 작은 이익을 탐하지 말 것 등을 경계하여 가르친다. 공자가 말하는 '비움의 정치학'은 순_舜임금이 보여준 '무위_{無爲}의 정치학'이기도 하다. "인위적으로 하지 않고 나라를 다스린 자는 순임금이신가 보다. 어떻게 다스렸을까? 몸가짐을 공손히 하고 바르게 임금의 자리를 지켰을 뿐이다_{無爲而治者, 其舜也與. 夫何爲哉, 恭己正南面而已矣. 위령공:4}."

인위적인 것을 거부하고 자연스런 다스림을 주장하는 '무위이치_{無爲而治}'의 사상은 노자의 사상을 대변한다고 할 정도로, 노자의 사상적 분위기를 보여준다. 그러나 공자도 요순시대의 이상적인 정치사상을 무위無爲의 다스림으로 보았으니, 정치에도 비움의 무위가 얼마나 중요한 것인가를 잘 보여주고 있다. 공자는 제자 자장이 정치에 관하여 물었을 때, 다섯 가지 미덕을 존중하고 네 가지 악덕을 물리칠 것을 언급하면서, 그 가운데 "뜻을 이루고자 하면서도 탐욕을 부리지 않을 것欲而不貪, 요왈:2"을 말한다. 이 또한 비움의 정치학이라 할 수 있을 것이다. '공자의 정치학'에 관해서는 뒷장에서 좀 더 자세히 언급하기로 하고, 이제 예수의 비움이 공자의 비움과 어떻게 비교될 수 있는지 살펴보기로 하자.

성서에서 '비움'을 뜻하는 헬라어는 '케노시스kenosis'다. 이 단어는 원래 사물의 '빈' 상태를 의미하는 단어이지만, 사람에게 종종 적용될 때는 허영심이 강하거나 경솔한 사람 또는 무익한 것을 가리키기도 했다. 이를테면 자랑이나 '헛된' 말 등이다. 여기서 파생된 말이 '케노독소스kenodoxos'로서 '헛된 영광' 혹은 '자랑하는 사람'이라는 말과 '케노독시아kenodoxia', 즉 '자만' 혹은 '기만'을 뜻하는 말이다. 이 같은 '빈' 혹은 '비움'의 의미를 갖는 '케노시스'가 『복음서』에서 사용된 문자적 의미의 용례를 몇 군데 볼 수 있는데, 모두가 '자기를 낮추고 비운다'는 의미보다는 문자 그대로 '없음' 혹은 가지지 못한 '빈' 상태를 의미하는 경우로 나타나고 있다.

예수가 포도원의 농부에 대한 비유를 할 때에, 포도원 주인이 농부들에게 세를 주고 타국에 떠났다가 돌아와서 포도원 소출의 일부인 세금을 받으러 종을 농부들에게 보냈을 때 그들이 종을 심하게 폭행하고 '거저' 돌려보냈다는 일화에서, '빈케노스, kenos'이 언급된다^{마가12:3}. 또한 '마리아의 찬가^{누가1:46-56}' 중에서 "주리는 자를 좋은 것으로 배불리셨으며, 부자는 '빈손'으로 보내셨도다^{누가1:53}"는 표현에 언급되고 있다. 여기서 우리는 부자가 빈손으로 가는 사회 경제적 반전反轉 현상을 『복음서』에서 접하게 된다. 『복음서』 이외의 다른 서신에서는 케노스가 사람에 대하여 비유적인 의미로 대부분 사용되고 있는데, 야고보서^{2:20}에 따르면, "아아, 허탄한 사람아! 행함이 없는 믿음이 헛것인 줄을 알고자 하느냐?"라고 할 때, '허탄한' 사람이나 '어리석은' 사람을 지칭하고 있다. 에베소서^{5:6}에서도 "누구든지 헛된 말로 너희를 속이지 못하게 하라. 이로 말미암아 하나님의 진노가 불순종의 아들들에게 임한다"라고 할 때, '헛되다'는 뜻이 케노스를 지칭하고 있다.

이와 같이 케노스는 신약성서에서 대부분 '헛된' 혹은 '빈'의 뜻으로 사물이나 사람에게 적용되고 있는데, 골로새서^{2:8}에서는 헛된 속임수, 고린도전서^{15:10, 15:58}에서는 은혜가 헛되지 않음, 수고가 헛되지 않음 등으로 표현되고 있다. 특히 바울에게서는 그리스도의 부활이 없었다면, 그가 전파하는 것이나 믿음이 '헛된^{케노스}' 것으로 언급하고 있다^{고린도전서15:14}. 그런데 바울은 이 단어의 동사 형태인 '케노우^{kenou}'를 들어 그리스도에게 적용함으로써 새로운 의미를 만들어 내고 있다. 케노우는 '비우다' 혹은 '무효화 시키다'는 의미를 지니는데, 여기서 바울은 '비우다'는 의미를 그리스도가 자신의 신성神性을 이기적으로 사용하지 않고 '비워', 종의 형태를 지니게 되었다는 의미로 사용하고 있다. "그는 근본 하나님의 본체시나 하나님과 동등 됨을 취할 것으로 여기지 아니하시고, 오히려 자기를 '비워' 종의 형체를 가지고 사람들과 같이 되셨다^{빌립보서2:7}."

바울은 그리스도가 하나님과 본질상 동일하면서도 그의 영원한 신성을 과시하기보다는 나약하고 비천한 인간의 형태로 자신을 비우고 낮춘 사실을 강조하고 있다. 이것은 물론 인간을 구원하고자 하는 그리스도의 겸손한 마음을 바울이 강조한 것이기는 하지만, 케노스의 용례를 그리스도에게 적용함으로써 단번에 비움의 신학적 의미를 가능하게 만들었던 것이다. 비움의 신학적 의미는 존재 방식의 변화를 뜻한다. 이는 바울이 고린도 교인들에게 보낸 편지에서 "그리스도가 부요하신 이지만, 너희를 위하여 가난하게 되었다^{고후8:9}"는 표현이 이를 뒷받침한다. 이 같이 비움을 뜻하는 케노스가 일차적으로는 사물이나 사람에게 적용되는 용어로서 '빈' 혹은 '헛된'이라는 두 가지 의미를 지니고 있었는데, 바울은 그 단어의 동사인 케노우^{비우다}를 그리스도에게 적용함으로써, 비움의 신학을 모범적으로 제시해주고 있다. 그리스도의 탄생에서부터 비움의 모범적 사례를 기술하고 있는 바울의 이 같은 설명을 토대로, 예수 자신은 과연 비움의 정신을 어떻게 말하고 있는지 『복음서』에서 몇몇 사례를 더 찾아보자.

인간은 물질적 존재이지만 동시에 정신적-영적 존재임을 예수는 부각시켜 말하면서, 물질적 가치보다는 정신적-영적 가치를 더 우선한다. 이를테면 빵보다는 진리, 곧 하나님의 말씀이다^{마태4:4}. 이 말은 비록 배가 조금 고프더라도, 진리에 따라 살아야 함을 강조한 것인데, 이 또한 물질적 욕망에 대한 비움 없이는 불가능한 일이다. 그래서 예수는 "심령이 가난한 자는 복이 있다. 천국이 그들의 것이다^{마태5:3}"라고 말한다. 예수가 산 위에서 가르친 '팔복'의 비유도 모두 비움의 정신이 기반이 될 때 가능한 축복이다. 세상의 '빛과 소금'이 될 수 있는 근거도 비움이 전제될 때 가능하다. 더 나아가 원수를 사랑하는 일도 자기부정이라는 비움이 없이는 불가능하다. 왜냐하면 비움이 없이는 원한에 사무칠 수밖에 없기 때문이다. 사랑이 그러한 것처럼, 구제하는 일도 마찬가지다. 사랑과 구제는 모두 비움이라는 한 뿌리에서 파생된 가지이기 때문이다.

기도하는 일이나 금식하는 일 모두가 '자기 비움'이 아니라 이기적인 욕망의 '채움'을 전제로 한다면, 그것도 하나님의 뜻에 합당한 것이 아니다. 욕망을 가진 상태로 하나님과 재물을 겸하여 섬기지 못한다. 특히 병들고 귀신 들린 자들을 향한 치유의 재능에 관하여 "거저 받았으니, 거저 주라^{마태10:8}"는 예수의 명령은 준엄하다. 이는 비움의 정신을 가장 단적으로 잘 드러내 보여주는 표현이다. 더구나 제자들로 자청하여 따라 나선 자들은 "전대에 금이나 은이나 동을 가지지 말고 여행을 위하여 배낭이나 두 벌 옷이나, 신이나 지팡이를 가지지 말라. 이는 일꾼이 자기의 먹을 것 받는 것이 마땅하니라^{마태10:9-10}"는 예수의 명령을 따라야 했다. 이는 초대 예수 공동체가 방랑 걸식하며, 치유를 베풀고 천국 복음을 전했던 것을 알 수 있게 해준다.

자기 비움의 정신은 "자기 목숨을 얻는 자는 잃을 것이요, 나를 위하여 자기 목숨을 잃는 자는 얻으리라^{마태10:39}"는 예수의 말 속에서 가장 극명하게 드러난다. 비움은 결국 '자기 내어줌'이다. 누구를 위한 내어줌인가? 예수는 '나를 위하여'라고 한다. 여기서 '나'는 누구인가를 생각해 본다면, 그것은 요한의 해석대로, "길^道

이요, 진리眞, 생명命이다요한14:6." 이 길과 진리와 생명은 또한 아버지의 바다海로 가는 강江 위의 뗏목이기도 하다. 그래서 그는 구세주가 된다. 뗏목을 타지 않고 강을 건널 수 없듯이, 나를 떠나서는 아버지에게로 갈 수 없다요한14:6. 그 뗏목을 타기 위해서는 무거운 짐을 내려놓아야 한다. 그래서 예수의 '짐'은 가볍고도 쉽다. 그 가벼움이 바로 '비움'이다. 그러나 이 단순한 비움에 이르기까지는 엄청난 생사의 결단이 요청된다. 그래서 우리는 "소유냐, 존재냐" 하는 물음을 다시 묻게 되지 않을 수 없고, 일사각오一死覺悟의 결단이 요청된다는 것이다. 쉽지만 어려운 길이다. 진리를 알았으니 어렵다고 더욱 포기할 수는 없는 노릇이다. 그래서 비움의 길은 부단한 수련의 길이다.

공자가 거듭 비움의 정신을 강조한 것이나, 예수가 목숨까지 버릴 각오를 하고 자신을 좇으라고 했던 이유도 모두, 역사에 길이 남을 거듭난 참 생명의 가치를 소중히 여겼기 때문이다. 공자는 비록 개인의 수기修己를 통해 군자로서의, 혹은 백성의 평안을 위한 정치적 지도자로서의 이상을 실현하기 위해 비움의 정신을 강조했다면, 예수는 정의와 평화가 넘치는 하나님 나라의 실현을 위한 비움의 정신을 강조한 것에 그 차이점이 있다. 하지만, 예수가 심령이 가난한 상태로 이웃을 사랑하며 구제하고, 대가를 바라지 않고 불완전한 이웃을 치유하는 정신을 거듭 말했던 것은 비록 하나님 나라의 실현이라는 의도가 있었다 해도, 이 땅에서의 평화적 삶을 위한 것이니만큼 공자가 수기안백성修己安百姓을 위해 역설한 비움의 정신과도 맥락을 같이하는 것이다. 예수는 메시아로서 이 땅에 왔지만 로마의 정권에 시달리며 멸망해 가는 피압박 민족의 설움 한복판에 등장했다. 그 가운데서도 그는 비움을 통한 사랑의 복음으로 투사가 되어, 자기를 내어주는 '죽음'으로써 살리는 '해방'의 복음을 설파했고, 공자는 멸망해가는 주나라의 문화와 땅에 떨어진 도의 덕치를 되살리기 위해 '먹는 일에 배부름을 구하지 않고食無求飽, 거처함에 편안함을 구하지 않으면서居無求安', 비움의 정신으로 일생을 살았던 것이다.

● 나눔 : 공자의 시施와 예수의 디도미didomi, 주다

비움은 단순히 비움으로 끝나지 않는다. 그것은 끝없는 나눔의 신비로 이어지며, 또 다시 그 나눔은 거대한 사귐의 율동으로 이어진다. 비움이 모든 인간 활동의 모체母體로서 어머니의 자궁과 같은 생산성의 근본根本 뿌리가 된다면, 나눔은 그 뿌리에서 나오는 줄기와 가지다. 그러므로 비움이 '체體'라면 나눔은 '용用'이다. 뿌리와 가지의 관계처럼 밀접한 비움과 나눔의 정신은 철학자 화이트헤드Whitehead가 "모든 사물의 본질이 연결성連結性, connectedness에 있다"고 한 말과도 통하는 내용이다. '너 없는 나, 그것 없는 이것'이 없기 때문이다. 자연自然이 자연일 수 있는 까닭도 자기를 '내어줌'으로써 타자를 살리는 '상생相生의 원리'에 근거하기 때문이다. 사실 비움의 끝은 자기 '목숨까지 내어주는' 사랑을 수반한다. 이른바 예수가 십자가에 자기 목숨을 바친 행위라든가, 공자가 완전한 인간成人이 되기 위한 여러 조건 가운데서, "위태로움을 보면 목숨까지 내어줌見危授命. 헌문:13"으로써 자비를 실현하는 "살신성인殺身成仁. 위령공:8"의 경지를 말했던 그런 자세가 요청된다는 것이다. 이제

'비움의 샘'인 사랑의 원천에서 나눔의 기적이 어떻게 가능한지 살펴보자.

유사 이래 인간이 모여 사는 집단에서 평등한 나눔이 이루어진 공동사회가 있었던가? 그 대답은 부정적일 수밖에 없다. 이른바 유토피아적 이상사회에 대한 희구는 있었을지언정 그 성취는 보지 못했다는 것이다. 그러나 예수는 '새 술을 새 부대에 담는다'는 정신으로 종말론적 공동체로서의 하나님 나라神國 건설에 대한 꿈을 지니고 있었고, 그 역사적 성취 여부를 떠나서 실제로 평등-나눔 공동체를 위해 노력했다. 따지고 보면 붓다도 같은 맥락에서 브라만의 계급적 구조를 타파하고 승가僧伽를 중심으로 하는 평등공동체의 이상을 실현하고자 했던 것이다. 마찬가지로 공자도 나눔 정신을 가지고 이상적인 평화의 공동체 국가를 수립하고자 애쓰며 12년간이나 열국列國을 주유하기도 했다. 인간의 역사가 시작된 이래 그 어느 때도 마찬가지였지만, 전쟁과 평화, 사랑과 갈등, 그리고 부와 가난이 대립을 이루면서 사회적 불균형이 심하던 시대에 살았던 공자는 과연 '나눔施'에 대해 어떻게 말하고 있는지 살펴보자.

한번은 제자 자공子貢이 공자에게 "만일 백성에게 널리 베풀고 많은 사람들을 구제할 수 있다면 어떻겠습니까? 어진 사람이라고 할 수 있겠습니까?如有博施於民而濟衆, 何如, 可謂仁乎" 하고 물었다. 그러자 공자는 "어찌 어진 사람일 뿐이겠는가? 반드시 성인聖人이라 할 수 있을 것이다何事於仁, 必也聖乎. 용야:28" 라고 말했다. 여기서 주목할 단어는 '박시제중博施濟衆'이다. 널리 베풀고 많은 사람을 구제하라는 이 뜻은 어진 행실일 뿐만 아니라, 가히 성인의 경지라고 할 만하다는 공자의 극찬을 생각해 볼 때, '베풂' 곧 '나눔'과 구제의 역할이 얼마나 중요한 것인가를 다시 생각하게 하는 대목이다. 널리 베푸는 정신은 자기보다 남을 먼저 존중하는 자세이기도 하다. 그래서 공자는 계속해서 이렇게 말한다. "어진 사람은 자기가 서고자 하면 남을 먼저 서게 하며, 자기가 통달하고자 하면 남을 먼저 통달하게 한다夫仁者, 己欲立而立人, 己欲達而達人. 옹야:28"고 했고, "자기가 원하지 않는 일은 남에게도 하지 말아야 한다己所不欲勿施於人. 안연:2"고 말한다. 이는 예수가 "너희가 대접을 받고자 하는 대로 먼저 대접하라"고 했던 '황금율黃金律'의 격언과도 통하는 이야기다.

공자의 나눔 정신은 물질적인 것에만 국한되지 않는다. 물론 그것도 중요하지만 더욱 중요한 것은 공자 스스로 "가르치기를 게을리 하지 않았던 것誨人不倦. 술이:33"처럼, 배움을 서로 나누고 벗과 그 기쁨을 함께하는 것뿐만 아니라, "절약하면서도 남을 사랑하는 것節用而愛人. 학이:5" 또한 나눔의 한 축을 이루는 것이었다. 그리고 더 나아가 공자는 『서경書經』에서, "효도하고 형제간에 우애하여, 이를 정사政事에 반영하라惟孝, 友于兄弟, 施於有政, 是亦爲政. 위정:21"고 한 것도 정치를 베푸는 것이라고 한 것이다. 다시 말해서, 효도와 형제 우애를 정사에 반영하는 것 또한 큰 의미에서 나눔의 정치학에 들어간다는 것이다. 부모에게 효도하는 일을 국책으로 제정하고 형제를 사랑하는 일을 제도적으로 확대해 가는 것은 사회 복지를 위한 정책의 일환일 수 있기 때문이다.

이렇듯 공자에게서 나눔은 물질적 베풂뿐만 아니라, 학문을 배워서 후학에게 가르쳐주거나 벗과의 교제를 나누는 일, 그리고 무엇보다 "많은 사람에게 사랑을 베푸는 것汎愛衆. 학이:6"과 효도와 형제 우애에 입각한 정사를 도모하는 것까지 넓은 의미의 '나눔 운동'으로 이해할 수 있다. 이렇듯 비움에 기초하여 타자를 돕고 기쁨을 주며, 유익하게 하는 일체의 모든 행위는 나눔의 활동이라 할 수 있을 것이다. 나눔은 상생相生과 공존共存의 윤리에 기초한다. 인仁에 기초한 공자의 도道가 모두 이것을 말하고 있으며, 예수나 석가의 가르침도 또한 예외가 아니다. 나눔의 정신에 입각하여 살게 되면, 분쟁의 소지가 없게 된다. 그래서 "군자는 다투지 않는다君子無所爭. 팔일:7"고 공자는 말한다.

부자와 가난한 자를 대하는 공자의 태도를 보면, 그의 나눔 사상을 엿볼 수 있다. 한번은 공자보다 42세이나 어린 제자 자화子華, 이름은 公西赤가 제齊나라에 사신으로 갔는데, 공자의 다른 제자로서 동문수학하던 염자이름은 求가 자화의 어머니를 생각하여 곡식을 보내주기로 요청했을 때, 공자는 자화가 가난한 사람이 아님을 알고 적은 양의 곡식을 주어 봉양하게 해 주었다. 그러자 염자는 자기의 곡식을 더 많이 실어 보내 주었다. 공자는 이를 알고 다음과 같이 말했다. "자화가 제나라에 사신으로 갈 때, 살찐 말을 타고 가벼운 털가죽 옷을 입었다. 내가 들건대 '군자는 절박한 것은 도와주지만, 부자가 더 부자 되게 주지는 않는다君子周急, 不繼富. 옹야3.'라고 했다." 자화는 가난한 사람이 아니었기에, 비록 사신으로 갔지만 부자에게 더 많은 것을 보태주려고 하지 않았는데, 이것은 재물을 사용함에 있어서 절박한 사람에게 우선적으로 사용되어야 함을 보여주는 사례였다. 이는 제자 자장子張이 공자에게 정치에 관해 물었을 때 여러 답변을 하는 중에, "군자는 은혜롭게 베풀지만 허비하지 않는다君子惠而不費. 요왈:2"라고 했던 말과 같은 이치다.

반면에 공자가 노나라 대부로서 사구^{司寇}의 관직에 있을 때, 그의 제자 원사^{原思, 이름은 憲, 자는 子思}를 집안의 가재^{家宰, 집안일의 총책}로 삼아 봉록으로 곡식 구백 말을 주었다. 그러자 원사는 이를 사양하였다. 이에 대해 공자는 다음과 같이 말한다. "사양하지 말라. 그것으로 이웃이나 마을 사람들에게 나누어 주든지 하라^{毋, 以與爾隣里鄕黨乎. 옹야3}." 이를 보면, 제자 원사는 그리 넉넉한 사람이 아니었지만, 봉록을 사양하는 미덕을 보여주고 있다. 그럼에도 불구하고 공자는 그에게 봉록을 줌으로써 그 남은 곡식이 있거든 이웃의 가난한 자들에게 나누어 주기라도 하라고 권한다. 이를테면, 부자에게는 적게 주고 가난한 자에게는 봉록을 넉넉히 줌으로써 어려운 환경과 형평을 바로잡고자 했던 공자의 나눔 정신을 엿보게 한다. 이는 "어진 사람이라면 어려움에 처한 것을 먼저 돕고, 이익을 따지는 일에는 남보다 뒤져야한다^{仁者先難而後獲. 옹야:20}"는 공자의 지론과 맥을 같이하는 것이다. 이상에서 우리는 공자의 나눔 사상을 『논어』를 중심으로 살펴보았다. 이제 예수의 나눔 정신은 어떠한지 『복음서』를 중심으로 비교 고찰해 보도록 하자.

예수의 나눔 사상은 공자의 경우와 같이 포괄적인 의미를 지닌다. 물질적 가치를 나누는 일 외에도 정신적 가치를 함께 나눈다는 뜻에서 그렇다. 정신적 가치에 대해서는 공자가 배움과 가르침을 베풀기를 중시했던 것과 같이 예수도 정신적, 영적 교훈을 가르치는 일^{디다케, didake}에 일생을 쏟았다. 신약성서에서 예수의 나눔 정신은 '주다'는 의미를 지니는 헬라어 '디도미^{didomi}'에서 잘 표현되고 있다. 디도미는 신약성서에서 '사랑'을 뜻하는 '아가페^{agape}'와 밀접한 의미 연관을 지닌다. '주다'는 의미 자체가 사랑의 정신에 입각해 있기 때문이다. 예수의 '디도미' 정신, 즉 나눔 운동은 크게 세 가지 차원으로 분류될 수 있다. 첫째는 물질적 나눔, 둘째는 정신적, 영적 가치의 나눔, 셋째는 자기 자신을 내어줌이다.

물질적 가치의 나눔 운동은 특히 예수를 추종하는 자들과 함께 종종 수행된 '밥상공동체' 운동에서 분명해 진다. 갈릴리 가나의 혼인 잔치에서 물을 포도주로 변화시킨 '이적 이야기'로부터 창녀와 세리, 혹은 사회적 지탄을 받고 있던 죄인과 소외받던 자들과 함께 나눈 식탁공동체가 대표적인 경우다. 정신적, 영적 가치의 나눔은 하나님 나라에 기초한 종말론적 윤리적 교훈을 강화하는 데서 드러난다. 예수의 수많은 비유와 가르침의 대부분이 여기에 해당한다. 그 결정적 가치로서의 사랑의 내어줌이 바로 '친구를 위하여 목숨을 버리는 사랑'과 같이, 자신이 십자가에 못 박히는 희생적 사랑의 경우다. 이 같이 죽음으로써 이웃을 살리는 사랑의 내어줌은 공자가 말하는 '살신성인'의 경지라 하지 않을 수 없다.

디도미의 용례를 우선 예수의 산상수훈에서 찾아보자. 예수는 말한다. "네게 구하는 자에게 주며, 네게 꾸고자 하는 자에게 거절하지 말라마태5:42." 예수가 '주라'고 말하는 것은 돈뿐만이 아니다. "오른 뺨을 치거든 왼 뺨도 내어주라"고 했고, "속옷을 달라고 하면, 겉옷도 주라마태5:39-40"고 한다. 이는 악한 자를 대적하지 말고, 원수를 사랑하라는 철저한 사랑의 원칙에서 나오는 하나님 나라의 종말론적 윤리다. 당시에 모세의 '보복적 율법'과 로마의 정치적 압박이 강할 때 예수는 율법과 로마의 법이 요구하는 그 이상의 '사랑의 법'으로써 새로운 윤리를 펼쳤다. 예수가 제자들을 향해 신神으로부터 부여받은 각종 은사恩賜를 "거저 받았으니 거저 주어라^{마태10:8}"고 한다.

예수가 빈들에 나아가서 병자를 고쳐주기도 하다가 저녁이 되어 먹을 것이 없을 때, 제자들이 먹을 것을 찾아 마을에서 사 먹기를 종용하자, 예수는 "갈 것 없다. 너희가 먹을 것을 주라^{마태14:16}"고 말한다. 제자들은 지금 있는 것이라고는 "떡 다섯 개와 물고기 두 마리 뿐이다 라고 대답했다. 그러자 예수는 그것을 가져오게 한 후에 하늘을 우러러 축사하고 떡을 떼어 제자들에게 나누어 주니, 여자와 어린이 외에 오천 명이 배불리 먹고도 남은 조각이 열두 바구니였다^{마태14:17-21}." 이른바 '오병이어^{五餅二魚}'의 기적이 일어난 것이다. 이는 예수를 추종하는 원시 공동체의 나눔 운동의 대표적인 사례를 보여주는 것이다. 우리는 이 이적설화의 배경과 의미를 잘 파악해야 한다. 비록 가진 것이 없어도 현재 있는 것을 함께 '나눌 때'에 기적 같은 현실이 일어난다는 점이다. 그것이 바로 '나눔의 기적'이다.

모세의 율법이 말하는 대로 오른 뺨을 치면 나도 상대방의 오른 뺨을 친다고 생각해 보자. 그러면 모세가 말하는 보복법이 완성된다. 그렇지만 여전히 문제는 해결되지 않고 남아있다. 서로의 분노가 남아있기 때문이다. 그러나 사랑의 정신으로 포용하면 모두의 분노가 사라지고 마침내 평화를 이루게 된다. 가진 것이 없어도 나눠주기를 힘쓸 때, 작은 것이 모여서 큰 결과를 가져온다. 그것은 산술적으로 풀이하기 어려운 '나눔의 기적'이 된다. 물론 예수는 재물이 많은 부자가 가난한 자에게 물질을 나누어 주는 것도, 온전한 사람이 되는 한 가지 방법임을 말하기도 한다. 한번은 부자 청년이 예수에게 와서 어떤 선한 일을 하면 영생^{永生}을 얻을 수 있느냐고 물었다. 그때에 예수는 "네가 생명에 들어가고자 하면 계명을 지켜라"고 말한다. 부자 청년이 더욱 구체적인 실천 행위를 요구하자, 예수는 다음과 같이 말한다.

"네가 온전하고자 할진대 가서 네 소유를 팔아 가난한 자들에게 주라. 그리하면 하늘에서 보화가 네게 있으리라. 그리고 와서 나를 따르라(마태 19:21)."

그러나 이 말을 들은 부자 청년은 재물에 대한 미련 때문에 근심하며 떠나갔다고 한다. '십계명'과 같은 계명을 지키는 것도 중요하지만, 예수를 따르고자 하는 제자로서의 길을 가고자 할 때는 더욱 철저하고 준엄한 비움-나눔의 정신이 요구된다는 것이다. 예수는 '주는 자'에게 복이 있다고 말한다.

"주라. 그리하면 너희에게 줄 것이니, 곧 후厚히 되어 누르고 흔들어 넘치도록 하여 너희에게 안겨 주리라. 너희가 헤아리는 그 헤아림으로 너희도 헤아림을 도로 받을 것이니라(누가6:38)."

예수가 말하는 보상은 하늘의 보상이다. 하늘의 복은 사람이 해하지 못하고 도둑이 침입하지 못하는 축복이다. 이는 하나님이 내리시는 복이기 때문이다. 이해利害 관계에 따라 사람을 대접하지 말고 거지를 막론하고 누구에게나 진심에서 우러나오는 대접을 할 때, 천사를 대접한 것과 같은 축복을 받게 된다는 것이다. 사도 바울도 에베소의 장로들을 향한 고별 설교에서 예수가 말한바,

"주는 것이 받는 것보다 복이 있다고 한 것을 기억하라^{사도행전20:35}"고 권면한다. 교회의 장로들이야말로 교회의 어른들로서 나눔 운동에 모범을 보여야 할 사람들이기 때문이었다.

　이상에서 우리는 공자와 예수의 나눔 사상을 각각의 텍스트를 통하여 살펴보았다. 공자의 '살신성인'과 예수의 '십자가 죽음'은 나눔 운동의 극치를 보여주는 사례다. 친구를 위하여 목숨을 바치기까지 자기 자신을 내어줄 수 있는 사랑보다 더 큰 사랑의 나눔이 어디에 있겠는가! 재물을 나누는 행위도 고귀하지만, 자신의 목숨까지 내어 주는 행위는 가히 인仁을 이루고殺身成仁 남음이 있을 뿐만 아니라, 이웃을 구제하는 '박시제중博施濟衆'의 미덕이 아닐 수 없다. 성인聖人 혹은 온전한 인간成人처럼 목숨을 내어 줄 정도의 각오는 없다고 하더라도, 보리떡 다섯 개와 물고기 두 마리라도 함께 나누고자 하는 마음만 있으면 실로 오천 명이 넘는 사람이 함께 먹고도 남는 기적이 일어날 수도 있을 것이다. 문제는 작은 것이라도 내어 놓는 정신에 있다. 국가뿐 아니라 그 어떤 공동체도 마찬가지다. 문제는 나누고자 하는 마음이다. 마음에서 기적이 시작되기 때문이다.

● **사귐 : 공자의 교交와 예수의 코이노니아**koinonia, 사귀다

　앞에서 우리는 공자와 예수의 비움과 나눔에 대하여 고찰해 보았다. 이제 그 연속선상에서 비움과 나눔을 통한 '사귐'을 고찰해 보자. '비움虛-나눔施-사귐交'을 하나의 삼위 일체적 구조로 파악해 본다면, 비움은 본체體요, 나눔은 쓰임用이며, 사귐은 비움-나눔의

모습相이다. 이러한 비움-나눔-사귐의 철학으로 우리들의 삶과 세계를 바라볼 때, 비움은 인식론認識論의 출발점에 해당되고 나눔은 가치론價値論에, 사귐은 존재론存在論에 해당될 것이다. 이를 다시 진眞, 선善, 미美의 관점에서 본다면 비움은 진으로서의 참의 세계가 되고, 나눔은 선으로서의 착함에, 사귐은 미로서의 아름다움에 해당되지만, 각각의 셋은 하나가 되어 서로를 보충하며 조화롭게 한다. 한편, 이론과 실천의 관점에서 살펴보면, 비움은 이론理論, theoria, 나눔은 실천實踐, praxis, 사귐은 예술藝術, poiesis이라 할 수 있다. 그래서 비움의 세계는 형이상학적인 '한크다'의 세계를 구가하고, 나눔의 세계는 땅의 '삶'의 차원을 이루며, 사귐은 이 둘이 어우러진 '멋'의 풍류 세계를 표방한다.

이를 동양적인 사고체계에 대입해 볼 때, 비움은 도道의 세계요, 나눔은 덕德의 세계며, 사귐은 락樂의 세계다. 그리고 비움이 '믿음信'이라는 신념체계의 범주에 속한다면, 나눔은 '소망望'을 이루고 사귐은 '사랑愛'의 세계를 구축할 것이다. 이로써 비움-나눔-사귐의 철학은 체體-용用-상相의 구조를 띠고, 인식론-가치론-존재론의 철학적 영역을 아우른다. 그리고 진眞-선善-미美의 양식을 갖추면서 이론과 실천 그리고 예술이라는 측면과 한, 삶, 멋의 풍류도를 이루고, 도道와 덕德과 락樂이 어우러지면서, 신信-망望-애愛라는 삼위 일체적 구조를 형성하여 아름다운 평화의 조화를 이루게 된다.

이러한 비움-나눔-사귐의 삼위 일체적 구조는 그리스도교에서 성부聖父, 성자聖子, 성령聖靈의 독특한 역할과 지위 속에 드러나는 삼위일체와 신망애信望愛적 관계에서 찾아 볼 수 있다. 성부의 자기 비움이 창조 속에 드러나 있고, 성자의 탄생과 삶, 그리고 십자가의 죽음이 모두 비움-나눔으로 이어진다. 그리고 성령은 성자 예수의 죽음 이후에, 공동체에 사귐을 불어 넣어 주는 에너지氣, 프뉴마 pneuma 로서의 입김 같은 역할을 한다. 이러한 창조와 구원의 관계 속에서 믿음, 소망 사랑은 연속적이며 일체적인 구조를 가지게 된다. 불교에서도 불佛, 법法, 승僧의 삼보三寶라는 체계를 통해 삼위 일체적 구조를 엿볼 수 있다. 궁극적 깨달음에 이른 불佛의 세계는 법 dharma, 法을 떠나 있는 것이 아니라 그것을 이루는 실체가 승僧이기 때문이다. 유교에서도 삼위일체의 구조는 예외가 아니다. 왜냐하면 천天, 지地, 인人의 합일合一이 유가儒家의 이상이기 때문이다.

도교적 관점에서는 그 양상이 조금 다르지만, 여전히 삼위 일체적 구조를 지닌다. 사람을 중심으로 할 때, 인人-천지天地-무위자연 無爲自然의 도식을 이룬다. 이 모두가 '스스로 그러함自然'이라는 무위無爲의 영역에 들어서는 것, 그것이 일체를 이루는 비결이다. 결국 유교, 불교, 도교, 그리스도교 모두가 삼위 일체적 구조를 지니고 있는 셈이다. 그리고 그것을 다시 비움-나눔-사귐의 형태로 풀어 볼 수 있다. 이러한 삼위일체의 구조는 삼태극三太極의 원형과도 같아서, 즉 셋이지만 하나의 둥근 원형을 중심으로 작용하는 것이어서 모든 지향점이 중심으로 이동하고 그 중심에는 언제나 하나의 점, 즉 귀일심원歸一深源적인 '일자一者, the oneness'가 자리하고 있다. 이 하나를 중심으로 다시 외연으로 확장하는데, 그것이 각각의 사귐으로서의 예술적 표현 양식인 '춤'의 무대를 이룬다. 이렇듯 다양하게 나타난 춤의 양식이 문화文化다. 이제 이러한 비움과 나눔의 연속선상에 있는 '사귐'의 문제를 공자와 예수는 어떻게 설명하고 있는지 살펴보자.

공자에게서 사귐은 '벗朋友'과의 만남에서 두드러진다. "벗이 먼 곳에서 찾아오니 또한 기쁘지 아니한가?有朋自遠方來, 不亦樂乎. 학이:1" 공자의 이 말 속에는 학문하는 즐거움과 벗과의 사귐의 즐거움이라는 두 가지 기쁨이 함께 드러나고 있다. 공자가 기뻐한 몇 가지 가운데 우선적인 것은 학문이요, 그 다음은 벗이었다. 이때의 벗은 학문하는 벗, 곧 함께 인생 수업을 하는 동문수학同門修學자를 말한다. 이른바 도반道伴과 함께 인생을 논하며 사귀는 것이 큰 기쁨이라는 것이다. 그런데 벗과의 사귐에 있어서 중요한 것은 무엇보다도 신의信義가 있어야 한다. 공자의 제자 증자曾子는 "벗과 더불어 사귐에 있어서 신실하지 못한 점이 없는가?與朋友交而不信乎. 학이:4"를 날마다 반성하였다고 한다.

벗을 사귐에 있어서 순수하고 진실하지 못한 우정의 관계를 공자는 참으로 수치스럽게 생각하고 있다. "원한을 감추고 사람과 벗하는 것은 부끄러운 일이다匿怨而友其人, 恥之. 공야장:24"라고 말한다. 사귐交은 글자 그대로 '섞임'이다. 사귐을 뜻하는 '교交'자는 원래 사람이 서로 다리를 교차해서 꼬고 있는 모습을 표현한 것이다. 이처럼 서로 섞이되 순수한 섞임이다. 시기, 질투, 원한, 분노, 탐욕과 같은 온갖 부정적인 요소를 배제한 순수한 사랑과 기쁨의 교류가 있는 혼연일체渾然一體의 세계인 것이다. 그러므로 사귐의 세계는 원한이나 간교함과 같은 온갖 사특한 감정을 숨길 수 없다. 오히려 순수한 사랑과 성실함으로 서로가 신뢰할 수 있는 관계여야 한다. 그래서 공자의 소망은 "벗을 믿도록 해 주는 것朋友信之. 공야장:25"이었다. 그만큼 벗과의 관계는 순수와 신의가 중요하다는 것이다.

벗과의 사귐에서 신의를 중시한 것은 공자의 제자 자하子夏도 마찬가지였다. 그는 이렇게 말한다. "벗과 사귐에 있어서 그 말이 미더우면, 비록 배운 것이 없어도 나는 그를 반드시 배운 자라고 말할 것이다與朋友, 交言而有信, 雖曰未學, 吾必謂之學矣. 학이:7." 이처럼 공자의 제자들은 모두 벗과의 사귐에서 중요한 것으로 신실함을 말한다. 신실한 믿음은 비단 벗과의 관계만이 아니라, 일체의 모든 인간관계에서 매우 중요한 덕목이 아닐 수 없다. 그래서 공자는 군자의 덕목으로 끼리끼리 무리를 지어서 사랑하지 말고 널리 그 사랑과 신뢰의 관계를 확대해 나갈 것을 설파했다. "군자는 여러 사람들과 두루두루 조화를 이루면서 당파를 형성하지 않지만, 소인은 당파를 이루어 여러 사람들과 조화를 이루지 못한다君子周而不比, 小人比而不周. 위정:14." 이처럼 벗과의 사귐에서 가장 중요한 것은 미더움과 조화라는 것이다.

사귐은 만남에서 시작된다. 그리고 그 만남의 관계는 기본적으로 상호 존중의 도리에서 비롯되어야 한다. 그래서 공자는 벗들과의 수평적인 관계뿐만 아니라, 임금과 신하의 상하 관계에서도 "임금은 신하에게 예禮로써 대하여야 하며, 신하는 임금에게 충忠으로써 대하여야 한다君使臣以禮, 臣事君以忠. 팔일:19"고 말한다. 모든 사귐의 관계에서 인간 존중이 기초가 되어야 하기 때문이다. 임금과 신하의 관계나, 벗들과의 관계 모두가 신의를 기초로 하여 서로를 충고해 줄 수 있는 것은 아름다운 일이 아닐 수 없다. 그렇기 때문에 임금이 잘못을 했을 때에는 신하가 그 잘못을 지적해 주는 것이 옳다. 또한 신하의 잘못을 임금도 경책할 수 있다. 그런데 "임금의 잘못에 대해 신하가 바른 간언諫言을 너무 자주하게 되면, 그것을 싫어하는 임금으로부터 치욕을 당하게 될 것이며, 벗에게도 자주 간언을 하게 되면 서로 멀어지게 될 것事君數, 斯辱矣, 朋友數, 斯疏矣. 이인:26"임을 공자의 제자 자유子遊는 지적한다. 이것은 서로의 만남이 인격에 기초하지 않고 일방적이거나 불완전할 때, 그 사귐은 오래갈 수 없다는 것이다. 그렇기 때문에 만남으로서의 사귐은 신의와 조화에 기초한 균형 잡힌 창조적, 예술적 만남으로 승화되어야 한다. 바로 이런 만남은 '멋진' 사귐을 이루게 된다.

만남으로서의 사귐에는 창조적 기술이 필요하다. 공자가 제齊나라의 대부로서 명재상이었던 안평중晏平仲에 대해 다음과 같이 평했다. "안평중은 사람들과 잘 사귀었다. 사귄지 오래되어도 변함없이 공경스러웠다晏平仲, 善與人交, 久而敬之. 공야장:16." 여기서 우리가 유심히 보아야 할 부분은 '선여인교善與人交'라는 네 글자다. 이는 '사람과 더불어 잘 사귄다'는 뜻이다. 잘 사귄다는 것, 잘 교제한다는 것은 그 열매를 보고 판단할 수 있는 문제다. 쉽게 잘 사귀지만 쉽게 잘 헤어지는 경우가 아니며, 또 헤어지면서 욕을 먹는 그런 경우는 더욱 아니고, 오직 그 사귐이 진실하여 오래갈 뿐만 아니라, 서로 공경할 만큼 되어야久而敬之 '잘 사귄다'고 할 수 있을 것이다. 실로 벗을 사귀는 사람들은 많지만 오래도록 서로를 공경할 만큼 잘 사귀는 사람은 몇이나 될까? 가까운 사이일수록 서로에게 함부로 하거나 귀찮게 하여 그 관계가 오래도록 지속되지 못하는 경우가 많다. 그래서 오래도록 변함없이 친밀하면서도 서로에 대한 공경을 유지하기 위해서는 '사귐의 기술'이 필요한 것이다. 사귐의 창조적 예술성이 바로 거기에 있다. 그것은 연인이나 부부와의 사귐도 마찬가지요, 부자지간父子之間이나 사제지간師弟之間은 물론이고 그 어떤 관계에도 동일하게 적용된다.

사귐의 기술은 '비움-나눔'의 정신을 통해 계승되고 발전된다. 상대방을 존중하여 서로가 서로에게 위치를 양보하는 비움의 정신과 나눔의 실천이 '서로 사랑'을 낳게 될 때에 비로소 다양한 모습의 우정은 오래오래 지속되기 마련이다. 그 어떤 인간관계에서도 공경과 예禮를 잃지 않고 서로를 신실하게 대한다면, 사해四海의 온 세계인이 동포同胞요 형제가 되는 것이다. 공자의 제자 자하子夏도 이 부분에 대해 다음과 같이 말한다. "군자로서 공경하는 마음을 가지고 잘못이 없으며, 남에게 공손하고 예의를 지키면 온 세상 사람들이 모두 형제다君子敬而無失, 與人恭而有禮, 四海之內皆兄弟也. 안연:5." 사해 동포로서의 세계인이 모두가 형제요 자매라고 하는 개념은 예수가 '하늘에 계신 아버지의 뜻'을 따라 사는 사람이 모두 자신의 형제요 자매라고 했던 것과 일맥상통하는 이야기다.

사귐은 예술적 공존의 방식이며 창조적 행위다. 예수 또한 이 사귐의 방식으로 새로운 공동체를 이루고자 했다. 그것은 억압과 지배가 작용하는 공동체가 아니라, 자유롭고 평화로운 사귐이 있는 공동체였다. 적어도 그가 허입許入한 제자단은 원시공동체로서 나눔과 사귐의 이상을 보여주는 평등공동체였다. 그들은 종래의 직업을 포기하고 자신의 가족 곁을 떠났다. 더군다나 자신의 소유를 모두 포기할 것을 요구받았다. "너희 중의 누구든지 자기의 모든 소유를 버리지 아니하면, 능히 내 제자가 되지 못하리라누가14:33." 바로 이것은 예수의 제자가 되기 위한 비움-나눔의 첫 관문이었고, 일단 제자단에 들어오면 모두가 새로운 가족으로서의 사귐이 있게 된다. 그것은 결단하는 자들 가운데 '지금-여기'에서 이루어지는 '하나님의 나라'다. 이 하나님의 나라인 공동체 안에서 "하나님을 중심으로 온 세상의 백성이 새로운 어머니, 형제와 자매의 가족으로 거듭 탄생하게 된다. 이러한 새로운 가족공동체 안에서 과거에 잃어버렸던 자유와 평화를 '백배' 나 되찾는다^{마가}10:29-30."

예수의 사귐의 방식은 그가 종종 반복하여 베풀던 '식탁공동체'에서 잘 드러나고 있다. "예수는 새로운 가족을 불러 모은 뒤, 밥상에 둘러 앉아 축복의 기도를 올리고^{마가8:6-7}", "빵을 떼며 제자들에게 나누어 준다^{누가24:30}." 그러나 한편으로 예수가 당시의 풍속에 따른 사회적 지탄을 받는 소외 자들을 포함하여 제자들과 다양한 형태의 식탁공동체를 열어 가고 있을 때, 정작 "예수의 가족은 예수가 미친 것으로 확신하고 예수를 집으로 붙들어 가고자 찾아 왔다^{마가3:21}." 예수의 가족들은 예수의 그런 행위를 못마땅하게 여기고 있었는데, 예수를 찾으러 온 어머니와 동생들, 그리고 그를 둘러싸고 앉아 있는 자들을 향하여 다음과 같이 말한다.

"누가 내 어머니며 동생들이냐? 둘러앉은 자들을 보고 말하기를, 내 어머니와 내 동생들을 보라. 누구든지 하나님의 뜻대로 행하는 자가 내 형제요 자매요 어머니다(마가3:33-35)."

'하나님의 뜻'을 행한다면 누구든지 어머니요 형제자매라는 것이 예수의 새로운 가족공동체 개념이다. 예수의 사귐의 원리는 이제 분명해졌다. 하나님의 뜻은 '하나님의 나라'가 이 땅에 이루어지는 것이다. 그것은 예수의 기도문에서 분명히 드러난다. "뜻이 하늘에서 이루어진 것 같이 땅에서도 이루어지이다^{마태6:10}." 이 땅에 '하나님의 나라' 곧 '신국_{神國}'으로서의 '천국_{天國}'이 건설되기를 예수는 바랐던 것이다. 그러한 하나님의 나라는 분명, 진리에 따라 정의와 평화와 사랑 그리고 자유가 있는 아름다운 벗들의 나라임에 틀림없다고 확신했을 것이다. '하나님의 뜻' 곧 '하늘의 뜻_{天意}'을 따라 살아가는 새로운 가족공동체에는 혈연적 가부장제도가 더 이상 존재할 수 없다. 남존여비의 모습도 아니며, 빈부의 차별이나 신분상의 차별을 받는 곳도 아니다. 더 이상 인종적 문화적 차별을 강요당하는 집단도 아니다. 오히려 '하나님의 나라' 공동체 안에서의 큰 자는 섬기는 자다. 이를 예수는 다음과 같이 말한다.

"여러분 가운데서 가장 큰 사람은 여러분을 섬기는 사람이 되어야 한다. 자기를 높이는 사람은 낮추어지고 자기를 낮추는 사람은 높여질 것이다 (마태23:8-12)."

여기서 중요한 단어는 '섬김_{디아코니아, diakonia}'이다. 인간관계에서 신의_{信義} 못지않게 섬김의 정신이 중요하다는 뜻이다. 거짓되지 않은 신실한 섬김의 정신은 공동체적 사귐에서 필수적인 자세다. 예수는 가부장적 질서의 지배적 분위기에서 '하나님 아버지' 중심의 공동체 안에서는 새로운 어머니와 형제자매라는 평등한 가족이 있을 뿐이다. 사귐의 공동체에는 평화가 깃든다. 폭력은 아예 단념해야 하기 때문이다. "악한 자를 대적하지 말라. 누구든지 네 오른편 뺨을 치거든 왼편도 돌려대라^{마태5:39}"는 예수의 이 말 한마디는 어떤 형태의 폭력도 단념해야 할 것을 극적으로 말해준다. 그래서 사귐은 섬김이며 폭력의 단념인 것이다.

사귐에 있어서 또 하나 중요한 개념은 '축제'이며 '친교'다. 공자도 벗들과의 사귐을 하나의 '즐거운樂' 축제로 보았다. 공자가 "시詩를 통해 감성을 불러일으키고, 예禮를 통해 도리에 입각해 살아가며 풍류樂를 통해 인생을 완성한다興於詩, 立於禮, 成於樂. 태백:8"고 했던 것도 풍류도적 '사귐'의 귀중함 속에서 인생의 성숙한 완성을 보았던 것이다. "공자는 사람들과 함께 어울려 노래를 즐기다가 어떤 사람이 노래를 잘하면 꼭 재창을 요구하고 뒤이어 자신도 노래로 화답했다子與人歌而善, 必使反之, 而後反之. 술이:31." 공자의 이러한 모습은 '사귐'의 예술적 측면을 스스로 잘 보여주고 있는 셈이다.

예수도 사귐을 축제나 '잔치'로 생각하기는 마찬가지였다. 예수에게서 사귐은 헬라어로 '코이노니아koinonia'를 뜻한다. 코이노니아는 헬라어에서 일반적으로 '교제交際'를 뜻하는 용어였으나, 그리스도교 공동체에서는 성도들을 하나 되게 하는 살아있는 끈의 뜻으로 종종 사용된다. 특히 요한은 요한일서에서 이 말을 자주 사용하고 있다.

"우리가 보고 들은 바를 너희에게 전함은 너희로 우리와 사귐이 있게 하려 함이니, 우리의 사귐은 아버지와 그의 아들 예수 그리스도와 더불어 누림이라(요한일서1:3)."

여기서 요한은 '사귐', 곧 코이노니아를 하나님과 예수 그리고 성도들을 하나로 결속시키는 끈으로 생각하고 있다. 그러나 그 결속으로서의 끈은 '빛과의 사귐'을 위한 것이지, '어둠과의 사귐'을 위한 것은 전혀 아니다. 요한에게서 빛은 하나님과 진리를 상징한다. 그러므로 요한은 다음과 같이 말한다.

"만일 우리가 하나님과 사귐이 있다하고 어둠에 행하면 거짓말을 하고 진리를 행하지 아니함이거니와 그가 빛 가운데 거하심과 같이 우리도 빛 가운데 행하면 우리가 서로 사귐이 있다(요한일서1:6-7)."

사귐에 있어서 가장 귀중한 것이 '진실'임은 이제 의심의 여지가 없다. 공자도 외면한 몇 가지 가운데, "뜻은 크지만 정직하지 않고, 무지하면서도 성실함이 없으며, 무능력하면서도 신의마저 없다면 그런 사람은 도무지 알바 아니다狂而不直, 侗而不愿, 悾悾而不信 吾不知之矣. 태백:16"라고 했다. 사람의 됨됨이를 말할 때 학식과 능력의 차이는 있을 수 있지만, 그렇다고 정직과 성실과 신의가 없다면 함께 벗으로서의 도반이 되기가 곤란하다는 것을 공자도 솔직하게 말하고 있다. 빛 가운데 거할 것인가! 아니면 어둠 가운데 거할 것인가! 진리 편에 설 것인가! 아니면 거짓 편에 설 것인가! 바로 이것이 '사귐'의 축제의 마당에서 중요한 관건이 되는 것이다. 예수의 제자 요한은 이렇게 말하고 있다.

"빛 가운데 있다 하면서 그 형제를 미워하는 자는 지금까지 어두움에 있는 자요. 그의 형제를 사랑하는 자는 빛 가운데 거하여 자기 속에 거리낌이 없으나, 그의 형제를 미워하는 자는 어둠에 있고, 또 어둠에 행하며 갈 곳을 알지 못하나니 이는 그 어둠이 그의 눈을 멀게 하였음이라(요한일서2:9-11)."

어둠이 눈을 멀게 하였다는 요한의 진술은 마치 불교에서 무명
無明, avidya이 인간의 해방을 방해하고 고통과 윤회의 속박으로 계속
가둔다고 하는 이치와 같다. 빛은 진리의 세계요, 어두움은 거짓
의 세계다. 사랑과 평화의 축제 속에서 하나가 되는 사귐은 빛과
진리의 세계에 속하지만, 증오와 분쟁을 통한 분열과 편당은 거짓
과 어둠의 소치다. 사랑은 미움을 극복한다. "형제를 미워하는 자
마다 살인하는 자다. 살인하는 자는 영생이 그 속에 거하지 않는다
요한일서3:15"고 한 요한의 말을 기억할 필요가 있다. 증오의 감정은
사귐을 방해하는 첫걸음이다. 바로 이러한 증오를 넘어서 사랑과
용서의 길로 나아가야 한다. 우리가 정의하는 사귐이란 말과 혀로
만 사랑하는 그런 것이 아니라, 궁핍한 자에게 재물을 나누어 주는
나눔이요요한일서3:17-18, 진리인 하나님의 무한한 품속에서 베풀어지
는 용서와 회개가 있는 화해의 축제로서의 사귐이다. 탐욕과 분쟁
을 넘어 '비움-나눔-사귐'이 하나로 어우러지는 사랑과 평화의 축
제에서 함께 만나야 한다. 공자가 원했던 '사해의 형제'나 예수가
원했던 '하늘나라의 가족'이 모두 그러한 사랑과 평화의 축제 속
에서 이루어질 것이다. 공자와 예수도 그런 사귐의 축제의 자리에
함께할 것이기 때문이다.

4) 공자와 예수의 하늘ㅈ, 땅地, 사람ㅅ

동서고금을 막론하고 '하늘'은 인류에게 커다란 의미를 지녀
왔다. 인류의 근원이 어디에서 비롯된 것일까를 묻는 질문에서부

터, 현대 과학의 우주 발생설인 빅뱅이론에 이르기까지 하늘은 참으로 인류에게 신비神秘의 대상이 아닐 수 없다. 그러나 아직도 하늘에 대한 개념적 정의가 어려운 까닭은 하늘이 지니고 있는 의미 영역이 그만큼 크고 넓기 때문이다. 물리적 공간으로서의 하늘이 있는가하면, 인간이 범접할 수 없는 무한 세계로서의 종교-철학적 의미로서의 하늘 개념도 있다. 인간의 죽음 그 이후의 세계를 말함에 있어서 하늘은 단연 '단골 개념'으로 거론된다. 인간이 하늘에서 왔다가 하늘로 돌아간다歸天는 의미나, 하늘이 불러 생을 마감했을 때 소천召天이라는 말을 쓰는 데에는 인간이 그들의 사후 세계를 하늘에 의탁하고자 하는 한 가닥 소망을 엿볼 수 있다.

그러나 땅에 발을 내딛고 사는 인간이 무조건 하늘에게만 운명을 의지하며 살 수 없는 것도 사실이다. 오늘 하루 주어진 땅에서의 현실을 무시한 채, 그저 하늘만 쳐다보고 살 수는 없다는 뜻이다. 공자나 예수도 그들의 삶에서 '하늘'의 중요성을 말해 왔지만, 땅에서의 현실을 무시하라는 말을 한 적은 한 번도 없었다. 오히려 그들에게서 '하늘'은 '땅'에서의 현실에 더욱 충실할 것을 말하려 함에 있어서 주어지는 독특한 상대 개념이었다. 이른바 '하늘의식'을 가지고 땅에서의 현실에 충실하라고 하는 의도였다. 이러한 하늘의식은 '심판의식'이었다. 그것을 달리 말하면 '역사의식'이기도 했다. 하늘의식에 충실한 이 땅에서의 인간적인 삶을 그들은 추구했다. 공자에게서 '하늘'이라는 개념이 때로는 '인격적'인 의미로 비춰지기도 했지만, 그것은 다분히 '자기 반성적' 성찰에 매진하라는 의미에서 강조한 것이었다. 이제 공자와 예수의 '하늘', '땅' 그리고 '사람'의 존재 방식을 차례로 살펴보자.

● 공자의 천天과 예수의 우라노스uranos

공자가 제시하는 하늘 개념은 그 이전의 중국 고대사상의 '하늘' 개념의 연속선상에 있지만, 특히 공자에게서는 몇 가지 의미상의 전환이 이루어지고 있다. 그것은 마치 예수가 하늘을 말할 때의 개념이 이미 예수 이전 시대의 '하늘' 개념과 사뭇 달랐던 것과도 같다. 중국 철학자 풍우란馮友蘭은 중국 고대의 하늘 개념을 5가지로 분류하여 설명한다. 첫째, 땅과 상대되는 '물질적 하늘'이다. 둘째, 황천상제皇天上帝라는 인격적 '주재主宰의 하늘', 셋째, 인간이 어찌할 수 없는 '운명의 하늘', 넷째, 자연의 운행에 따르는 '자연의 하늘', 다섯째, 우주의 최고 원리로서의 '의리義理의 하늘'이다. 물질적 하늘이란 현대적 의미에서 이해할 수 있는 물리적 공간으로서의 하늘을 뜻하지만, 특히 인격적 주재자로서의 하늘 개념은 고대로부터 있었던 것이다. 이는 자연 현상의 신비함과 함께 인간의 능력을 초월하는 것에 대한 경외심에서 비롯되었다고 볼 수 있다.

공자 이전의 길흉화복吉凶禍福을 내려주는 외부적인 인격적 주재로서의 초월적 하늘 개념이 공자에게 와서는 '도덕적 근거로서의 하늘' 개념으로 내재화되고 있다는 점에서 공자의 하늘 개념의 특징을 찾아볼 수 있다. 『중용中庸』의 "사람을 알려고 하면 하늘을 알지 않을 수 없다思知人, 不可不知天. 중용·20장"는 말에서 알 수 있듯이, 이는 사람의 도덕성을 하늘에 비추어 말하고 있는 것이다. 더하여 "하늘이 부여한 것이 인간의 바탕이다天命之謂性, 중용:1장"라는 말도 이 부분을 잘 설명하고 있다. 이처럼 하늘과 인간의 성품이 밀접한 형태로 소개되고 있지만, 정작 하늘의 작용은 국가의 흥망성쇠나 개인의 운명을 좌지우지할 만큼 '주재력'을 행사하는 것인가 하는 문제에 대해서는 공자도 소극적인 태도를 취한다. 그럼에도 공자의 하늘 개념에는 여전히 '운명' 의식과 하늘의 '인격적 덕성'이 내포되어 있음도 부인할 수는 없다.

중국의 고대 국가인 은殷나라 때에는 하늘의 최고 주재를 '제帝'라는 말로 표현하였고, 그 다음 왕국인 주周나라 때에는 제를 '하늘天'로 바꾸어 최고의 신으로 섬겼다. 그러나 이 개념은 덕치德治를 위한 정치적인 의미가 부가되어 모든 통치 행위가 '하늘의 명령天命'에 따라야 한다는 천명관天命觀으로 형성되었다. 은나라의 멸망 원인 중에 하나였던 조상신에게 보호만을 기대하는 무절제한 제사 의식에서 탈피하여, 주나라는 덕치를 강조하면서 "임금도 '하늘의 명령'을 어기면 그 지위가 박탈될 수 있음을 말해주고 있는 것이다皇天, 改大邦殷之命. 『書經』. 顧命." 이처럼 주나라의 천명사상은 '하늘'을 도덕적-종교적 하늘 개념으로 발전시켰으며, "하늘은 편애하지 않고, 오직 덕이 있는 사람을 돕는다皇天無親, 有德是輔. 『書經』. 蔡仲之命"고 함으로써 '하늘'의 의미가 '덕'과 밀접한 관계가 있는 것으로 사상적 발전을 이루고 있다. 이와 같이 덕과 하늘의 상관관계를 중시하여 공자는 자신의 하늘 개념을 제자들과의 대화 속에서 분명히 밝히고 있다. 『논어』속에서 이를 구체적으로 살펴보자.

공자는 "나이 오십에 천명天命을 알았다五十而知天命. 위정:4"고 했는데, 그가 말하는 천명, 즉 하늘이 부여한 바는 무엇일까? 하늘이 부여한 바는 인간에게 주어진 소명召命일 수도 있는데, 혹자는 그 '명命'을 운명으로 해석하기도 한다. 또는 하늘의 명령命令으로 해석하기도 한다. 어쨌든 하늘이 인간에게 부여하는 덕성으로서의 품성, 혹은 소명이라고 해석하면 크게 틀리지 않을 것이다. 거기에 하늘이 준 운명적 소임이라는 뜻도 겸해지게 될 것이다. 공자는 자기에게 주어진 그러한 도덕적이고 운명적인 소임을 50세에 깨닫게 되었다고 술회하고 있다. 이러한 천명에 대해 주자朱子는 나름대로 다음과 같이 해석하기도 한다. "천명은 하늘의 도가 유행流行하여 사물에 부여한 것으로 사물에 미치는 당연한 도리의 이치가 된다天命, 即天道之流行, 而賦於物者, 乃事物所以當然之故也." 이 같은 주자의 해석에 따르면 천명은 하늘의 도道가 인간과 사물 속에 부여된 우주적 원리라는 것이다. 그렇다면 우리가 다시 '하늘의 도'를 말할 때, 하늘은 어떤 속성을 지니는가를 묻지 않을 수 없다. 하늘을 단정적으로 규정할 수는 없지만, 공자가 말하고자 하는 하늘의 개념을 우선 덕德과 관련하여 생각해 보는 것이 순서일 것이다.

공자에게서 하늘은 덕德의 근원이다. 인간에게 선천적으로 부여되는 덕성德性의 기원이 된다는 말이다. "하늘이 나에게 덕을 부여했다天生德於子. 술이:22"고 말한 것을 보아서도 공자는 인간 덕성의 기원을 '하늘'에 두었다. 이는 자신의 독창적인 사상이라기보다는 이전의 『서경』등에서 보이는 천명사상을 계승하고 있는 것이다. 공자 자신이 어려운 난관에 부딪쳤던 체험적 고백과 관련하여 볼 때도, 그는 오직 자신에게 덕을 부여한 하늘에만 신뢰를 두고 힘을 얻었다. 공자 자신이 세상에서 쓰임을 받지 못하고 있을 때, "나를 알아주는 자가 없구나!莫我知也夫"하며 스스로 탄식하는 중에도, "나를 알아주는 것은 하늘인가 보다!知我者, 其天乎." 라고 말한다. 공자가 하늘에 대한 이러한 신뢰의 고백이 있기까지는, "하늘에 대하여 원망하지 않으며 사람을 탓하지도 않고 일상적인 일들을 배워서 심오한 이치에까지 도달하였으니不怨天, 不尤人, 下學而上達. 헌문:37" 자신을 알아주는 것은 저 하늘이라고 고백한 것이다. 여기서 우리는 공자가 하늘과 사람을 탓하지 않고, 남이 알아주지 않아도 원망하지 않으면서 열심히 학문에 열중하여 큰 도리를 깨쳤다는 것을 엿보게 된다.

공자가 생각한 하늘은 덕을 부여해 주는 원천이 될 뿐 아니라, 스스로 자신을 반성해야 하는 거울로서의 하늘이기도 하다. 그러기에 공자가 "하늘에 죄를 얻으면 빌 곳도 없다獲罪於天無所禱也. 팔일:13" 라고 한 말이나, "내가 누구를 속이겠는가? 하늘을 속이겠는가?吾誰欺, 欺天乎. 자한:11" 라고 한 말에서도 알 수 있듯이, 공자에게서 하늘은 도덕적 반성의 거울이 되고 있다. 그러면서도 하늘은 어쩔 수 없는 운명의 주재자로서의 지위를 부여 받기도 한다. 그토록 아끼던 제자 안연이 죽자, 공자는 "아! 하늘이 나를 버리시는구나! 하늘이 나를 버리시는구나!噫, 天喪予, 天喪予. 선진:8" 라고 탄식했다. 생명을 허락하고 거두어들이는 운명의 절대적 권한도 하늘에 있다고 보는 것이다. 그러나 앞에서도 언급한 것처럼 길흉화복을 내려주는 주재성이 과연 하늘에 있다고 할 것인가 하는 점은 논란의 여지가 있다. 덕을 부여하고 덕을 지키는 자를 도와줄지언정, 흉凶과 화禍를 겸하여 벌하는 하늘 개념은 공자 이전의 사상에서는 자주 엿볼 수 있지만, 공자 자신은 이점을 부각시키지 않는다. '하늘이 자신을 버렸다'고 탄식할지라도 그것은 어디까지나 하늘이 실제로 공자를 버렸다기보다는 하늘에 대한 공자 자신의 고백적 탄식이라고 볼 수 있는 것이다.

공자가 하늘의 주권主權을 인정하는 경우는 인간의 운명뿐만 아니라, 문화의 창달과도 관계가 있다. 공자가 광匡이라는 땅에서 난폭한 자들로 인해 위태로운 일을 만나게 되었을 때, 다음과 같이 말한다. "하늘이 장차 이 문화를 없애려 하신다면 나는 이 문화에 참여할 수 없을 것이다. 그러나 하늘이 이 문화를 없애고자 하지 않는다면, 광 땅의 사람들이 나를 어찌 하겠는가?天之將喪斯文也, 後死者不得與於斯文也. 天之未喪斯文也, 匡人其如予何. 자한:5." 하늘이 인간과 문화의 전반에 걸쳐 덕을 부여하고 창달해 가는 주재자로 묘사되고 있다. 뿐만 아니라 천하에 도가 땅에 떨어지고 문화가 그 덕성을 상실하여 몰락의 길을 걸을 때, 하늘은 덕을 지닌 공자와 같은 인물을 들어 나라를 바로 잡을 것이라는 위衛나라 국경 수비대원封人의 다음과 같은 희망어린 기대도 하늘의 주권에 대한 믿음을 보여주고 있는 것이다. "천하에 도가 없어진지 오래되어, 하늘이 장차 선생님을 세상의 목탁으로 삼을 것이다天下之無道也久矣. 天將以夫子, 爲木鐸. 팔일:24."

그런데 공자는 도道가 행해지고 폐해지는 것까지도 하늘의 명命 곧 하늘의 뜻에 달려 있다고 말한다. 도의 실현 여부를 알리는 한 시대의 문화적 성패 또한 하늘의 뜻에 달려 있다고 말함으로써 하늘의 절대 주권적 기능을 인정하고 있는 셈이다. 노魯나라 사람 공백료公伯寮가 공자의 제자 자로子路를 모함하고자 할 때, 공자는 다음과 같이 말한다. "도가 장차 행해지는 것도 하늘의 명뜻이고, 도가 장차 폐해지는 것도 하늘의 명이니, 공백료가 그 명을 어찌 하겠는

228

가?道之將行也與, 命也. 道之將廢也與, 命也. 公伯寮 其如命何. 헌문:38." 이 말은 나쁜 품성의 벼슬아치인 공백료도 과연 하늘의 명을 거역하지는 못할 것이라는 공자의 확신이 깃든 것이기는 해도, 반면에 하늘의 명이 통하지 않아서 도가 폐해지더라도 사람으로서는 어찌할 수 없다는 한계를 말해 주는 것이기도 하다.

하늘의 뜻으로서의 명이나 운명이 모두 인간으로서 어찌할 수 없는 한계를 넘어선 것이라는 사실에 대해서, 공자의 제자 자하子夏도 다음과 같이 말하고 있다. "내가 듣건대, 살고 죽는 것은 운명에 달려있고, 부와 귀는 하늘에 달려 있다고 들었다商聞之矣, 死生有命, 富貴在天. 안연:5." 한번은 공자가 큰 괴질에 걸린 제자 백우伯牛를 방문하였을 때, 그의 질병이 살아남지 못할 몹쓸 병주자는 문둥병이라 함에 걸린 것을 보고서 창문 너머로 그의 손을 붙잡고 다음과 같이 말했다. "이런 질병에 걸릴 수가 없는데, 운명이란 말인가! 이 사람한테 이런 병에 걸리다니!亡之, 命矣夫. 斯人也而有斯疾也. 옹야:8." 그야말로 생사와 부귀는 인간의 영역을 넘어선 하늘에 달린 것이라는 믿음이 공자와 그의 제자들에게 깊이 각인되어 있었음을 보여주고 있는 것이다.

하늘에 대한 공자의 의식은 하늘에 인격성과 주재성을 부여한 것이지만, 여전히 그 하늘은 '침묵'하고 있다. 그러한 심정을 공자는 다음과 같이 표현한다. "나는 말을 하지 않으련다子欲無言." 이 말에 제자 자공子貢이 "선생님께서 말씀하지 않으시면 저희들은 어찌 선생님의 뜻을 따르겠습니까?"라고 되물었다. 그러자 공자는 이렇게 말했다. "하늘이 무슨 말씀을 하시더냐? 사계절이 운행되고 온갖 만물이 생겨나지만, 하늘이 무슨 말씀을 하시더냐天何言哉, 四時行焉, 百物生焉, 天何言哉. 양화:19." 공자 자신은 실생활의 지혜 이외에 언어로써 고전적 학문과 덕성을 익히고 닦았으며 제자들에게도 언어로써 훈육했다. 그러나 어느 날 홀연히 침묵하고 싶어졌다. 천지의 운행이 변함없이 지속되지만 하늘은 여전히 침묵하는 모습을 보고, 문득 침묵의 깊이를 다시 체험한 것이다.

그리스도교의 하나님도 사실 말씀으로 천지를 창조했다지만, 역사 속에서 여전히 침묵하고 계신다. 그 침묵에 대한 해석은 각양각색이지만, 그 어느 누구도 절대적으로 옳은 대답을 주지는 못한다. 왜냐하면 하나님 자신이 여전히 침묵하고 계시기 때문이다. 물론 예수를 통해서, 성서를 통해서, 계시를 통하여 말씀하신다고 하지만, 마음속으로 들려오는 각자의 세미한 주관적 메시지 이외에 문자처럼 공공연히 드러나는 하나님의 육성은 들리지 않는다. 하늘의 하나님은 극심한 전쟁과 기근, 홍수 지진 등의 재난에도 침묵하시고 학살이 벌어지는 피비린내 나는 현장에서도 침묵하신다. 그 침묵의 비밀을 아직 누구도 알지 못하고 있다. 아마 영원히 알 수 없을지도 모른다. 사계절의 운행 속에도 침묵하는 하늘을 바라본 공자도 어느 날 갑자기 침묵을 결심했던 것이다. 말로써 제자들을 가르치기보다는 침묵하는 하늘처럼 그저 도道의 세계는 어쩌면 말이 필요 없는 것인지도 모른다. 노자老子가 간파한 무위자연無爲自然의 이치처럼 말이다.

위에서 언급한 하늘 개념에 대한 공자의 생각을 요약해 보면, 공자는 침묵하는 하늘에 대해서도 인격적 주재성을 부여하고 있다. 특히 그러한 측면은 다음과 같이 군자가 지녀야 할 세 가지의 경외敬畏를 언급하는 데서 더욱 두드러진다. 공자는 이렇게 말한다. "군자는 세 가지 두려워해야 할 것이 있다. 천명을 두려워해야 하고, 위대한 성인을 두려워하며, 성인의 말씀을 두려워해야 한다君子有三畏, 畏天命, 畏大人, 畏聖人之言. 계씨:8." 천명은 앞에서도 언급했듯이 하늘이 만물과 인간에게 부여한 도의 이치요 덕성이다. 그러한 하늘의 도를 깨닫지 못하고 하늘의 명을 어기며 사는 것은 소인小人의 처사라고 경고한다. "소인은 천명을 알지 못하여 두려워하지 않고, 위대한 성인을 함부로 대하며 성인의 말씀을 업신여긴다小人, 不知天命而不畏也, 狎大人, 侮聖人之言. 계씨:8." 뿐만 아니라 공자는 "천명을 알지 못하면 군자라고 할 수 없다不知命, 無以爲君子. 요왈:3" 라고 했다. 이제 공자의 하늘경외사상은 확연히 드러났다. 하늘을 경외하지 않는 것은 성인이나 성인의 말씀을 두려워하지 않는 것보다 더 큰 모독이다.

학자마다 공자의 하늘사상을 달리 해석한다. 공자가 하늘에 인격성이나 주재성을 부여했느냐, 그렇지 않은가에 대한 논란이 있다. 하늘에 인격성을 부여하지 않고 있다는 주장이 약간 우세를 보이는 듯하다. 아마 공자는 정치 사상가였지, 종교 사상가는 아니었다는 주장 때문일 것이다. 그러나 중요한 것은 공자가 하늘에 인격성을 부여했는가 부여하지 않았는가 하는 문제는 공자 자신의 입장으로 들어가 보기 전에는 명확한 답을 얻을 길이 없다. 다만 그의 말을 통해서 추측할 수 있을 뿐이다. 그의 말을 문자적으로 해석하면 지금까지의 논의만으로도 당연히 하늘에 인격성을 부여하고 있는 것은 명백하다. 그러나 공자의 하늘 개념이 외재적 하늘의 인격성이 아니라, 인간 스스로 반성해 보는 도덕적 반성의 거울로서의 '하늘'이라는 상징성만을 주장한다면, 그 말에도 일리가 있다. 그렇다면 우리가 하늘 개념의 외재적 인격성이냐, 아니면 인간의 내면에 비추어진 하늘의 내재적 인격성이냐 하는 논의로 압축해 본다 하더라도, 공자는 여전히 '하늘'에 대한 공경을 버리지 않고 '하늘' 무서운 줄 알고 살아야 한다는 역사 내외적인 초월적-도덕적-정치적 심판의 함의가 모두 내포되어 있다는 사실을 부인하지는 못할 것이다.

예수는 '하늘'에 대해 무엇이라고 말하는가? 다시 말해서 예수의 하늘은 무엇인가? 하늘은 원래 헬라어로 '우라노스uranos'라는 말로서 펼쳐진 창공蒼空으로서의 '하늘'을 포함한 그 밖의 다양한 수사적 묘사를 모두 포괄하는 개념이었다. 예수 이전의 그리스의 신화적 작가 호머Homeros에 따르면 하늘은 '신들의 거처'로 묘사되기도 하고, 완전한 우주와 절대성을 말하는 플라톤의 하늘 개념도 '우라노스'라는 같은 개념을 쓰고 있다. 따라서 하늘의 헬라적 용어는 물리적 창공으로서의 하늘과, 신화적 혹은 상징적 개념으로서의 하늘을 비유적이거나 신성한 의미로 사용되고 있다. 특히 호머에 있어서 하늘은 '우주론적' 의미를 지니며, 하늘은 모든 존재의 근원이자 원형으로서, 우주와 동일시되었다. 플라톤에게서 하늘은 존재에 대한 절대적 지식의 출발점이 되고 있다.

호머 이전의 그리스 신화에 나타나는 '우라노스'는 종교적 신이었다. 이 우라노스는 시간을 뜻하는 그의 아들 크로노스kronos에 의해 제거되고 크로노스는 다시 제우스jeus, Zeus에게 절대권을 넘기게 된다. 제우스는 이제 '하늘'의 주인이 된다. 그리하여 하늘은 '신들의 거처'가 되며, 하늘의 주인인 제우스는 다시 우주의 주인이 된다. 그리고 인간은 신들이 거하는 올림푸스의 하늘을 향하여 기도를 올리게 된다. 이러한 그리스의 신화적 하늘은 영지주의靈知主義 사상가들에 의해 다시 다른 개념으로 나타난다. 이른바 하늘은 조물주造物主에 의해 창조되며, 동시에 조물주가 거하는 처소가 되는 것이다. 그러나 이들에게서 하늘의 신은 악신惡神이다. 그곳의 거주자들은 악마의 영혼을 가지고 있다. 이때 빛이 하늘로부터의 해방을 가져다준다. 그 해방은 하늘의 영역을 통과하여 더 위로 올라가야 한다. 이처럼 영지주의자들에게서 하늘 개념은 이원론적이며 염세적이다.

구약성서의 전통에서 하늘, 곧 고대 이스라엘에서의 하늘 개념은 히브리어로 '샤마임shamaim'이다. 이는 처음에 바람들, 기둥들과 함께 기초한, 고정된 어떤 것으로 묘사된다. 그래서 '샤마임'은 고정된 '창공'의 의미를 지닌다. 그 하늘 위에는 천상의 바다가 있는 것으로 상상되었다. 그 바다에서는 비로 축복을 주거나 홍수로 저주를 내릴 수도 있다. '하늘의 날들신명기11:21'이라는 표현은 계속되는 기간을 뜻한다. 고대 이스라엘인들의 우주관은 하늘과 땅과 땅 아래의 물출애굽기20:4로 구성된 것으로 보았다. 시적인 비유로는 하늘은 거주할 천막이며이사야40:22, 펼쳐진 두루마리다이사야34:4. 이 같은 개념의 하늘은 모두 하나님이 창조한 피조물이다창세기1:1. 그곳은 성소의 법궤와 같이 하나님이 거하는 처소이기도 하다. 고대 근동지방의 관념에 의하면, 하늘은 하나님의 참된 거처이고 법궤는 일시적인 현현의 장소다.

구약성서에 따르면 하나님은 하늘에 거하기 때문에 기도할 때에 손을 하늘로 높이 든다출애굽기9:29. 그리고 하나님은 하늘에서 내려 보시도록 요청받는다.

"원하건대 주의 거룩한 처소 하늘에서 보시고 주의 백성 이스라엘에게 복을 주시며, 우리 조상들에게 맹세하여 우리에게 주신 젖과 꿀이 흐르는 땅에 복을 내리소서(신명기26:15)."

모세에게 들려주는 메시지도 시내 산이 아니라, '하늘'이라는 점을 분명히 하고 있다. "여호와께서 너를 교훈하시려고 하늘에서부터 그의 음성을 듣게 하시며, 땅에서는 그의 큰 불을 네게 보이시며 불 가운데서 나오는 그의 말씀을 듣게 하셨다신명기4:36." 그러나 하늘 자체가 하나님을 표현하지 못한다. 솔로몬의 기도에 따르면 "하늘과 하늘들의 하늘이라도 주를 용납지 못한다열왕기상8:27." 이 말은 하늘이 하나님을 대체할 수 없다는 뜻이다. 솔로몬이 성전을 건축하고 하나님께 드리는 기도의 역설적 표현이다. "하늘들의 하늘"로도 만족할 수 없는 광대무변한 하나님의 주권적 주재主宰를 생각할 때에는 자신이 건축한 성전에 하나님을 가두게 할 수 없다는 표현이다. 솔로몬은 하나님의 위대함과 거룩함 그리고 편재하심을 고백하고 있다.

구약성서에서 하나님의 거처로서의 하늘은 또한 축복의 근원이자 구원의 장소이기도 하다. 하늘에는 지상地上의 성막聖幕의 모형이 있는 것출애굽기24:9, 40으로 예시된다. 그러나 하늘도 창조된 것이기에 흔들릴 수 있다아모스8:9, 예레미야4:23. 종말의 날에는 하늘의 우주적 붕괴가 있을 것도 예고된다.

"너희는 하늘로 눈을 들며, 그 아래의 땅을 살피라. 하늘이 연기 같이 사라지고, 땅이 옷 같이 해어지며 거기에 사는 자들이 하루살이 같이 죽으려니와 나의 구원救援은 영원히 있고, 나의 공의公義는 폐廢하여지지 아니하리라(이사야51:6)."

종말의 우주적 붕괴 이후에, 새로운 하늘과 새로운 땅이 다시 예고된다. 이른바 구원의 완성이 새 하늘과 새 땅이라는 신천지新天地로서의 하늘나라가 예언자 이사야를 통해서 다음과 같이 예고된다.

"보라, 내가 새 하늘과 새 땅을 창조하나니, 이전 것은 기억되거나 마음에 생각나지 아니할 것이라(이사야65:17)."

신약성서에서는 '하늘' 개념인 '우라노스'가 284회나 언급될 정도로 아주 중요한 개념으로 등장한다. 그 가운데서도 마태복음84회과 요한계시록54회에서 가장 많이 언급되고 있다. 마태복음에서는 주로 '하늘에 계신 아버지' 혹은 '하늘나라'라는 문구에서 주로 언급되고 있다. 일반적으로 신약성서에서의 하늘은 고대로부터 이어져 온 두 가지 개념을 내포하고 있다. 하나는 하늘을 둥근 천장의 형태로 보는 관점이고, 다른 하나는 하늘이 하나님이 거처하는 영역이라는 의미를 지닌다. 이 두 가지 개념은 하늘과 땅을 포함한 우주의 주재자는 하나님이라는 신앙을 갖게 했다. 우주를 통제하는 주역이 하늘에 거처하는 하나님이다. 하나님이 땅과 우주를 창조했다는 믿음 때문이다사도행전4:24, 계시록10:6. 이 하늘과 땅은 구약의 이사야가 예언한 것처럼, 하나님의 구원과 결부되어 다시 창조된다.

"우리는 그의 약속대로 의(義)가 있는 곳인 새 하늘과 새 땅을 바라보도다 (베드로후서3:13)."

하늘과 땅에 대한 하나님의 심판은 하나님의 은혜를 거역한 자들에게 천지를 진동시키는 가운데 형벌이 주어진다^{히브리서12:25-29}. 하늘과 땅의 주권은 하나님에게 있다. 예수는 하나님 아버지를 천지天地의 주재자로 언급한다.

"하늘과 땅의 주재主宰이신 아버지여! 이것을 지혜롭고 슬기 있는 자들에게는 숨기시고, 어린아이들에게는 나타내심을 감사하나이다(마태 11:25)."

예수는 또한 하늘과 땅이 하나님의 절대적인 통치 영역임을 다음과 같이 선포한다.

"나는 너희에게 이르노니, 도무지 맹세하지 말지니 하늘로도 하지 말라. 이는 하나님의 보좌다. 땅으로도 하지 말라. 이는 하나님의 발등상이다 (마태5:34-35)."

하늘과 땅의 관계 속에서 우선순위는 하늘에 있다. "하늘에서 뜻이 이루어진 것 같이 땅에서도 이루어지기"를 바라는 예수의 기도^{마태6:9-10}에서 잘 알 수 있다. 땅에서 훌륭한 믿음의 행위와 결실을 얻는 자는 하늘나라에서 보상을 받는다고 예수는 말한다.

"내가 천국 열쇠를 네게 주리니, 네가 땅에서 무엇이든지 매면, 하늘에서
도 매일 것이요. 네가 땅에서 무엇이든지 풀면, 하늘에서도 풀리리라(마
태16:19)."

예수가 종종 '하늘에 계신 아버지'라고 표현하는 까닭은 땅의
제한적 측면을 넘어선 '하늘'의 자유로운 무한성과 위엄 있는 절
대자의 주권적 통치를 뜻하면서 동시에 '아버지'라는 인격적 칭호
를 붙임으로서 보다 가족적인 친근감을 드러내 주고 있다. 그러니
까 하나님은 우주적 주권자이실 뿐만 아니라, 친근한 아버지로서
의 인격적 위상을 지닌 분이라는 뜻이 된다. 예수는 제자들에게 다
음과 같이 말한다.

"이같이 너희 빛이 사람 앞에 비치게 하여, 그들로 너희 착한 행실을 보고
하늘에 계신 너희 아버지께 영광을 돌리게 하라(마태5:16)."

"나는 너희에게 이르노니, 너희 원수를 사랑하며, 너희를 박해하는 자를
위하여 기도하라. 이같이 한즉, 하늘에 계신 너희 아버지의 아들이 되리
니, 이는 하나님이 그 해를 악인과 선인에게 비추시며 비를 의로운 자와
불의한 자에게 내려 주심이라(마태5:44-45)."

또한 예수는 하나님이 온전하신 분이기에 인간인 너희도 그 온
전함을 본받아야 한다고 제자들에게 말하고 있다. 마치 공자가 성
인聖人은 하늘의 도道를 품고 실현하는 자라고 말했던 것처럼, 예수
는 하나님의 아들들은 하늘에 있는 아버지가 온전한 것처럼 온전

한 사람成人, 聖人이 되라고 말한다.

> "하늘에 계신 너희 아버지의 온전하심과 같이 너희도 온전하라(마태
> 5:48)."

온전한 사람이 되는 길은 여러 가지이지만 여기서는 하늘에 계신 아버지의 뜻대로 사는 길을 말한다. 그 가운데는 구제하는 일에서 '자신의 의義를 드러나게 하는 행위'는 하늘에 계신 아버지에게 상償을 받지 못한다마태6:1. 즉, 구제를 은밀하게 해야, 은밀한 중에 보시는 아버지가 갚아 준다는 것이다. 그 밖에 기도하는 일이나 모든 일에 있어서 하늘에 계신 아버지의 뜻을 따라 사는 것이 온전한 삶을 사는 조건이 된다. 이 같은 예수의 교훈은 『복음서』 전반에 걸쳐 잘 나타나 있지만, 특히 산상수훈마태5장-7장에서 잘 나타나 있다.

이처럼 하늘은 하나님과 불가분의 관계를 가지면서도 하나님 자신과 관련하여 직접적인 대리 용어로 사용되는 듯하지만, 하늘은 어디까지나 하나님의 창조물로서 하나님이 거처하며 주재하는 보좌의 이미지를 지니고 있다마태5:34. 하나님의 나라天國는 하늘로부터 임하는 것으로 묘사된다마태3:2. 그 하나님의 나라에 들어갈 수 있는 자의 자격에 대해 예수는 "물과 성령으로 거듭나야 한다요한 3:5"고 말할 뿐만 아니라, '어린아이와 같이' 되어야 한다고 말한다. 거듭난다는 것은 어린아이와 같이 맑은 마음으로 다시 천진해지는 일이요, 다시 낮아지는 일이다.

238

"너희가 돌이켜 어린아이와 같이 되지 아니하면 결단코 천국에 들어가지 못하리라. 그러므로 누구든지 어린아이와 같이 자기를 낮추는 사람이 천국에서 큰 자니라(마태18:3-4)."

'하늘나라' 곧 천국은 구원의 시작이요 마침이다. 이 천국의 복음이 온 세상 민족에게 전파되면 세상의 끝이 온다마태24:14. 하늘과 땅이 없어져도 예수의 말복음은 없어지지 않는다. 세상의 끝은 새 하늘 새 땅의 시작이다. 그 때는 하늘 이 끝에서 하늘 저 끝까지 사방에서 택한 백성을 모은다마태24:31. 그러나 그 종말의 때는 아무도 모른다마태24:36. 그러므로 깨어있을 것이 요구된다마태24:42.

"그런즉 깨어 있으라. 너희는 그 날과 그 때를 알지 못하느니라(마태 25:13)."

예수가 말한 하늘나라의 도래의 임박성과 그 때를 알지 못하는 불시성不時性은 천국에 들어가고자 하는 모든 이들에게 긴장감을 더해 주고 있다. 그러면서도 천국에 입성하기 위한 준비 자세는 냉엄하리만치 철저하고 엄격하고 금욕적이다. 하늘 아래 하나님의 통치를 받고 있는 모든 피조물로서의 인간은 '하늘에 계신 아버지'의 뜻을 매일 매순간 물어야 하고, 어린아이와 같은 겸손함으로 이웃을 향해 은밀히 봉사하면서 공의公義를 실행해야 한다. 그리고 무엇보다 원수를 사랑하는 마음으로 네 이웃을 네 몸같이 사랑하는 사랑의 계명을 완벽히 수행해야 한다. 철저히 회개하고, 철저히 용서하며, 철저히 사랑하고 살아야 한다. 종말이 수행되지 않은 지금까지 역사 속에서 하늘의 뜻을 완벽하게 수행한 자는 '인자', 곧 예수밖에는 없다. 그러기에 그리스도교는 철저한 금욕적 사랑의 윤리를 말하면서도 동시에 은총의 구원을 말하지 않을 수 없게 되는 것이다.

이상에서 우리는 공자와 예수의 하늘 개념을 개략적으로 살펴보았다. 공자가 하늘天을 공경하고 하늘의 뜻天意을 따라 살기를 원했던 것처럼, 예수도 '하늘'에 계신 하나님 아버지의 뜻을 따라 살기를 원했다. 공자가 하늘을 인격적으로 지칭한 것은 하늘의 주재主宰성 때문인데, 이를 두고 공자가 하늘에 인격성을 부여했느냐 부여하지 않았느냐의 논의를 하기 전에 공자가 '하늘'을 향하여 공경하는 마음으로 '하늘'이 부여한 천명天命을 깨달아 살기를 원했던 만큼, 그에게서 하늘은 '절대적' 존재의 가치를 지니고 있음에 틀림없다. "하늘이 나에게 덕을 부여해 주었다天生德於予"는 말 한마디를 통해서 보더라도 공자의 하늘 사상에는 인격성이 내재하고 있음을 부인할 수 없다. 비록 그것이 의인적인 표현이라 할지라도 우리는 애써 공자의 '외천명畏天命' 사상을 거절할 까닭이 없다. 물론 공자에게서 하늘은 길흉화복을 점치는 미신적 하늘이 아니다. 비록 하늘 공경이 내 마음에 비추어 본 반성적 거울로서의 '하늘'일지라도 그 하늘은 여전히 인격적인 존재로 남는다. 그것이 물리적 하늘이 아닌 추상화된 하늘일지라도 말이다. 그래서 '하늘'은 여전히 신비神秘로 남는다. 신비롭기에 유한하고 상대적인 인간에게 절대성을 부여할 수 있는 가치가 있지 않을까? 비록 공자 자신은 신비를 외면했다고 할지라도 말이다.

이러한 신비성을 토대로 예수는 하늘에 신비성을 인격적으로 부여한다. 아예 '하나님 아버지는 하늘에 계신다.' 그리고 예수 자신의 입에서 '하늘에 계신 아버지'는 입버릇처럼 나왔다. 그만큼 하나님은 신비로운 '하늘'을 거처로 삼고 그 보좌에서 온 세상과 우주를 주재한다. 하늘과 땅의 우주 삼라만상을 창조하고 인간에게 생사화복을 줄 뿐 아니라, 타락한 세계를 청산하고 종말에 새 하늘과 새 땅을 건설하는 것으로 예고된다. 예수의 하늘 개념은 공자와 달리, 하나님의 피조물로서의 하늘이라는 점과, 새로운 하늘이 다시 창조될 것이라는 점, 그리고 하늘을 주재하는 자는 하나님이라는 점에서 여러 가지 차이를 보이고 있으나, 공자나 예수 모두 일정하게 땅과 상대적인 '하늘天'을 공경하고 있다는 점과 인간의 덕성이 다른 곳이 아닌 '하늘'로부터 온다는 점을 모두가 인정한다는 점에서 일맥상통하고 있다. 하늘 개념의 세부적인 차이보다는 공자나 예수 모두, 인간들이 '하늘' 무서운 줄 알고 겸손하게 자기에게 주어진 천명天命 혹은 소명召命을 성실하게 수행할 것을 강조하고 있다는 점에서 일치를 보이고 있다. 이 부분은 조선의 이퇴계李退溪가 '거경궁리居敬窮理' 하며 살아갈 것을 강조했던 점으로 압축된다고 할 수 있다. 퇴계의 교훈처럼 하늘을 공경하면서 참된 이치를 궁구하며 살 일이다. 그런 점에서 퇴계는 조선 땅에서 예수와 공자를 다시 만나게 해줄 수 있을 것이다.

● 공자와 예수의 땅地의 정치학

예수가 하나님 나라를 실현하기 위한 신정정치神政政治를 꿈꾸었다면, 공자는 하늘이 부여한 덕德을 실현하기 위한 덕치주의德治主義

를 꿈꾸었다. 덕치주의는 법法으로 다스린다는 법치주의와 다르다. 공자는 덕치주의의 이상과 그 중요성을 강조하면서 다음과 같이 말한다. "백성을 정치적 강령으로 인도하고 형벌로 다스린다면 백성이 형벌을 면하려고만 하고 부끄러워하지 않는다. 그러나 백성을 덕으로 인도하고 예禮로 다스린다면 백성은 부끄러워할 줄도 알고, 또한 잘못도 바로 잡는다道之以政 齊之以刑 民免而無恥. 道之以德 齊之以禮 有恥且格. 위정:3." 공자는 형벌을 위주로 하는 법치보다는 도덕적 감화력에 호소하는 덕치의 실현을 말하면서 하늘이 부여한 덕을 따라 백성을 다스리는 것이 옳을 뿐만 아니라 그 효과도 법치보다 뛰어나다고 말한다.

덕으로 백성을 다스리는 덕망 있는 지도자는 마치 북극성과 같다고 공자는 비유하여 말하기도 한다. "덕으로 하는 정치를 비유하자면, 북극성이 제자리에 있음으로써 모든 별이 그를 향하는 것과 같다爲政以德, 譬如北辰, 居其所而衆星共之. 위정:1." 북극성이 제자리에 있다는 것은 그만큼 자신의 자리를 잃지 않고 도리를 지킨다는 뜻이다. 공자가 제齊나라에 갔을 때, 제경공齊景公, 기원전547~490즉위이 공자에게 정치에 대해 물었을 때 공자는 다음과 같이 답했다. "임금은 임금답고, 신하는 신하다우며, 아버지는 아버지답고 자식은 자식다워야 합니다君君臣臣父父子子. 안연:11." 사실 제경공은 당시에 임금의 도리를 제대로 하지 못하고 있었다. 각자 자신이 처한 위치와 상황에 따른 인륜人倫의 도리를 지키는 것은 마치 북극성이 제자리에 있는 이치와도 같을 것이다. 이 말은 자신의 도리를 바르게 한다는 의미이기도 하다. 그리하여 각각이 처한 위치에 따라 그에 해당되는 정사政事가 있음을 공자는 다음과 같이 말한다. "그 직위에 있지 않으

242

면 그 직위에 해당하는 정사를 꾀하지 말아야 한다^{不在其位, 不謀其政. 태}^{백:14, 헌문:27}." 이는 각각의 분수에 맞는 일을 도모함으로써 자신의 도리를 바르게 한다는 뜻이다.

이러한 공자의 사상은 '정명론^{正名論}'으로 잘 알려져 있다. 예컨 대 이를 명분론^{名分論}이라고도 할 수 있는데, 각자의 이름^名에 걸맞 고 알맞은 직책을 바르게 수행할 것을 강조하고자 한 것이다. 공 자의 제자 가운데 정사^{政事}에 밝은 자로^{子路}가 공자에게 묻는다. "위^衛나라의 임금이 선생님을 모시고 정치를 한다면 무엇을 먼저 하시겠습니까?" 그러자 공자가 대답했다. "반드시 명분을 바로 잡겠다^{必也正名乎. 자로:3}." 이 말에 자로는 공자가 세상 물정을 잘 모른 다고 판단하고 그런 것이 무슨 효과가 있겠느냐고 되묻는다. 이에 공자는 자로의 어리석음을 꾸짖으면서 이렇게 말한다. "명분이 바로 서지 못하면 말이 순리^{順理}에 맞지 않고, 말이 순리에 맞지 않 으면 일이 이루어지지 않으며, 일이 이루어지지 않으면 예와 음악 이 흥성해지지 못하고, 예와 음악이 흥성해지지 못하면 형벌이 적 절하지 못하며, 형벌이 적절하지 않으면 백성이 살아갈 수가 없다^{名不正則言不順, 言不順則事不成, 事不成則禮樂不興, 禮樂不興則刑罰不中, 刑罰不中則民無所措手} ^{足. 자로:3}." 이러한 명분론은 이름과 직책에 알맞은 역할을 각자가 바르게 수행함으로써 백성 모두가 잘살 수 있게 된다는 것을 역설 한 것이다.

한번은 이욕^{利慾}에 빠져 있던 노나라의 계강자^{季康子}가 공자에게 정치에 대해 물었을 때, "정치는 바르게 하는 것이다^{政者 正也. 안연:17}" 라고 대답했던 것도 앞서 말한 '정명론'과 같은 맥락이다. 즉 사 람이 바르지 못한 것을 바르게 하는 것이 정치라는 뜻이다. 계강자가 나라에 도둑이 많은 것을 걱정하여 대책을 다시 물었을 때도, 공자는 계강자의 바르지 못함을 책망하며 다음과 같이 말한다. "진실로 선생께서 탐욕을 내지 않는다면 비록 상을 준다 해도 백성은 도둑질하지 않을 것입니다苟子之不欲, 雖賞之不竊. 안연:18." 계강자의 질문은 형벌로 도적을 다스리고자 하는 법치주의 정신을 드러내고 있는 반면에, 공자는 먼저 도덕적 양심으로 솔선하여 스스로 바르게 함으로써 백성이 모범을 따르게 하는 덕치를 말하고 있는 것이다.

이는 공자가 지도자를 향하여, "그 자신이 올바르면 백성은 명령하지 않아도 행하고, 그 자신이 바르지 않으면 명령을 내린다 할지라도 따르지 않는다其身正 不令而行, 其身不正 雖令不從. 자로:6"고 했던 말과 같다. 또한 공자가 "진실로 자기 자신을 바르게 한다면 정치를 하는 데 무슨 어려움이 있겠는가? 그 자신이 바르게 하지 못하면서 남을 어떻게 바르게 할 수 있겠는가?苟正其身矣, 於從政乎, 何有. 不能正其身, 如正人 何. 자로:13"라고 했던 말과도 같은 이치다. 이렇듯 지도자는 스스로 바르게 함으로써 백성에게 믿음을 줄 수 있는 덕망이 있어야 한다. "백성이 지도자를 믿을 수 없으면 나라가 서지 못한다民無信而不立. 안연:7"고 한 공자의 말은 이를 뒷받침한다.

탐욕을 드러내는 계강자와 대비해 볼 때, 기상이 높고 덕망이 높은 성군聖君으로서의 순舜임금과 우禹임금을 높이 기리며 공자는 이렇게 말했다. "위대하도다! 순임금과 우임금은 천하를 소유하고도 거기에 사사로이 관여하지 않으셨도다巍巍乎, 舜禹之有天下也而不與焉. 태백:18." 공자는 순임금과 우임금을 덕치주의의 이상적 인물들로 존숭하며 그들의 무욕無欲의 통치방식과 높은 도량을 칭송하고 있다.

그러나 공자는 이들보다 더 존귀한 덕을 지닌 자로서 그들보다 앞선 요堯임금을 들고 있다. "위대하도다! 요의 임금 되심이여! 높고 높음이 오직 저 하늘뿐인데, 오직 요임금만이 이를 본받았도다. 넓고 넓어서 백성이 무어라 형용하지 못하는구나. 높고 높도다! 그가 이룬 공적이여! 찬란하도다! 그 빛나는 문화여!大哉, 堯之爲君也. 巍巍乎唯天 爲大 唯堯則之 蕩蕩乎民無能名焉. 巍巍乎其有成功也. 煥乎其有文章. 태백:19."

요, 순, 우로 이어지는 성군聖君의 정치는 모두 도량이 넓은 무위無爲의 덕치를 실현 했던 것으로 공자는 이를 높이 칭송하고 있다. 특히 무위의 덕치를 실현한 순임금에 대한 공자의 평가는 다음과 같다. "인위적으로 하지 않고 무위로 나라를 다스린 분은 순임금이로다! 어떻게 하셨던가? 몸을 공손히 하고 바르게 임금의 자리를 지키셨다無爲而治者, 其舜也與. 夫何爲哉, 恭己正南面而已矣. 위령공:4." 무위로 다스리는 '무위이치無爲而治'는 사실 노자의 전유물이라 해도 과언이 아닐 정도인데, 공자도 요, 순임금은 무위의 정치를 실현한 분으로 높이 평가하면서 그분들의 덕치가 다시 재현되기를 늘 사모하고 있었다.

참으로 임금이 임금의 역할을 수행한다는 것은 쉬운 일이 아니다. 노나라 정공定公이 정치의 어려움을 알았던지 한마디 말로 나라를 흥하게 할 수 있는 것이 무엇인지를 공자에게 물었을 때, 공자의 대답은 의외였다. "만일 임금 노릇하기가 어렵다는 것을 안다면, 한마디 말로 나라를 일으키는 것도 기약할 수 있지 않겠습니까?如知爲君之難也, 不幾乎一言而興邦乎. 자로:15." 나라의 흥망성쇠가 임금의 역할에 달려 있다고 해도 과언이 아니라는 것을 공자는 말해주고자 했으며, 임금의 말이 선한지 악한지의 여부에 따라 국운의 성쇠가 달려 있음도 말하고 있다.

지도자의 통치기술은 말에만 있지 않다. 말에 따른 행동의 일치가 중요하며, 무엇보다 민심을 얻는 것이 중요하다. 그래서 가까이 있는 자들로부터 신임을 얻어야 한다. 초나라의 현령인 섭공葉公이 정치를 물어 왔을 때도, 공자는 "가까이 있는 자들을 기뻐하게 하고, 멀리 있는 자들은 찾아오게 하는 것입니다近者說, 遠者來. 자로:16"라고 말했다. 뿐만 아니라 정치에는 서두르거나 작은 이익에 집착하는 일도 없어야 한다. 제자 자하子夏가 노나라 거보라는 고을의 읍재邑宰가 되어 공자에게 정치를 물었을 때, 공자는 "속히 성과를 보려고 하지 말고, 작은 이익을 추구하지 말라無欲速, 無見小利. 자로:17"고 했다. 이는 자하가 정치에 입문했지만 자칫 잘못하여 속히 성과를 보려고 졸속행정을 하는 경우와, 소소한 이익에 집착하여 큰 뜻을 놓칠까 염려하여 일렀던 말이다.

제자 자장이 어떻게 정치에 종사해야 하느냐고 물었을 때, 공자는 그 덕치의 예를 구체적으로 요약해서 말해주고 있다. 이른바 "다섯 가지 아름다운 덕을 높이고, 네 가지 악한 일을 물리치면 정치에 종사할 수 있다尊五美, 屏四惡, 斯可以從政矣."는 것이다. 그 다섯 가지 미덕은 "군자가 은혜를 베풀되 낭비하지 않고, 수고롭게 일을 시키더라도 원망을 사지 않으며, 뜻을 이루려 하면서도 탐욕하지 않으며, 넉넉하면서도 교만하지 않으며, 위엄이 있으면서도 사납지 않은 것이다君子惠而不費, 勞而不怨, 欲而不貪, 泰而不驕, 威而不猛." 그리고 네 가지 악한 일은 다음과 같다. "가르쳐 주지도 않고 잘못했다고 죽이는 것을 학정이라고 하고, 미리 주의를 주지도 않고서 성과만 바라는 것을 포악하다고 하며, 명령을 내리는 것은 게을리 하면서 기일을 재촉하는 것을 해친다고 하고, 고르게 나누어 주어야 하는데도 출납을 인색하게 하는 것을 옹졸한 벼슬아치라고 한다不教而殺 謂之虐, 不戒視成 謂之暴, 慢令致期 謂之賊, 猶之與人也 出納之吝 謂之有司. 요왈:2." 이렇게 공자는 다섯 가지 미덕과 네 가지 악덕을 구분하여 설명하면서 자장에게 정치적 미덕이 무엇인지를 구체적으로 밝혀주고 있다. 이는 요, 순임금 시대부터 전해 내려오는 선왕先王들의 아름다운 덕치를 존숭하여 요약한 것이라고 볼 수 있다.

중국에서 고대의 덕치주의와 달리 법치주의가 처음 성문화된 시점은 기원전 536년 정鄭나라의 자산子産이 재상에 취임하면서 법률을 제정하고 법조문을 청동기에 새긴 것을 기점으로 한다. 조세를 국고에 납부하도록 하기 위해서는 새로운 법률의 제정이 필요하였던 것이다. 이후 법제도가 강화되고 춘추春秋시대 말기 법치주의가 위세를 떨칠 때, 공자는 이러한 정치제도에 대한 비판적 발언을 하면서 덕치주의를 주창하며 나섰던 것이다. 사실 덕치주의는 도시국가의 주요 부족내의 부족자치주의를 기초로 하는 것이었다. 어쩌면 노자老子가 말하는 '소국과민小國寡民'의 이상적 정치형태일 수도 있다. 그런데 공자가 말하는 덕치주의는 개인이 집단에 예속당하는 허술한 덕치주의가 아니라, 개인의 양심을 바탕으로 하는 이상적인 덕치주의였다. 이른바 각자가 자신의 양심에 입각해서 예의를 지키며 각자의 임무를 성실하게 수행하는 것이 바로 공자가 말하는 이상적 덕치였던 것이다.

노魯나라의 임금 정공定公이 공자에게 임금이 신하를 부리는 도리와 신하가 임금을 섬기는 방법에 대해 물었을 때, 공자는 다음과 같이 대답했다. "임금은 예禮로써 신하를 대하고 신하는 충忠으로

써 임금을 섬겨야 합니다君使臣以禮, 臣事君以忠. 팔일:19 ." 이는 윗사람과
아랫사람이 서로 예절과 충심으로 대할 것을 말한 것이다. 윗사람
은 아랫사람을 함부로 대하기 쉽고, 아랫사람은 윗사람을 속이기
쉽다. 그러니 예절과 충심, 즉 진심이 덕치의 기본이 된다는 뜻이
다. 공자는 국가 제도의 기본적인 법 자체를 부정하기보다는, 법
이전에 양심에 따른 진심과 예의를 통하여 조화로운 법적 질서가
잡혀가기를 희망했다. 그러므로 현실정치에서 이러한 덕치를 바
르게 수행하기 위해서는 올바른 지도자의 등용이 무엇보다 중요
하지 않을 수 없다.

　노나라의 애공哀公이 공자에게 어떻게 하면 백성이 복종할 수 있
겠는지를 물었다. 이에 대해 공자는 다음과 같이 말했다. "정직한
사람을 등용하고 그릇된 사람을 쓰지 않으면 백성이 따르고, 그릇
된 사람을 등용하고 정직한 사람을 쓰지 않으면 백성이 따르지 않
습니다擧直錯諸枉則民服, 擧枉錯諸直則民不服. 위정:19 ." 공자가 이렇게 말한 까
닭은 애공이 교활한 자를 등용하고 정직한 자를 배제했기 때문이
다. 정치, 곧 덕치에 있어서 지도자나 관리자는 반드시 정직해야
하며, 정직할 때 반드시 백성은 따르기 마련이라는 것이다. 정치
에 있어서 정직이나 진실함은 아무리 강조해도 지나침이 없다. 백
성을 위한 정치적 인물을 등용함에 있어서, 정직과 함께 중요한 덕
목은 어진 인재를 등용해야 하는 것은 말할 필요가 없다. 제자 중
궁仲弓이 계씨季氏 집안의 가신家臣이 되어 공자에게 정치를 물어 왔
을 때에 공자는 다음과 같이 이른다. "먼저 직무를 맡은 자에게 일
을 분담시키고, 사소한 잘못은 용서해 주며, 어질고 현명한 인재를
등용하라先有司, 赦小過, 擧賢才. 자로:2 ."

정치에 있어서 중요한 덕목 가운데 하나는 위정자의 근면성과 성실성이다. 한번은 위衛나라 출신의 제자 자장子張이 정치를 물었을 때 공자는 이렇게 말한다. "위정자의 지위에 거할 때 게으름이 없어야 하고, 정사를 시행함에 있어서는 진실한 마음으로 해야 한다居之無倦, 行之以忠. 안연:14." 정치는 백성의 삶의 질을 좌우하는 것인 만큼, 태만하여 정사를 소홀히 해서도 안 되지만, 정사를 행함에서는 무엇보다 정직성을 기반으로 하여 충실히 업무를 추진해야 한다는 것이다. 이는 자로子路가 정치에 관하여 물었을 때도, 공자는 "솔선수범하고 열심히 일하라先之勞之"고 말했다. 그러자 다시 더욱 구체적인 내용을 묻자, "게을리 해서는 안 된다無倦. 자로:1"는 말로 일축했다. 공자가 일생동안 얼마나 열정적으로 학문과 수련을 중시하면서 정치적인 덕치가 실현되기를 열망하고 가르쳤는지 잘 엿볼 수 있는 대목이다.

이러한 덕치주의의 실현을 꿈꾸던 공자의 정치적 유랑생활을 잠시 되돌아보자. 공자는 자신의 나라인 노나라에서 노환공魯桓公으로부터 갈라져 나온 맹손씨孟孫氏, 숙손씨叔孫氏, 계손씨季孫氏라는 세 가문, 즉 삼환씨三桓氏로 불리는 세 씨족이 노나라의 군주를 꼭두각시처럼 조종하면서 국정을 좌지우지할 때, 이들 삼환 세력에 반대하여 36세 되던 해인 기원전 517년에 노나라를 떠나 제齊나라로 망명했다. 제나라에서 정치와 경제 그리고 음악 등의 여러 문물을 익히는데, 제나라 또한 전씨田氏가 임금을 흔들 정도의 기세로 독재권력을 휘두르자 공자는 환멸을 느끼고 기원전 509년경 다시 노나라로 돌아갔다.

공자는 노나라와 제나라의 이러한 상황을 한탄하는데, 두 나라 모두 왕도王道의 정치를 버리고 패도覇道정치를 일삼았고, 그 옛날 주공周公이 노나라를 다스리고, 태공이 제나라를 다스리던 시절을 회고하면서 지금의 제나라의 풍속은 위세가 노나라보다 강한 것 같아도 이미 선왕先王의 도가 완전히 무너졌음을 한탄하였다. 그래도 노나라는 훌륭한 임금이 나오지 않아 형세가 제나라보다 약해 보이지만 선왕의 도가 조금은 남아 있다고 본 것이다. 그래서 공자는 이렇게 말한다. "제나라가 한 번 변하면 노나라에 이르고, 노나라가 한 번 변하면 도道에 이를 것이다齊一變, 至於魯, 魯一變, 至於道. 옹야:22." 공자는 여전히 노나라와 제나라 모두 선대의 문왕文王과 무왕武王의 도에 따른 덕치가 회복되기를 바랐던 것이다.

이때 공자는 이미 불혹不惑의 나이를 넘긴 44세 즈음이었지만 공자의 학식과 인품이 드높아 초기 제자들이 모여들었다. 제자 중에 가장 연장자인 자로子路가 35세였으며, 민자閔子는 29세, 백우伯牛는 27세, 유약有若은 31세로서 공자의 초기 제자단이 이 무렵에 형성되었다. 공자의 제자들은 신흥 선비士 계급에 속하는 자들이 대부분으로서 교육을 받은 제자들은 귀족의 가신家臣이 되거나 관료로서 벼슬살이를 하였는데, 공자는 이들에게 단순한 직업교육이 아닌 인격을 수양하는 학문을 가장 우선시하여 가르쳤고, 그 인격적 덕성에 힘입어 살아갈 것을 역설했다. 공자는 제자들을 교육하면서도 노나라의 개혁운동에 열성이었는데, 특히 노나라의 임금을 무시하고 국정을 뒤흔드는 삼환 가문의 타도를 위해 노력했다. 그리하여 국가의 정권을 군주의 손에 돌려주고 그가 바라던 이상적인 덕치를 실행하는 것이 공자의 희망이었다. 그러한 개혁운동은 공자가 기원전 499년에 대사구大司寇라는 최고 재판관이 된 후, 외

250

교관을 겸임하면서 계손씨와 숙손씨는 세력을 약화시키는 데 성공 했으나, 맹손씨의 세력을 약화시키는 데 실패함으로써, 그의 계획은 성공의 목전에서 실패하고 말았다.

개혁이 실패로 돌아가자 기원전 497년에 공자는 다시 다른 나라로 유랑의 길을 떠날 수밖에 없었다. 이웃한 위衞나라를 위시하여 남쪽의 송宋, 정鄭, 진陳, 채蔡 등의 여러 나라를 전전하며 죽을 고비를 세 차례나 넘기는 등 많은 수난을 겪으며 13년간의 외유外遊를 마치고 기원전 484년에 다시 노나라로 귀국한다. 앞서 살펴본 바와 같이 환퇴桓魋에게 습격을 받아 목숨을 잃을 뻔했던 일이나桓魋其如予何. 술이:22, 진陳나라와 채蔡나라의 국경에서 양식이 떨어져 7일간이나 굶주리던 일, 그리고 위衞나라에서 진陳나라로 가던 도중에 광匡이라는 땅에서 마을 사람들로부터 공격을 받아 목숨을 잃을 뻔했던 일匡人 其如予何. 자한:5 / 子畏於匡. 선진:22이 그것이다.

공자가 13년간의 외국 생활로 고난을 겪은 것은 사실이지만 그래도 그는 이미 노나라에서 대법관과 외교관의 자격을 성공적으로 수행했던 인물인 만큼 타국에서는 임금들도 공자의 학식과 견문을 듣고자 초대하고 환대했다. 그때마다 공자는 그들에게 덕치의 실현의 필요성을 힘주어 강조했다. 공자는 군주의 힘을 되살리고 날뛰는 호족 세력을 타도하는 것이 우선적이라 생각했다. 그래서 임금들은 공자의 말에 귀를 기울였을지라도 대부분의 호족들은 공자의 이상적인 덕치주의에 반기를 들었다. 결국 공자 자신은 하늘의 사명과 덕을 부여받아 세상을 평화의 나라로 개혁해야 함을 굳게 믿고 용맹하게 정진했으나 한계에 부딪치고말았으며, 어느덧 가장 아끼고 사랑하는 젊은 제자 안회도 30세가 넘었고, 자로는 60세가 됨으로써 13년의 외유를 마치고 기원전 484년에 귀국했을 때는 공자 자신의 나이도 이미 69세가 되었다. 그 후 5년간 그는 제자들을 교육하며 『시경』, 『서경』등 고전을 정리하고 편찬하는 일에 전념하다가 기원전 479년 74세의 일기로 생을 마감하였다. 공자의 덕치주의의 이상은 당대에서 실현을 보지는 못했지만, 그의 교육적 가치는 길이 오늘날에도 깊은 영향을 주고도 남는다.

이제 우리는 예수의 정치학을 살펴볼 차례다. 예수의 정치학은 우선 평화를 위한 정치였다고 말할 수 있다. 그 평화는 '하늘에서 이루어진 것 같이 땅에서도 이루어지기'를 비는 기도 속에서 진행되는 것이었다. 평화의 건설을 위한 유일한 무기와 방편은 비폭력적 아가페 사랑이었다. 그러기에 2천 년 전의 이스라엘 땅 갈릴리의 예수는 그의 탄생일을 기념하면서 오늘도 세계 역사에 평화주의의 실현자로 강하게 기억되고 있는 것이다. 특히 로마의 정치적 지배와 폭력 속에서 예수는 평화를 외치다 죽었지만, 일개 민족의 단순한 정치적 해방을 위해서라기보다는 인간의 근원적 해방과 평화를 위해 압제의 모든 수단에 저항했던 것이다. 인간의 근원적 자유를 압제하는 것이라면 그것이 율법이든 관습이든 정치적 권력이든 그 어느 것에도 '진리'의 이름으로 서슴없이 저항했다. 그런 점에서 예수는 동시대의 규범적 틀을 넘어선 진보적 인간 해방자이며 개혁자로서의 정치적 소외자이기도 했다.

그 이유는 예수의 행동 윤리가 당시 어떤 정파나 정치적 계급과 집단에 예속되거나 혹은 그들의 지지를 받는 것이 아니었고, 오직 그 자신이 믿고 설정한 '하나님의 나라'의 윤리에 입각하여 행동하고 있기 때문이다. 이른바 천국운동의 일환으로서 예수는 나름대로의 정치적 평화운동을 실현했던 것이다. 그러한 예수의 천국-정치운동은 산상수훈에서 그 내용들이 집약적으로 잘 표현되고 있다. 이 부분은 이미 앞에서 '군자와 성도'의 길이라는 장에서 살펴 본 바 있다. 예컨대 예수는 재물의 축적이나 사회적 제도의 존속과 건설에는 무관심하고, 오직 천국의 예언자로서 어느 곳에도 얽매이지 않는 자유로운 정신으로 새로운 종말론적 평화적 공동체를 추구해 간다. 대부분의 예수의 추종자들은 사회적으로 제도적인 혜택을 많이 받지 못하는 소외 계층이었다. 어부, 농부, 나환자, 중풍병자, 귀신들린 자 등이었다. 예수는 이들을 중심으로 새로운 천국 공동체를 형성해 갔는데, 그 모양은 마치 '새로운 형태의 가족 공동체'와 같은 것이었다.

공자가 제자들과 함께 덕치주의에 입각한 국가의 정치적 개혁을 꿈꾸었던 것과는 달리, 예수와 그의 초기 제자들은 정치적 변혁보다는 새로운 대안 공동체로서의 천국-공동체를 형성해 가고자 했다. 그러나 공자나 예수 모두 '하늘의 뜻天意'을 따라 그 덕목을 실천하고자 했던 점에서는 동일하다. '하늘의 뜻'을 따르는 길에는 자기-비움이라는 엄격한 수련이 요구되었다. 예수의 제자 중 일부는 종래의 직업이나 자신의 가족마저 떠나고, 급기야 소유마저도 포기하면서 방랑 걸식하는 새로운 형태의 유랑 공동체가 되었던 것이다. 그렇게 결속될 수 있었던 주된 이유는 임박하게 도래하리라고 믿었던 '하나님의 나라'에 대한 신념 때문이었다. 그들에게서 '하나님의 나라'는 '좋은 진주를 찾는 장사꾼과 비슷하다. 값진 진주를 발견하면 가진 것을 팔아 그것을 샀던 것'이다마태13:44-

⁴⁶. 이는 마치 가난한 날품팔이가 밭에 묻힌 보물을 발견하는 것과 같이 신기하고 기쁜 일이며, 보석 장사꾼이 값진 진주를 발견하는 것과 같은 새로운 기쁨과 기대가 있었기 때문이었다. 그들에게서 '하나님의 나라' 란 과연 무엇인가? 그것은 아마 요순시대와 같은 찬란한 문화와 덕치가 실현되는 그런 사회 이상의 이상 국가였을 것이다.

그러나 '하나님의 나라' 는 그냥 거저 주어지는 것이 아니다. 하나님의 나라는 '침노하는 자' 의 몫이다. 그 침노는 곧 쟁취이며 쟁취를 위해서는 희생적 대가가 필요하다. 소위 공자가 말하는 군자와 성인聖人으로서의 자세가 필요하다는 것이다. 그것이 예수에게는 제자도의 길이다. 제자도의 교육을 받아야, 하나님의 나라 건설의 역량 있는 일군이 될 수 있다. 공자에게 잘 훈련받은 제자가 정치에서도 훌륭한 재능을 발휘할 수 있는 것과 같다. 예수가 가르친 제자의 길은 힘든 것 같지만 사실은 가벼웠다. 예수는 이렇게 추종자들을 초대한다.

"지치고 짓눌린 여러분 다 내게로 오시오. 그러면 내가 여러분을 쉬게 하겠습니다. 여러분은 내 멍에를 메고 나에게 배우시오. 나는 마음이 온유하고 겸손합니다. 그러면 여러분의 영혼이 안식을 얻을 것입니다. 사실 나의 멍에는 편하고 내 짐은 가볍습니다(마태11:28-30)."

예수의 멍에와 안식은 유대주의의 풍속과 구약성서가 말하는 율법적인 '계약의 멍에'가 아니고, 온유와 겸손을 토대로 한 '자유와 사랑의 멍에' 였다. 온유와 겸손을 토대로 한 예수의 이 가벼운 가르침은 마치 공자의 성품이 온유하고溫, 어질고良, 검소하고儉, 공손하고恭, 겸손謙했던 인품을 토대로 제자들에게 감화를 주었던 것과 인격적 측면에서 흡사하다. 사랑을 토대로 한 쉽고 가벼운 멍에를 통하여 하나님의 나라를 선포하고 가르쳤던 예수의 정신과, 공자가 자신의 도道는 오직 한 가지를 꿰뚫고 있다고 했을 때의 '일이관지一以貫之'가 '충忠과 서恕'라고 했던 것처럼 진실과 사랑에 기초한 용서의 미학은 상통하는 일면이 있다. 어쨌거나 예수는 사랑과 온유 그리고 겸손이라는 인격적 미덕을 가지고 자신을 추종하는 공동체에 감화를 주고, 그토록 유대인들이 오랫동안 대망하던 '하나님의 나라' 건설을 이 땅에서 착수해 가고자 했던 것이다.

예수의 가르침은 분명하고도 과감했다. 그의 공동체들은 적어도 세상 속에서 '소금과 빛'의 역할을 해야 한다는 것이다. 이것이 예수가 땅의 정치를 외친 중요한 대목이다. 예수가 하늘나라 곧 천국을 선포했다 할지라도, 우선적으로 해결해야 할 선결과제는, '하나님의 뜻'을 깨달은 사람은 이 땅에서 '정의와 평화'가 실현되게 하기 위해 소금과 빛의 역할을 감당해야 한다는 것이었다. 그는 이렇게 외친다.

"여러분은 세상의 소금입니다. 소금이 싱겁게 된다면 무엇으로 짜게 할 수 있겠습니까? 아무 데도 쓸 데가 없어 밖에 버려져 사람들에게 짓밟힐 것입니다. 여러분은 세상의 빛입니다. 산 위에 자리 잡은 도시는 숨겨져 있을 수 없습니다. 등불을 켜서 그것을 상 아래 두지 않고 등경 위에 놓습니다. 그래야 집안에 있는 모든 사람에게 비칩니다. 이처럼 여러분의 빛이 사람 앞에 비치어 그들이 여러분의 좋은 행실을 보고, 하늘에 계신 여러분의 아버지를 찬양하도록 하십시오(마태5:13-16)."

산 위에 있는 도시처럼, 등경 위에 있는 등불처럼 예수의 제자와 청중들은 세상을 비추는 빛이 되어야 했고, 세상의 부패상을 예방하고 치유하는 소금의 역할을 감당해야 했다. 예수의 정치학은 바로 소금의 치유력과 빛의 인도에 있었다. 소금이 음식 속에서 제 맛을 내게 하는 것과 같이 예수의 제자들은 세상 속으로 파급되어 소금으로서의 가치를 톡톡히 해 내야 한다는 논리다. 그러므로 예수의 정치학은 땅의 정치학이면서 동시에 '하늘에 계신 아버지' 께 착한 행실의 결과에 대한 영광을 돌리라는 점에서 하늘의 정치와 맞닿아 있다. 그러므로 예수의 정치학은 '하늘의 뜻' 이 '땅에서 이루어지는' 하늘-땅의 정치학인 셈이다. 예수가 전한 소금과 빛의 정치학은 천국의 비유에서 말하고 있듯이, '누룩' 처럼 번져가고 '겨자씨' 처럼 자라가는 은밀한 성장에 있다.

"하나님의 나라를 비유하자면, 마치 여자가 가루 서 말 속에 갖다 넣어 전부 부풀게 한 누룩과 같다(누가13:20-21)."

"우리가 하나님의 나라를 어떻게 비교하며 또 무슨 비유로 나타낼까? 겨자씨 한 알과 같으니, 땅에 심길 때에는 땅위의 모든 씨보다 작은 것으로 되 심긴 후에는 자라서 모든 풀보다 커지며 큰 가지를 내나니 공중의 새들이 그 그늘에 깃들일 만큼 된다(마가4:30-32)."

누룩과 겨자씨는 처음 출발의 규모가 작다. 작지만 점점 커져서 나중에는 그 영향력이 전체에 미치게 된다. 예수가 말하는 이 같은 '지상천국'의 실현은 노자나 공자가 말하는 '소국과민'의 이상理想 국가에 비유가 가능할 것이다. 그러나 예수의 제자 공동체 그 자체 를 '하나님의 나라'와 동일시할 수는 없고 다만 이상적 모범을 보 여줄 수 있을 뿐이다. 그런 점에서 예수는 그의 생애 동안에 완전 한 형태의 지상천국을 실현하지는 못했다고 볼 수 있다. 땅에서 미 완성된 하나님의 나라는 그가 죽은 후에 보내지는 '성령'에게 역 할이 이행된다. 이 성령을 받은 제자단들에 의해 다시 초대 교회가 형성되면서 비움-나눔-사귐이라는 '원시공동체'의 모델을 보여 주게 된다. 그러나 그것도 어디까지나 하늘의 뜻을 땅에서 실현하 고자 하는 대안적 공동체였지 완벽한 모습을 보여주는 것은 아니 었다. 그래서 완전한 공동체적 이상은 종말 이후의 새로운 천국에 기대를 걸 수밖에 없었다.

그러나 우리의 관심사는 예수가 살아 있을 당시에 예수가 꿈꾸 고 실행했던 공동체의 의지에 주목해 보는 것이다. 예수의 관심사 는 수많은 개인의 총체가 아니라 하나님의 백성으로서의 '참된 이 스라엘'의 회복에 있었다. 그것은 마치 공자가 춘추전국시대의 혼 란기를 맞는 과정에서 주周나라의 문물과 도덕이 회복되기를 꿈꾸 었던 것처럼, 예수도 무너진 정의와 평화가 실현되도록 하늘의 뜻 이 땅에서 이루어지기를 염원하는 이스라엘의 회복이었던 것이 다. 이미 이스라엘은 하나님의 뜻을 저버리고 있었고, 상심과 좌 절 속에 민심은 흩어져 있었다. 이제 '하나님의 백성'을 뜻하는 이 스라엘을 대표하는 새로운 공동체의 출현이 절실했고, 예수의 제자단은 열두 지파를 상징하는 열두 제자를 중심으로 '참 이스라엘 사람'으로서 온 이스라엘을 대표하는 존재로 나섰다. 거기에 집권자들과 종교 지도자들은 거세게 반기를 들고 예수 공동체를 핍박했던 것이다.

예수가 구상했던 참된 이스라엘 공동체는 보복 행위가 다시는 없고, 지배구조가 더 이상 존재하지 않는 평등 공동체였다. 이러한 예수의 윤리는 사회와 세상 전체에 그대로 현실적으로 적용될 수 없는 것이기에 오직 그 뜻을 추종하는 작은 공동체로부터 출발할 수밖에 없었다. 그런 점에서 그 공동체는 누룩이 되고 겨자씨가 된다. 그런데 놀랍게도 예수가 역설했던 하나님의 백성으로서의 초기 공동체는 그가 십자가에 죽은 이후에 몇몇 제자들과 사도 바울 등의 역할로 다시 원시 그리스도의 교회를 탄생시킴으로써 세상 속의 '하나님의 백성'이라는 우주적 보편적 교회 공동체로 거듭 발전한다. 그러나 지난 2천 년의 교회의 역사는 유무상통하는 이상적 원시 공동체의 모습을 계승하지 못하고 점차 본의를 상실해 갔던 것은 역사를 통해서 잘 알고 있다. 오늘날 교회 공동체가 일그러진 모습으로 세간의 비난을 받고 있는 것도 초대 교회 공동체의 이상을 상실했기 때문이다. 공동체를 통해 세상을 변혁하고자 했던 예수의 정치학이 처음에는 일시적으로 성공을 거두는 듯했으나, 역사의 흐름과 더불어 그 본의는 점점 멀어져 갔다. 그러나 이제는 외형적으로 보이는 교회를 통해서가 아니라, 보이지 않는 비가시적인 교회 공동체를 통해서 오히려 예수의 해방의 정치학은 되살아나고 있다. 왜냐하면 예수의 정치적 영성이 아직도 살아있기 때문이다.

지금까지의 신학적 논의에서는 예수가 정치적 인물이었는가 하는 점에 대해서 일부 부정적인 입장을 보여 왔지만, 근래에 이르러서는 해방신학이 잘 말해주듯이 예수야말로 정치적인 혁명가였다고 말할 정도가 되었다. 그런 의미에서의 정치적 역할도 있었지만, 사실 따지고 보면 예수의 모든 공동체적 활동 그 어느 하나도 정치적인 것이 아님이 없다. 왜냐하면 예수는 처음부터 기존의 사회 질서와는 전혀 다른 대안적 공동체로서의 '하나님의 나라'라고 하는 종말론적인 의식을 가지고 사회와 제도들을 개혁하면서 삶의 질을 바꾸고자 했던 정치적 의도가 있었기 때문이다. 공자의 그러한 개혁의 꿈이 주나라를 모델로 했다면, 예수는 자신의 믿음과 상상력 속에서 그려낸 '하나님의 나라'를 모델로 했기 때문이다.

　　예수가 상상하며 그려내는 하나님의 나라는 알곡은 곳간에 거두어들이지만, 쭉정이는 꺼지지 않는 불에 태워지고^{누가3:17}, 가난한 자에게 복음이 전파되며 포로 된 자를 자유하게 하는 곳이며^{누가 4:18}, 비폭력적 평화가 실현되는 나라요, 용서와 화해가 있는 나라다. 그러나 이 하나님의 나라에 무조건 들어갈 수 있는 것은 아니다. 열매를 맺지 못하는 쭉정이가 되어서는 안 되며, 용서를 모르는 인간이 되어서도 안 된다. 남에게 용서를 받기 위해서라도 먼저 남을 용서하는 자가 되어야 한다. 그리고 세상 속에서 빛과 소금의 역할을 감당해야 한다. 한 알의 밀알처럼 묵묵히 자기를 희생하면서. 그리고 사랑 때문에 예수 자신이 십자가에 죽었던 것처럼. 그런 점에서 예수의 정치학은 결국 사랑의 정치학이었다.

"새 계명을 너희에게 주노니, 서로 사랑하라. 내가 너희를 사랑한 것 같이 너희도 서로 사랑하라(요한13:34)."

공자가 인仁의 정치학을 펼쳤다면, 예수도 사랑의 정치학으로 일생을 마감했다. 하늘의 뜻이 땅에서 이루어지는 것도 예수의 새 계명에서 드러나듯이, '서로-사랑'이었다. 일방적인 사랑은 불완전하다. 모두 함께하는 서로의 사랑, 이것이 불완전한 지구촌 한 구석을 밝히는 작은 등불이 될 것이다. 공자나 예수 모두 하늘의 뜻이 땅에서 이루어지기를 염원하는 마음으로 욕심을 비우고 가난한 마음이 되어 가진 재능을 서로 나누며, 거룩한 공동체적 사귐을 통해 이상적 국가, 즉 지상천국을 실현하고자 열망했다는 점에서 서로 상통한다. 차이점이 있다면 공자가 "윗물이 맑아야 아랫물도 맑다"는 식으로 정치 지도자들의 마음 자세를 강조했다면, 예수는 가망성이 보이지 않는 타락하고 완고한 지도자들보다는 주변에 있는 민중들을 교화하고 훈련함으로써 새로운 대안적 공동체를 마련하고자 했다는 점이다. 공자가 위로부터의 혁명을 통한 하향식 접근 방식을 택했다면, 예수는 아래로부터의 혁명을 통한 상향식 접근법이었다고도 말할 수 있을 것이다. 공자와 예수, 그들은 무엇보다 그들 스스로 온유하고 겸손한 미덕을 갖춘 자들로서 제자들을 가르쳤고, 하늘과 인간에 대한 공경을 중심으로 목숨이 다할 때까지 정의와 평화 그리고 자비의 나라를 만들고자 힘썼던 것이다.

● 공자와 예수의 풍류樂정신

공자와 예수가 풍류객風流客이었다면 지나친 표현일까? 보기에 따라 그럴 수도 있고 아닐 수도 있지만, 그들이 풍류객이 아니었다고 어떻게 부정할 수 있을까? 공자가 시詩와 음악을 즐겼고 예수 또한 시인詩人으로서 선사禪師 못지않았다. 『논어』에 의하면 공자는 구구절절이 예와 악을 말했고 시와 음악을 즐겼다. 예수도 『복음서』 곳곳에서 선문답禪問答 같은 대화를 나누면서 세속적인 욕망과 집착으로부터 초연할 것을 말했다. 공자는 한때 제도적 정치권에서 정치행위를 하기도 했지만 나라가 도道를 버리고 혼탁해지자 정사를 떠나 열국을 주유하면서 13년간의 유랑생활을 했으며, 예수는 비록 30세라는 젊은 나이였음에도 불구하고, 광야와 사막에서 사탄의 유혹을 물리치면서 '하늘의 뜻'을 깨닫고는 그 길로 갈릴리 주변 농촌을 떠돌며 민중을 교화하기 시작한다.

일찍이 『시경』과 『서경』 등의 고전을 두루 섭렵한 공자는 시詩 300수를 한마디로 요약하여 '사무사思無邪'라고 이르면서, 인간 행동의 출발점을 삿됨이 없는 '순수함'에서 찾았다. 예수 또한 천국 입성의 가장 기본적인 자질로 어린아이 같은 '동심童心'을 강조했다. 순수와 동심의 세계는 낭만적 풍류객들이 지니는 공통된 특징이다. 그런 점에서 공자와 예수는 낭만주의자였다고 볼 수도 있을 것이다. 공자가 주나라의 찬란한 문화와 예악禮樂을 찬탄하고 기렸던 것처럼, 예수 또한 도래할 새로운 '하나님의 나라'의 낭만적 세계를 그의 시적 은유 속에서 이미 간파하고 있었던 것이다. 예수는 이미 자연 속에서, '들에 핀 백합화와 공중에 나는 새'를 하나님이 기르시는 것을 보고 내일을 걱정하지 말고 두려움 없는 오늘의 즐거운 하루를 살라고 권하고 있다^{마태6:26-28}. 합리주의적 이성^{理性}은 분명히 내일을 위해 먹을 것과 입을 것을 염려해야 하지만, 예수는 "내일 일은 내일 염려할 것이요, 한 날 괴로움은 그날에 족하다^{마태 6:34}"고 말한다.

이는 "하늘의 덕이 내게 있으니, 환퇴라는 사람이 나를 어찌 해치겠는가?"라고 했던 공자의 배짱이나, 빌라도의 법정에서 "진리가 내게 있으니, 무엇을 두려워 하리요?" 하며 떳떳이 서 있는 예수의 자태에서도 진리 앞에 비굴해지지 않는 멋지고 당당한 풍류객의 정신을 엿볼 수 있다. 신라시대의 화랑도들이 풍류를 즐기면서도 조국을 위해 목숨을 아끼지 않았던 것처럼, 풍류객은 도피적이고 연약한 존재가 분명히 아니다. 오히려 위험이나 속박 앞에서 더욱 '자유로울 수 있는' 정신이야말로 풍류 정신이라 할 수 있을 것이다. 공자나 예수는 시대적 제약을 뛰어 넘어 그들이 추구하고자 하는 비판적이고 이상적인 자유정신을 사회, 내지는 공동체 속에 불어 넣고자 했다.

미혼 청년으로서의 예수는 결혼과 가정에 얽매이지 않을 수 있었기에 상대적으로 자유로운 입장에 있었지만, 당시의 유대 풍토와 정치 사회적 배경은 예수가 그렇게 자유롭게 활동할 수 있을 만큼 여유롭고 낭만적인 분위기는 결코 아니었다. 이는 공자가 살던 시대상도 마찬가지였다. 그럼에도 이들 두 정치-종교적 사상가는 어떻게 낭만적 분위기 속에서 시대를 개척하고 이끌어 가고자 했는지 자못 궁금하지 않을 수 없다. 이제 이들이 호탕한 낭만적 풍류정신을 『논어』와 『복음서』 속에서 좀 더 구체적으로 살펴보도록 하자.

공자는 인생을 풍류樂에서 완성하고자 했다. 이것은 그가 "시詩에서 흥기하고, 예禮에서 일어서며, 풍류樂에서 완성된다興於詩, 立於禮, 成於樂. 태백:8"고 했던 짧은 말 속에 잘 나타나 있다. 여기서 '성어악成於樂'이라고 할 때의 '악樂'은 일차적으로 음악을 말하지만, 음악에는 이미 시詩가 내포되어 감미롭고 멋있는 조화가 깃들어 있으니, 풍류로 해석해도 틀리지 않는다. 공자에게서 예악禮樂의 정신은 나라를 형성하는 기초가 됨과 동시에 완성의 경지다. 공자는 예악에 대하여 이렇게 말한다. "예절禮節이다, 예절이다, 말하지만 어디 옥玉과 비단帛만을 말하겠는가? 음악이다, 음악이다, 말하지만 어디 종鐘과 북鼓만을 말하는 것이겠는가?禮云禮云, 玉帛云乎哉, 樂云樂云, 鐘鼓云乎哉. 양화:11."

이 말의 뜻은 예절에는 옥玉과 비단이 필요하지만 그것은 그저 형식에 불과하니 내면에 공경하는 바가 있어야 함을 말하는 것이고, 음악에는 종鐘과 북이 필요하지만 그것 자체보다는 소리의 조화를 중시한다는 뜻이다. 그러므로 공자가 말하는 예악은 '공경'과 '조화로움'이라고 요약하여 말할 수 있다. 예가 없으면 나라가 서지 못하고, 조화로운 음악과 풍류가 없으면 그 나라의 문화가 뒤떨어진 것이기 때문에 예술적인 인생과 국가의 완성작이 될 수 없다고 보는 것이다. 이러한 공자의 풍류정신은 『논어』 곳곳에서 드러나는데, 우선 첫 편의 학문하는 기쁨과 벗과의 만남에서 드러난다.

"배우고 때때로 익히니 기쁘지 아니한가? 벗이 있어 멀리서 찾아오니 또한 즐겁지 아니한가?學而時習之, 不亦說乎. 有朋自遠方來 不亦樂乎. 학이:1." 배우는 기쁨도 좋지만 벗과의 사귐도 큰 즐거움이 아닐 수 없다는 것이다. 공자에게서는 배움을 통한 앎知이 참으로 중요하다. 그러나 "단순히 알고 있다는 '지식知識'은 지식이나 도리를 좋아하는 것好만 못하고, 그것을 좋아하는 것보다는 즐거워하는 것樂이 더 낫다知之者, 不如好之者, 好之者, 不如樂之者. 옹야:18"는 것이 공자의 지론이다. 인식도 중요하지만 인식을 넘어선 가치 있는 존재의 차원에 더욱 중요성을 두고 있다. 인식이 시작이라면 존재는 완성인 셈이다. 그러기에 인생은 무엇보다도 즐거움이 있어야 할 것이다. 즐거움 없는 인생을 우리는 상상도 할 수 없다. 즐거움은 꼭 부유한 자의 전유물이 아니다. 공자는 '가난하지만 즐거워하며 사는 자貧而樂'를 '가난하지만 아첨하지 않는 자貧而無諂'보다 더 훌륭하다고 생각했다학이:15. '안빈낙도安貧樂道'의 지혜가 필요하다는 것이다. 이를 잘 표현해 주는 공자의 고백을 들어보자.

> "거친 밥을 먹고 물을 마시고 팔을 베개 삼아 누워도 즐거움이 그 가운데 있다. 의롭지 않은 부귀는 나에게 뜬 구름과 같다(飯疏食飲水, 曲肱而枕之, 樂亦在其中矣. 不義而富且貴, 於我如浮雲. 술이:15)."

풍류도의 모범을 참으로 잘 보여주는 고백이다. 가난해도 불의한 재물을 탐하지 않고, 거친 밥과 반찬으로도 즐거워할 줄 아는 자가 과연 얼마나 될까? 공자는 그의 제자 안회를 "한 대나무 그릇의 밥을 먹고 표주박으로 물을 마시며, 누추한 거리에 살면서, 사람들이 견디기 어려워하는 그 근심 중에도 즐거워하는 일을 그치지 않았다回也不改其樂. 옹야:9"고 칭찬한다. 고난 가운데에도 즐거워할 수 있는 자가 진정한 풍류인일 것이다. 그런 사람을 두고 우리는 '풍류로 근심을 잊는 사람樂以忘憂. 술이:18이라고 해도 좋을 것이다. 그런데 즐거워하는 일에도 종류가 있다. 무엇을 즐기며 살라는 말인가? 즐기는 것도 유익한 것이 있고 해로운 것이 있다고 공자는 충고한다. 그 이롭고 해로움은 한두 가지가 아니겠지만 공자는 이로움과 해로움을 각각 세 가지로 구분하여 설명하고 있다.

> "즐거워하는 데는 유익한 것이 세 가지가 있고, 즐거워하는 데에 해로운 것이 세 가지가 있다. 예악禮樂의 절도를 따르기를 즐거워하고, 다른 사람의 선한 것을 말하기를 즐거워하며, 현명한 벗을 많이 사귀는 것을 즐거워하면 유익하다. 교만하게 즐기기를 좋아하고, 편히 놀고먹는 것을 즐기며, 향락에 빠지는 것을 즐겨하면 손해가 된다(益者三樂, 損者三樂, 樂節禮樂, 樂道人之善, 樂多賢友 益矣. 樂驕樂, 樂佚遊, 樂宴樂, 損矣. 계씨:5)."

세 가지 유익한 즐거움을 요약해 보면 예악禮樂의 정신, 이웃의 선함에 대한 칭찬, 현명한 벗과의 사귐이다. 반면에 교만, 방탕, 향락에 빠지는 즐거움은 결국 해가 된다는 것이다. 먼저 예악의 즐거움이 유익하다고 했는데, 공자는 제齊나라에 갔을 때, 순임금 때부터 전해 오던 음악인 소韶를 듣고 석 달 동안이나 고기 맛을 잊을 정도로 음악에 심취한 적이 있었다. 그래서 공자는 "음악이 이런 경지에 이르는 것인 줄은 미처 몰랐다不圖爲樂之至於斯也. 술이:13고 고백한다. 공자는 이 소韶의 소리에 대하여 다음과 같이 평하고 있다. "지극히 아름답고, 지극히 선하다盡美矣, 又盡善也." 그야말로 음악의 진선미眞善美를 극찬하고 있는 것이다. 여기서 소리가 아름답다고 할 때의 '미美'를 주자朱子는 "풍류의 소리와 모양이 성대한 모습"이라고 해석한다. 그런데 이 순임금 때의 소韶에 비하여, 무왕武王의 음악인 "무武는 지극히 아름답지만 지극히 선하지는 못하다謂武, 盡美矣, 未盡善也. 팔일:25"고 평한다.

공자가 이들 음악을 평가할 수 있는 것은 공자가 그만큼 음악과 풍류에 깊은 조예가 있음을 말해주는 것이다. 공자가 여러 나라를 주유하면서 그의 사상을 펼치고자 했으나 여의치 못하여 위나라에서 노나라로 돌아오면서 본격적으로 학문과 교육에 전념하고 유가儒家의 경전들을 정리, 편찬하는데, 이때 노나라의 음악에 대해서 다음과 같이 평한다. "위衛나라에서 노나라로 돌아온 뒤에야, 음악이 바르게 되어 아雅와 송頌이 각각 제 자리를 찾았다吾自衛反魯然後, 樂正, 雅頌, 各得其所. 자한:14." 아雅는 『시경』의 '소아小雅'와 '대아大雅'를 가리키고, 송頌은 주송周頌, 노송魯頌, 상송商頌 등의 노래로서 모두 명곡에 해당하는 시들이다. 한번은 공자가 노나라의 음악을 관장하는 악관樂官인 태사大師에게 다음과 같이 말했다.

"음악은 배울만한 것이다. 처음 시작 할 때에는 여러 소리가 화합을 이루는듯하고, 이어서 소리가 풀리면서 조화를 이루며, 소리가 분명해지면서 끊임이 없이 이어져 한 곡이 완성된다(樂其可知, 始作翕如也, 從之純如也, 皦如也, 繹如也, 以成. 팔일:23)."

공자가 음악의 아름다움과 조화를 말한 것이지만, 이는 인생의 멋과 조화를 풍미한 것이나 다름없다. 이러한 예술적 정신은 공자가 늘 강조하는 모든 사상을 그야말로 핵심으로 갈파한 다음의 말에서 잘 드러난다. "도道에 뜻을 두고, 덕德에 거하며, 인仁에 의지하여, 예술藝적으로 산다志於道, 據於德, 依於仁, 游於藝. 술이:6." 무턱대고 예술적 즐거움에만 빠져 사는 것이 아니라, 도와 덕 그리고 사랑에 기초하여 살면서 예술적 삶을 만끽한다는 뜻이며, 노니는 것에도 기준이 있다는 주장이다. 공자의 이 같은 풍류정신은 철저히 인仁을 바탕으로 한 것이므로 결코 방자한 놀음이 아님은 두말할 나위도 없다. "사람이 어질지 못하면 예禮가 무슨 소용이며, 사람이 어질지 못하면 음악은 무슨 소용이 있겠는가?人而不仁如禮何, 人而不仁 如樂何. 팔일:3"라는 공자의 주장이 이를 뒷받침한다. 사실 "어질지 못한 사람은 즐거움도 오래 누리지 못하는 법이다不仁者, 不可以長處樂. 이인:2 "

공자가 말한 세 가지 유익한 즐거움 중에서 두 번째는 다른 사람의 선함을 칭찬해 주는 일이라고 했다. 맹자도 "즐거운 마음으로 다른 사람의 선함을 취하였다樂取於人以爲善, 孟子:公孫丑 上"는 유사한 말을 하고 있다. 풍류객은 남의 단점을 보고 비난하기보다는 남의 장점을 즐겨 말해주는 사람이다. 그리고 세 번째 유익한 즐거움이란 바로 '현명한 벗과의 사귐'이다. 벗은 많지만 현명한 벗은 찾아보기 힘들다. 이렇듯 현명한 사람이 많지 않으니 그 현명한 사람과 사귐을 가지는 일은 더욱 유쾌한 일이 아닐 수 없다. 그래서 풍류객들은 멋진 도반道伴이 있다. 공자는 훌륭한 제자들과 도반이 되었고, 예수도 그의 제자들과 도반으로서의 풍류를 누렸다. 공자의 곁에는 덕행에 뛰어난 안연顔淵, 민자건閔子騫, 염백우冉伯牛, 중궁仲弓과 언어에 재능을 보인 재아宰我, 자공子貢이 있었고, 정사에는 염유冉有와 자로子路, 문학에는 자유子游와 자하子夏가 각기 재능을 보임으로써^{선진:2}, 공자의 기쁨이 되었다^{선진:12}. 예수에게도 12제자가 있었
는데, 그 중에도 특히 베드로와 야고보와 요한이 가장 가까이에서
예수의 위로가 되고 기쁨이 되었던 제자이며 도반이었다. 예수는
즐겨 자기와 함께 하는 자들을 향하여 '친구'라고 불렀던 것도 같
은 맥락이다.

자고로 풍류객은 진선미^{眞善美}를 예찬하고 실천하는 사람이다.
공자와 예수도 물론 그랬다. 그들은 진리를 위해 일생을 걸고 투쟁
하며 살았고, 선^善의 도리를 펼치기 위해 '선인지도^{善人之道}'를 늘 강
조했다. 공자의 제자 자장^{子張}이 '착한 사람의 도'를 물었을 때, 공
자는 "성현의 가르침과 행적을 밟지 않고는 역시 높은 경지에 들
어 갈 수 없다^{不踐迹, 亦不入於室. 선진:19}고 말했다. 그만큼 공자는 스스
로 선^善의 실천을 성현의 자취에서 찾을 만큼 높은 수준의 덕성을
연마했던 것이다. 공자는 자신이 늘 걱정했던 것 네 가지를 말하는
데, 예컨대 "덕^德을 닦지 못하는 것, 배움을 강구하지 못하는 것, 의
를 듣고도 실행하지 못하는 것, 선하지 못한 것을 고치지 못하는
것^{德之不修, 學之不講, 聞義不能徙, 不善不能改. 술이:3}"을 말하는 가운데서 특히
'선함'을 고치지 못하는 것을 늘 염려했다. 덕^德을 수련하고 학문^學
을 연마하며 의^義를 지키고 선함^善을 유지하는 것, 이것을 공자는
강조했다는 것이다.

공자는 착한 사람의 통치에 대한 기대가 컸다. 그래서 그는 "선
한사람^{善人}이 나라를 백 년 동안 다스리면 잔인한 사람을 교화시켜
사형시키는 일을 없앨 수 있다^{善人 爲邦百年, 亦可以勝殘去殺矣. 자로:11}"는 말
에 공감을 표하기도 했다. 그는 또 "선한 사람이 칠 년 동안 백성을
가르치면 전쟁에 나아가게 할 수도 있다^{善人 教民七年, 亦可以卽戎矣. 자}

로:29"라고 말할 정도로 선인善人의 통치가 감화력이 크다는 것을 강조한다. 물론 이것은 선한 사람의 감화력은 백성이 목숨을 내어 줄 정도로 효과가 크다는 것을 말하려는 것이지, 전쟁을 조장하려는 말이 아님은 두말할 나위가 없다. 실로 '선함'은 공자의 중심 사상인 지知, 인仁, 용勇을 모두 포괄하고 거기에 예禮를 갖춤으로써 얻어지는 최종적인 덕목에 해당한다. 공자는 이 선善을 예禮와 결부시켜 다음과 같이 논한다. "지혜로 맡은 일을 마치고, 인仁으로 그것을 능히 지키며, 장엄한 용기로 백성들에게 임하더라도 예禮로써 백성들을 움직이지 않으면 선하지 못한 것이다知及之, 仁能守之, 莊以涖之, 動之不以禮, 未善也. 위령공:32."

그런가 하면 공자는 미美에 대한 풍부한 감성으로 소리音와 빛色과 언어詩에 깊은 조예를 보였다. 이미 앞서 보았듯이 순임금의 음악인 소韶에서 '지극히 아름답고, 지극히 선함'을 느꼈거니와, "공자가 평소에 늘 말하는 것은 『시경』과 『서경』과 예禮를 실천하는 것子所雅言, 詩書執禮. 술이:17"이었다는 점을 미루어 보아서도 시詩 정신으로 살았다는 것을 알 수 있다. 실제로 공자는 자기의 아들 백어伯魚에게도 "시詩를 공부했느냐?學詩"고 물었는데 아직 배우지 못했다고 하자, "시를 공부하지 않으면 말을 제대로 할 수 없다不學詩 無以言. 계씨:13"라고 충고한다. 한번은 백어에게 더욱 구체적으로 『시경』에 나오는 '주남周南'과 '소남召南'을 배웠느냐고 묻고, "그것을 모르면 담장만 정면으로 처다볼 뿐 아무것도 보지 못하고 서있는 것과 같다人而不爲周南召南, 其猶正牆面而立也與. 양화:10"고 했다. 이는 공자가 언어의 미학美學을 중시했던 까닭이다. 공자는 제자들을 향하여서도 "너희들은 어찌하여 시를 배우지 않느냐?"라고 하면서, 시 공부의 유익함을 다음과 같이 설명하고 있다.

"시는 감흥을 불러일으킬 수 있고, 사물을 잘 관찰할 수 있으며, 사람들과 잘 어울릴 수 있고, 이치에 어긋나지 않게 원망할 수 있으며, 가까이는 어버이를 섬기고, 멀리는 임금을 섬기며, 새와 짐승과 나무와 풀의 이름에 대해서도 많이 알게 된다(詩 可以興, 可以觀, 可以群, 可以怨, 邇之事父, 遠之事君, 多識於鳥獸草木之名. 양화:9)."

이것은 한 마디로 공자의 시학詩學이라고 할 수 있다. 마치 아리스토텔레스가 그의 『시학』에서 시인과 역사가를 비교하며, 역사가는 지난 과거의 특정 사실에 중점을 둔다면 시인은 과거와 현재 그리고 미래를 포함하는 인간의 보편성에 초점을 둔다고 했던 것과 같이, 공자의 시학 또한 인간의 제반 사항에 대한 보편적 문제에까지 통찰하는 지혜를 제공해 준다고 말하고 있다. 공자에게서 시는 단지 시적 감흥만이 중요한 것이 아니라, 사물의 본질을 꿰뚫어 보는 혜안과 함께 인간과 인간 사이, 혹은 자연과의 구체적인 사귐의 문제까지도 도움을 주는 유익함이 있다고 말하고 있다.

공자는 또한 '이인위미里仁爲美. 이인:1'라 하여 어진 사람들이 모여 사는 마을 또한 아름다운 공동체임을 노래한다. 어진 사람들만이 풍류를 오래도록 함께 즐길 수 있기 때문이다이인:2. 미美는 덕德이 뒷받침될 때 빛을 발한다. 공자가 아름다움을 칭송하기는 했지만 덕德이 따르지 않는 아름다움은 볼품이 없다고 말한다. "만일 주공과 같이 아름다운 재능을 가지고 있다 할지라도 교만하고 인색하다면 그 나머지는 볼 것이 없다如有周公之才之美, 使驕且吝, 其餘不足觀也已. 태

270

백:11." 그리고 아름다움은 단점보다는 장점을 계발하는 데서 더 아름다워진다. 군자는 실로 "남의 아름다움을 이끌어 주되, 남의 나쁜 점을 이루어 주지 않는다君子 成人之美, 不成人之惡. 안연:16"는 공자의 말을 되새길 필요가 있다.

풍류樂에는 절도가 필요하다. 공자는 『시경』의 '주남周南'에 첫 번째로 나오는 시편인 '관저關雎'의 말을 인용하면서, "즐거우면서도 지나치지 않고, 슬퍼도 마음을 상하게 하지는 않는다樂而不淫, 哀而不傷. 팔일:20"고 말한다. 즐거움과 슬픔도 몸이 상할 정도로 정도에 지나치지 않고 적절한 중도中道가 필요하다는 것이다. 이른바 무엇에나 '중정화평中正和平'하는 정신이 풍류의 기상이 될 것이다. 그러기에 공자가 "지혜로운 자는 물을 좋아했고, 어진 사람은 산을 좋아한다智者樂水, 仁者樂山. 옹야:21"고 했던 것도 물의 흐름을 보고 지혜를 얻었으며, 산의 고요함을 보고 어진 자들이 풍류의 멋과 기상을 키웠던 것을 알 수 있다. 동動과 정靜에서 동정을 살피고 지혜롭고 자비롭게 인생을 대처하는 능력이야말로 풍류객의 기질이 아닐까?

이제 우리는 예수의 풍류정신을 살펴볼 차례다. 예수는 풍부한 감성과 탁월한 시적 상상력을 지니고 있었다. 독일의 낭만주의적 경향의 신학자 슐라이엘마허Friedlich Schleiermacher는 '종교'를 '절대 의존 감정'이라는 말로 표현했듯이, 예수의 하나님에 대한 신앙은 절대 의존 감정에 있었다고 볼 수도 있다. 예수가 하늘의 하나님에 대한 절대적 의존 감정이 없었다면, 그렇게 가난하고 척박한 상황 속에서 자신을 죽음으로 내몰면서까지 과단성 있게 '천국 복음'을 외치면서 유랑의 삶을 살 수는 없었을 것이다. '절대 의존 감정'이라고 말할 때, 우리는 세 가지 단어에 주목해야 한다. '절대'라는 말과 '의존'이라는 말, 그리고 '감정'이라는 말이다. 신앙의 세계는 절대의 세계다. 예수가 진정한 풍류객일 수 있었던 것은, 공자가 철저하게 '하늘의 도'와 '천명天命'을 믿었던 것처럼 하나님의 존재와 세계를 절대적으로 믿었기 때문에 가능했다. 그리고 예수는 그러한 절대적 신뢰관계 속에서 십자가에 달려 죽는 순간까지 '진리' 되신 하나님을 '의존'했다. 뿐만 아니라, 예수의 정신세계는 합리적 이성보다는 어쩌면 초이성적이라 할 수 있을 만큼, 인간-사랑이라는 휴머니즘에 입각하여 사랑을 실천한 감성의 사람이었음을 부인할 수 없다.

예수는 하나님을 믿는 절대적 신뢰 속에서 풍부한 상상력을 지닌 소유자였다. 그가 말하는 여러 가지 비유들은 모두 상상력의 소산이다. 마태복음 13장에 나타나는 여러 가지 천국의 비유들은 그 어느 시인도 추종하기 힘든 탁월한 문학적 비유를 제시하고 있다. 네 가지 종류의 땅에 떨어진 씨를 비유하는 '씨 뿌리는 비유'의 예를 하나 들어보자.

"씨를 뿌리는 자가 뿌리러 나가서 뿌릴 때, 더러는 길가에 떨어지매 새들이 와서 먹어 버렸고, 더러는 흙이 얕은 돌밭에 떨어지매 흙이 깊지 아니하므로 곧 싹이 나오나 해가 돋은 후에 타서 뿌리가 없으므로 말랐고, 더러는 가시떨기 위에 떨어지매 가시가 자라서 기운을 막았고, 더러는 좋은 땅에 떨어지매 어떤 것은 백 배, 어떤 것은 육십 배, 어떤 것은 삼십 배의 결실을 하였느니라. 귀 있는 자는 들으라(마태13:3-9)."

이러한 비유 외에도 앞서 말한 겨자씨와 누룩의 비유라든가, 가라지의 비유, 감추어진 보화의 비유 등을 통해 '하나님의 나라'의 비밀을 말해주고 있다. 모두 "비유가 아니면 말하지 아니하였다^{마태13:34}"고 마태가 말한 것처럼, 예수의 이 같은 상상력은 자신에게 부여되었다고 믿은 사명을 완수함에 있어서 탁월한 시적 정서를 가지고 현재와 미래의 일을 통찰하는 예지가 탁월했기 때문이라고 말할 수 있다.

예수는 풍류객이 지녀야 할 시적 상상력뿐만 아니라 방랑자의 기질을 가지고 있었다. 서른 살의 청년 예수의 공적인 생애 대부분은 유랑하는 설교자의 삶이었다. 그가 서른이 되기 전까지는 오히려 더 많은 방랑의 삶이었는지도 모른다. 지정학적으로 유대와 사마리아와 광야 그리고 갈릴리 등지를 거쳐 광활한 지역을 방랑 걸식하며 다녔다. 예수는 열두 제자들에게 복음을 전하러 여행을 떠날 때에 갖추어야 할 자세를 다음과 같이 말한다.

"여행을 위하여 배낭이나 두 벌 옷이나 신이나 지팡이를 가지지 말라. 이는 일꾼이 자기의 먹을 것 받는 것이 마땅하다(마태10:10)."

평화의 복음을 전할 때도 입은 옷 하나로 방랑 걸식하라는 것이다. 예수는 제자들에게 어떤 성^城이나 마을을 가든지, 그 중에서 합당한 자를 찾아내어 다음 장소로 떠나기까지 그곳에서 일시적으로 체류하라고 말한다. 그러면서도 일행을 영접하는 자들에게는 평안을 빌어주고 배척하는 자들의 집에서는 "그 집이나 성에서 나가 너희 발의 먼지를 떨어 버리라^{마태10:14}"고 말한다. 주면 얻어먹고 복음을 전하고, 주지 않으면 그만으로 돌아섰다. 전형적인 풍류가 아니가? 예수는 자신이 전하고자 하는 '하나님의 나라'에 대한 복음의 선포에 분명하고도 확신에 찬 의지가 있었다. 그 복음의 내용은 '새 계명'에서 언급되듯이 '하나님 사랑과 이웃 사랑'으로 요약된다. 그 사랑의 복음, 또는 '천국 비밀'을 전하는 길에 밥 한 그릇, 혹은 냉수 한 그릇 대접해 주지 않는 사람에게는 두 번 다시 말할 가치가 전혀 없다는 뜻이다. 사실 예수에게서 하나님의 나라는 이제 멀리 있거나 특수한 성소에 있는 것이 아니었다. 영접하는 자들의 마음에서 피어나는 것이었다.

언젠가 예수는 예루살렘과 가버나움이라는 지점의 중간쯤에 위치한 에발 산 기슭의 사마리아에 있는 수가라고 하는 동네 우물가에 앉게 되었고, 그의 제자들은 음식을 구하러 동네로 들어갔다. 이때 한 여인이 우물가로 다가와서 예수가 예언자인줄 알고 대뜸 "하나님을 어디서 예배해야 하는가요?"라고 묻는다. 예수는 다음과 같이 말한다.

"여자여, 내말을 믿으라. 이 산그리심에서도 말고, 예루살렘에서도 말라. 너희가 아버지께 예배할 때가 이르리라. 아버지께 참되게 예배하는 자들은 영靈과 진리眞理로 예배할 때가 오나니, 지금이 이때다. 하나님은 영이시니 예배하는 자가 영과 진리로 예배할지니라(요한4:21-24)."

예수가 이렇게 말한 뜻은 이스라엘의 남북 분열 이후 사마리아와 유대 지방 사람들 사이의 오래된 지역감정이 있었고, 그들 각각의 성소聖所가 따로 있었으며 자기들의 성소가 참된 예배처라고 서로 다투고 있을 때였다. 사마리아 사람들은 그리심 산에 성소를 지었고, 유대인들은 예루살렘이 진정한 유일 성소로 주장해 왔기 때문이다. 그러나 예수는 이 여인의 질문 속에서 한마디 말로 일축하여 성소의 문제를 지역적으로나 건축물에 제한을 두지 않고 영혼이 거하는 마음이 성소라고 밝힌다. 이제 하나님을 만나는 곳은 마음이다. '네 마음이 곧 성전'이라는 뜻이다. 마음이 진정한 처소이기 때문에 고정된 장소는 의미가 축소되거나 상실된다. 불교식으로 말하면 '무주처열반無住處涅槃'이다. 하나님을 마음에 모신 예수는 온 땅을 두루 다니며, 진정한 천국의 장소가 어디인지를 유랑하며 설파했던 것이다. 이것이 예수가 유랑하는 설교자가 되었던 결정적인 이유다. 이로써 예수는 기존의 오래된 지역감정을 무너뜨릴 수 있었고, 유대인들이 거리끼는 '이방의 도시' 사마리아에 가서도 천국의 복음을 외치고 다녔던 것이다.

예수가 보기에 화려한 궁전과 높은 성벽은 오히려 하나님을 떠나게 하거나 그곳에 가두고 있었으며, 하나님을 자기들 위주로 고문시키고 있는 현장이나 다름없었다. 예수는 이러한 성전과 성벽에 대한 깊은 회의와 반감이 있었음에 틀림없다. 예수가 성전을 '강도의 소굴'로 만들고 있다고 강도 높게 비판했던 것마태21:13이나, 성전에서 채찍을 들었던 예수의 모습에서 당시의 종교적 타락이 얼마나 심했는지를 알게 해준다마태21:12-17. 이는 제사장들의 타락상에 대한 예언자적 분노이기도 했다.

예수를 유랑하는 풍류객이 되게 했던 또 하나의 가능성은 광활한 광야를 배경으로 한 유목민의 정신적 풍토였을 것이다. 족장 아브라함으로부터 본격적으로 확산되는 유목민의 삶의 전통을 예수도 이어 받았고, 예수의 탄생 자체도 예루살렘 성 안의 어디가 아니라, 베들레헴의 마구간으로서 이는 유목민의 광야와 연결점이 있는 곳이었다. 예수는 어릴 적에 나사렛에 있는 예배당을 정기적으로 다니며 예배를 드렸으나 마을을 떠난 후, 방랑 설교자와 기적을 행하는 자로서 소문이 난 후에 비로소 고향을 방문할 정도로 유랑생활을 지속했다^{마태13:53-58}. 예수가 고향에 돌아와서 훌륭한 설교를 할 때에, 그들은 "이 사람이 목수의 아들이 아니냐?"고 하면서 배척했다. 이처럼 정작 예수는 자기 고향과 집에서는 배척을 받았지만, 배척하는 그들을 향하여 "선지자가 자기 고향과 자기 집 외에서는 존경을 받지 않은 곳이 없다^{마태13:57}"고 말한다.

유랑하는 설교자였지만 가는 곳마다 환영을 받았던 예수의 매력은 과연 어디에 있었을까? 예수는 더 이상 자기의 가족과 고향에 자기의 정체성을 가두지 않았다. 오히려 그는 앞에서 보았듯이 '하나님의 나라'라는 관점에서 가족의 개념을 변화시키고 '하나님의 뜻'을 행하는 자는 모두가 '어머니요 형제자매'라고 말함으로써 공동체의 지평을 확대시킨다. 마음에 하나님을 모시고 사는 자는 어디를 가든 누구나 하나님의 동등한 자녀요, 새로운 가족이 된다. 그러면서 직업과 신분의 차별이 와해되고 평등 공동체가 실현되는 것이었다. 더 이상 족보나 혈통, 출신 지역과 신분이 중요한 것이 아니었기 때문이다. 예수는 자신의 혈통적 아버지인 요셉을 아버지라 칭하기보다는 '하늘에 계신 아버지'를 더욱 중시했던 까닭도 사막과 광야에서 시험을 받고 유랑하던 예수가 어느 날 새롭게 인식한 '하늘' 아버지에 대한 깨달음이 더 중요한 것이었기 때문이다.

'하늘'을 체험하고 '하늘 아버지'를 체험한 예수는 '하늘 아버지의 뜻'을 전해야겠다는 사명감에 불탔고, 그 사명감은 제자들을 불러 모으기에 충분했다. "아궁이에 던져질 들풀도 하나님이 입히시는데 하물며 너희일까 보냐?", "구하라 그러면 주실 것이다. 두드리라 그러면 열릴 것이다!"라는 희망의 메시지와, 마음이 낮고 가난한 자들에게 주어지는 천국복음의 가르침 또한 민중의 마음을 사로잡았다. 반면에 종교와 정치를 권력과 압제의 수단으로 일삼는 자들을 향해서는 "돌들이 소리 지르며 너희의 불의를 고발할 것"이라고 비판한다. 이미 앞에서 살펴본 것과 같이 성전을 통해 매매와 이익의 수단으로 삼는 자들, 그리고 종교를 빙자한 정치 권력자들에게는 분노의 불을 뿜어댄다.

> "내가 세상에 화평을 주러 온 줄로 생각지 마라. 화평이 아니요 검을 주러 왔노라(마태10:34)." "내가 불을 땅에 던지러 왔노라. 이 불이 이미 붙었으면 내가 무엇을 원하겠는가(누가12:49)."

예수의 의도는 분명해졌다. 불의를 폭로하고 정의를 회복하려는 것이었으며, 압제당하는 자를 자유하게 하고 사랑과 용서를 통한 화해의 복음을 전하고자 했던 것이다. 이 복음이 전달되어지고 수용되어질 때는 형제자매로서 하나님 나라의 한가족이 되지만, 그렇지 못할 때는 화禍가 있으리라고 혹독한 욕을 퍼부었다.

> "독사의 자식들아 너희는 악하니 어떻게 선한 말을 할 수 있느냐?(마태 12:34)." "화 있을진저. 외식하는 서기관과 바리새인들아! … 뱀들아! 독

사의 새끼들아! 너희가 어떻게 지옥의 판결을 피하겠느냐(마태23:29-
33)."

예수의 분노와 비난은 이렇듯 한두 가지 예를 제시하는 것만으
로도 충분할 것이다. 『복음서』 곳곳에서 외식하고 압제하는 무리
들에 대하여 예수는 분노에 찬 격한 음성으로 가식된 종교-정치 지
도자들을 비판한다. "나는 온유하고 겸손하니, 너희는 내게 와서
나의 멍에를 메고 배우라"고 했던 예수가 전혀 어울리지 않는 분
노에 찬 경고를 목청껏 외쳤던 이유는 무엇일까? 사랑과 관용을
강조하며 용서와 화해를 주장하던 예수가 분노에 찬 경고를 거듭
하는 이유는 단 한 가지다. 거짓을 버리고 돌아서라는 것이다. 진
실 되게 살라는 단 한 가지의 이유였다. 예수에게서 하나님은 진리
다. 진리 앞에 거짓이 용납되지 않는다. 드러나는 위선을 폭로하
고, 검을 주어 치유하고, 불을 질러 태움으로써 모두가 거듭난 '하
나님의 나라'의 광장으로 나오라는 선포이다.
　예수가 위대했던 까닭도, 스스로 모범을 보였듯이 자신을 높이
는 자를 낮추려 했고, 낮아진 자를 높여주고자 했기 때문이다. 삶
을 통해 보여준 것처럼 진리眞와 선함善과 숭고한 뜻으로 아름다운
美 매력을 갖춘 예수는 이스라엘의 종교-정치적 혼란 속에서 믿음信
과 소망望과 사랑愛을 심어 주면서, 새로운 대안 공동체로서의 하나
님의 나라를 건설하는 사랑과 평화의 풍류객이었다. '하늘의 뜻'
을 따라 살려고 했던 예수가 공자를 만날 수 있는 접점도, '하늘'
의 도道를 따라 살고자 하던 공자의 덕치德治주의적 열망과 동일했
다는 점이다. 그들 모두 제자들과 함께 스스로 무욕無欲의 비움虛과

나눔^施 그리고 평화로운 공동체적 사귐^交의 모범이 되었다는 것뿐만 아니라, 정의로운 땅의 질서와 인간다운 삶의 행복을 위하여 부끄러움 없이 바람처럼 자유로운 정신으로 살았다는 점에서도 이들은 서로 멋진 풍류객으로서의 만남을 이루고 있는 셈이다.

상생 공존하는 사랑과
평화의 꽃동산

2천 5백여 년 전 동양의 강대국 중국에 나타난 공자와 2천여 년 전 약소국 이스라엘에 나타난 예수는 동양과 서양의 역사 전체에 지대한 영향을 미치면서 아직도 인류 문명사에 강력한 정신적 깨침을 주고 있다. 칼 야스퍼스Karl Theodor Jaspers도 지적한 것처럼 인류 역사의 무대에 지금까지 많은 성현들이 나타나고 사라졌지만 공자와 예수, 그리고 석가와 소크라테스만큼 위대한 영향을 미친 성인도 드물 것이다. 무함마드가 이슬람교를 창시하여 새로운 문명의 한 축을 차지하고 있지만 독특한 정신적 가르침으로 구별할 때, 무함마드는 예수와 동일한 하나님을 믿었다는 점에서 크게 다를 것이 없다.

황하를 중심으로 문명을 이루며 발전한 중국의 한자문화는 글자 하나하나에 깊은 뜻이 담겨 있는 만큼, 그 고전적 가르침은 우리에게 많은 것을 생각하게 한다. 『시경』, 『서경』, 『주역』 등에는 이미 인간의 도리와 처세의 방법이 잘 나타나 있는데, 이러한 정신적 유산을 바탕으로 공자는 당대의 정치 문화적 혼란을 극복하고 주대周代의 문화와 예절을 되살려 천명天命을 중시하는 덕치주의德治主義를 실현하고자 했다. 예수 또한 오리엔트 문명권의 변방인 척박한 사막의 땅 이스라엘에서 태어나, 로마의 정치적 탄압과 종교지도자의 부정부패에 시달리는 민중들을 향하여 '하나님'이라는 절대 신관神觀에 입각하여 진리와 사랑을 바탕으로 해방의 복음을 외쳤다.

공자가 천명에 따른 덕치주의를 추구했다면 예수는 '하나님의 뜻'에 따른 정의와 평화의 나라가 실현되기를 바랐다. 이들 모두 '하늘의 뜻天意'을 바탕으로 한 이상적 국가 공동체를 추구했다는 점에서 일맥상통한다. 공자는 50세에 천명을 깨달았고 예수는 30세에 '하늘의 뜻'을 깨달았다. 공자는 춘추말기의 혼란한 시대에 제자들과 함께 열국을 주유하면서 자기의 이상과 사명을 실현하고자 하였고, 예수는 갈릴리를 중심으로 유대와 사마리아 일대에서 제자들과 더불어 민중에게 천국복음을 전했다. 이들의 가르침에 대한 반응은 각기 다양했다. 공자는 주로 지도자들을 향하여 인仁, 의義, 예禮, 지知, 신信, 공恭, 서恕, 정政 등을 외쳤고, 그러한 정신적 자세로 백성을 지도하길 원했다. 지도자가 바로 서야 백성이 스스로 따라온다는 것이다. 반면에 예수는 제자와 추종하는 민중을 대상으로 아가페 사랑과 용서, 치유, 기도, 믿음 등을 가르쳤다. 특히 산상수훈을 통해 드러나는 주옥같은 가르침은 지금도 인류사에 길이 남는 교훈이 아닐 수 없다. 공자 자신이 따뜻함溫, 어짐良,

검소함儉, 공손함恭, 겸양讓의 인품을 지니고, 군자의 모습이 어떠해야 하는지를 상세히 가르쳤던 것처럼 예수도 '온유와 겸손'의 태도로 제자들의 발을 씻기며 섬김의 모범을 보이면서 제자의 도리를 가르쳤다.

이 책에서는 이러한 공자와 예수의 인격과 각자의 사명의식에 따른 사상적 실천을 『논어』와 『복음서』를 중심으로 고찰해 보았다. 공자는 군자君子를 이상으로, 예수는 하나님의 아들로서의 성도聖徒의 도리를 중심으로, 각각 이상적 삶의 모범을 제시하고 가르쳤다. 공자가 『논어』에서 제시한 군자의 이상을 예수가 팔복이나 산상수훈을 통해 제시했던 '성도'의 자세와 비교해 보았다. 한편 공자의 모든 사상적 근원은 하늘의 도道에 있다. 그 도를 그리스도교적 입장에서 보면 로고스에 해당한다. 공자에게서 도는 인간의 품성에 천부적으로 내재하는 것으로서, 구체적인 모습이 인, 의, 예, 지, 신 등으로 나타난다. 이러한 모습을 예수의 아가페, 진리, 믿음, 등의 사상과 비교 고찰해 보았다.

공자의 도道는 덕德을 통해 구현되는 것을 이상으로 삼았고, 그 덕을 닦음으로써修己, 점차 이웃을 편안하게 하며修己安人, 결국에는 백성을 모두 편안하게 하는修己安百姓 정치적 지도력에까지 미칠 것을 희망했다. 이 책에서는 공자가 말하는 온갖 다양한 덕목을 비움虛-修德, 나눔施-進德, 사귐交-成德이라는 세 가지 차원에서 정리해 보았다. 공자의 비움은 비어있는 것 같지만 알짬이 있는 '실약허實若虛'라는 말에서, 나눔은 널리 베풀고 대중을 구제하는 '박시제중博施濟衆'이라는 말에서 드러나고, 사귐은 "공경하면서도 잘못함이 없고, 공손하면서 예의를 갖추면 사해 모든 사람이 형제敬而無失, 恭而有禮, 四

^{海兄弟}"라는 말에서 볼 수 있듯이, 두루 널리 사랑하되 편당을 짓지 않고^{周而不比}, 공경과 예를 갖추고 믿음으로써 서로 사귐을 이루기를 원했다.

예수에게서 비움^{케노우, kenou}은 그의 탄생에서부터 분명해진다. 나눔^{디아코니아, diakonia}은 오병이어에서, 사귐^{코이노니아, koinonia}은 서로-사귐이라는 형제애로써의 하나님 나라의 가족공동체를 이루고자 했다. 유가의 사상체계가 천^天, 지^地, 인^人에서 드러나듯이 예수의 사상 또한 하늘, 땅, 사람의 차원에서 설명이 가능하다. 천^天은 인간에게 모든 덕을 부여하는 근원이자 인간이 그 모든 행실을 검증받아야 하는 거울이기도 하다. 그래서 공자와 예수 모두 하늘의 뜻^{天意}과 천명을 중시했고, 그들은 소명의식을 가지고 자신의 사명을 완수할 수 있었다.

땅은 하늘의 뜻이 실현되는 장소였다. 공자는 가장 이상적 국가형태를 요순시대와 주나라로 생각하고 그 시대의 문화를 회복하기 위해 힘썼듯이, 예수는 뜻이 하늘에서 이루어진 것 같이 땅에서도 이루어지기를 비는 마음으로 아버지의 뜻을 따라 사랑과 용서, 자유, 그리고 평화의 복음을 선포했다. 악제와 불의를 향하는 자들에게는 회개와 경고의 메시지를 선포했고, 눌린 자와 소외된 자를 향해서는 위로와 희망의 메시지를 선포했다. 또한 공자와 예수는 모두 하늘, 땅, 사람 앞에 거리낌 없는 대자유인으로서의 멋진 풍류객^{風流客}의 모습도 여실히 보여주었는데, 그 풍류의 모습은 진^眞, 선^善, 미^美의 형태로 나타난다. 진리에 입각해서는 그 어떤 것에도 양보 없이 당당했으며, 선을 행함에 있어서는 자신의 목숨도 아끼지 않고 베푸는 모습을 보여주었다. 그러나 이들에게서만 볼 수 있는 더 없는 풍류의 모습은 역시 탁월한 미학美學적 감수성이다. 공자가 일찍이 『시경』에 대한 공부를 통해 시학詩學의 중요성을 거듭 강조하면서 제자들을 훈육하고 가르친 것처럼, 예수 또한 시적 상상력을 가지고 "나는 새와 들에 핀 백합화를 보라"고 하면서 하늘 아버지의 도우심을 믿으라는 것과 천국의 비유에 드러나는 다양한 비유에서 보듯이 가히 뛰어난 시인이 아니고서는 찾아보기 어려운 감수성을 지니고 있었다.

공자와 예수는 시적 감수성뿐만 아니라 방랑객의 기질도 유사했다. 그들의 전도傳道 유세遊說가 그렇고, 영접하는 곳에서는 머물며 가르침을 베풀었지만 영접하지 않는 곳에서는 유감없이 털고 나왔다. 당연히 그들의 유랑은 가난한 길이었다. 하늘을 이불삼고 "대나무 한 그릇의 밥과 표주박의 물 한 그릇에 끼니를 때우고, 팔베개를 하고 자도 군자가 가는 곳에 어찌 누추함이 있겠는가"라는 공자의 정신이 그렇고, "여행을 위해 두 벌 옷이나 지팡이를 가지지 말라"는 예수의 교훈이 그러했다. 시와 음악으로 풍류를 읊어도 도에 지나치거나 어긋남이 없이 절도節度에 맞는 중도적인 삶의 태도를 견지했고, 하늘을 공경하며 인간을 존중하는 예절을 지켰으니 "시로 흥기하고, 예에서 일어서며, 풍류에서 인생을 완성한다興於詩, 立於禮, 成於樂"는 예술적 삶을 살았던 것이다. 더 나아가 "뜻을 도에 두고, 덕에 거하며, 인에 의지하여, 예술에서 노닌다志於道, 據於德, 依於仁, 遊於藝"는 도道와 예술의 실천적 풍류의 삶을 살았다.

공자와 예수의 궁극적 이상은 사해형제와 하나님의 나라의 가족이었다. 그러기에 이들이 그 뜻을 실현하기 위해 짊어진 사명은 막중하고 무거웠다. 선비士가 가는 뜻과 길은 넓고도 굳세며弘毅,

그 임무가 막중하여 길이 멀다任重而道遠. 사도 바울이 말했던 것처럼 그들은 '푯대를 향하여' 달려갔던 사람들이었다. 공자와 예수 모두 그들의 제자들을 통하여 자신들이 다 이루지 못한 과업을 이루기를 바라면서 배움과 가르침을 즐겨했으며, 선한 도를 위해 목숨을 바친 '수사선도守死善道'의 정신으로 '살신성인殺身成仁'의 길을 갔다는 공통점이 있다. 그들에게 하늘이 부여한 바탕性, 즉 영성靈性의 근본은 하나였지만 시대와 역사와 문화적 풍토가 서로 달라 그 전수받은 내용과 풍습이 다르니, "바탕은 서로 가까운데, 습관이 서로 멀다性相近, 習相遠"는 공자의 말이 떠오른다. 공자와 예수 모두 하늘에서 부여받은天命 바탕, 즉 영성을 바탕으로 그 성性을 따라率性 살았다는 점에서 이들은 또 한 번 만나게 된다.

이들의 영성을 바탕으로 동양과 서양의 각기 새로운 문화와 영성이 꽃피었으니 우리는 하나의 씨알-영성에서 동양과 서양의 꽃을 보게 되는 셈이다. 이제 지구는 하나의 간격으로 좁혀졌고, 바다와 육지가 한 지붕 아래 펼쳐져 있다. 동양에서 피어난 공자의 꽃과 서양에서 피어난 예수의 꽃을 보면서 나비가 된 우리는 과연 이 땅에서 어떤 꽃을 새롭게 피워야 할까? 상생 공존하는 사랑과 평화의 꽃동산을 이루어 보면 어떨까?

공자와 예수의
하늘, 땅, 사람들

철학자 라이프니츠^{Leibniz, Gottfried Wilhelm}는 "세계의 모든 사물 현상이 결코 우연히 발생하는 것이 아니라, '조화 예정설'에 의하여 진행된다"고 말했다. 다시 말하면 모든 것이 신이 예정한 원리에 따라 조화롭게 전개되어 간다는 것이다. 물론 그의 사상을 아무런 의심 없이 받아들인다는 것은 아니다. 그렇다고 뉴턴 식의 기계론적 세계관을 믿는 것도 아니지만, 세계 현상의 모든 움직임을 주시하다보면 신의 섭리攝理나 자연의 섭리와 같은 현상을 전혀 외면할 수 없다는 생각이 드는 것도 사실이다. 예수는 참새 한 마리도 하나님이 허락하지 않으면 땅에 떨어지지 않는다고 했고, 공자도 모든 만물이 다 하늘의 명, 즉 천명天命을 부여받고 태어난다고 했던 것을 보면, 이들도 하늘의 섭리를 예감하고 그 뜻을 따르고자 했던 것 같다.

철학자 쇼펜하우어Schopenhauer Arthur는 '의지意志'가 자신의 인생을 결정하고 세계는 그 의지의 표상에 불과하다고 말했지만, 그러한 의지와 상관없이 반대의 길을 걸어왔던 숱한 역사를 짚어보면서 인간의 의지가 반드시 모든 것을 결정하는 것은 아닌 것 같다. 그렇다고 인간의 삶을 무조건 운명에만 의지할 수도 없는 일이다. 인간은 이성을 지닌 존재이며, 어떤 일에 대하여 옳고 그름을 판단할 수 있는 분별력도 지니고 있다. 더구나 무엇이 아름다운 삶인지를 판별할 수 있는 가치기준도 지니고 있다.

이렇듯 우리의 삶은 우리 스스로 만들어가는 것 같지만, 한편으로는 모든 일이 내 마음처럼 되지 않는다는 것을 생각해 보면 '나'를 떠난 환경적인 요인이나 필연적 계기가 있는 것도 같다. 그것을 우리는 '운명적 사건'이라고 말한다. 그러나 예를 들어 한국에서의 '성수대교 붕괴' 사건이나, 중국에서의 '쓰촨성 대지진' 사건, 그리고 미국에서의 '9·11 테러' 사건을 이야기할 때 그저 운명적 사건이라고 말하기에는 설득력이 부족한데, 이는 세계 현상의 배후를 운명적 필연성이나 자연적 우연성의 어느 한 가지에만 의존하여 설명할 수는 없기 때문이다.

선과 악이 공존하는 세계 현실의 배후에 대하여, 공자와 예수는 각각 '하늘'이라는 운명적 개념을 들고 나왔고, 인간은 그 '하늘'의 운명적인 뜻에 따라 살아야 한다고 강조한다. 그런 점에서 그들의 '하늘'은 절대적 진리와 선의 근원이기도 하다. 인간의 유한한 인식을 넘어서는 그 경계가 '하늘'이었고, '하늘의 뜻'을 접하는 순간이 바로 깨달음의 세계이며, 믿음의 세계이고, 해탈과 자유의 세계였다. 그 절대적 의미의 '하늘의 도道'를 위해서는 "아침에 도를 들으면 저녁에 죽어도 좋다^{朝聞道夕死可矣}"는 것이고, '죽음으로써 도를 지키는^{守死善道}' 일까지 각오할 수 있었다. 예수가 십자가의 도 하늘의 도를 따르는 '나'를 위하여 목숨을 버리는 자는 죽어도 살리라고 했던 것도 같은 맥락에 있다.

공자와 예수가 외친 '하늘'은 하늘 그 자체만을 위한 것이 아니라, 땅과 그 위의 사람을 포함한 하늘이었다는 점에서도 일치를 보여주고 있다. '하늘의 뜻이 땅에서 이루어지고', '천명^{天命}의·바탕^性을 따라^{率性} 사는 도리^{道理}를 익히고^{修道}, 가르치는^敎' 일을 이 땅에서 게을리 하지 않아야 한다는 것이 공자와 예수의 기본적인 가르침이었다. 필자도 이들 성현^{聖賢}의 말씀을 공경하고, 그들이 제자들에게 가르쳤던 『논어』와 『복음서』를 중심으로 하늘과 땅과 사람의 도리를 더듬어 보았다. 공자와 예수의 생애와 사상을 되돌아보면서 느낀 것이지만, 이들은 무욕^{無欲}의 삶을 바탕으로 자기-비움과 선한 사랑의 나눔, 그리고 거룩한 사귐의 공동체를 실현하고자 했다는 것이다.

필자가 신학을 출발점으로 하여, 동양철학을 접하고 비교종교학을 공부하면서, 늘 예수는 운명적인 화두가 되었고, 충격이었으며 위대한 스승으로 자리를 잡았다. 그런데 『도덕경』에서 드러나는 노자의 무위자연사상은 가히 또 한 번의 충격이었기 때문에 그 만남의 결실이 『예수, 노자를 만나다』라는 졸서다. 그리고 『예수, 석가를 만나다』와 『무함마드와 예수, 그리고 이슬람』에서는 예수를 축으로 하여 성현들을 비교종교학적 관점에서 객관적으로 설명해 보려고 했다. 이제 그 네 번째 기획으로 공자를 만나게 되었다. 세계의 성인들을 거듭거듭 만나면서 필자는 그 과정에서 많은 것을 배우게 되었고, 이들 성현의 발자취를 조금이라도 따라가고 싶었다.

이 책이 출간되기까지 집필에 격려를 아끼지 않으셨던 분들의 도움에 감사를 드린다. 중국 길림사범대학교에 외래교수로 초청해 준 대학 당국과 왕군王軍 학장님을 비롯하여, 외사처外事處 채인준蔡仁俊 처장님, 그리고 학과장 이염화李艶華 선생님께 감사를 드리며, 부족한 사람을 이곳에 파송해준 그리스도대학교의 전창선 이사장님과 고성주 총장님 그리고 임성택 부총장님께 깊은 감사를 드린다. 또한 종교 간의 대화와 예술의 만남을 시도하는 영성 공동체 〈코리안아쉬람〉의 동지들에게 무한한 감사와 함께 이 책을 헌정하고 싶다. 특히 이 책의 출간을 예견하고 애정을 가지고 돌보아 주신 박진서님과 수연님에게 감사를 드린다. 끝으로 번번이 부족한 필자의 글을 즐겁게 출판해 주신 김용기 선생님께 감사를 드리며, 독자들에게도 '하늘'의 축복이 함께 하길 기원한다.

2008년 9월 28일
길림사범대학교 專家公寓에서
이명권

공자와 예수에게 길을 묻다

인쇄일   2021년 12월 15일 초판1쇄 발행

지은이   이명권

펴낸이   이명권

펴낸곳   열린서원

주 소   서울특별시 종로구 창덕궁길 117, 102호

전 화   010-2128-1215

팩 스   02) 6499-2363

이메일   imkkorea@hanmail.net

등 록   제300-2015-130호 (1999년)

값 20,000원

ISBN 979-11-89186-14-2 (03150)

※ 이 도서에 국립중앙도서관 출판사 도서목록은
   e-CRP홈페이지(http://www.nl.go.kr/ecip)에서 이용하실 수 있습니다.